尹军成 / 著

YIN
JUN
CHENG

班主任带班育人方略

BANZHUREN DAIBAN YUREN FANGLÜE

北京师范大学出版集团
BEIJING NORMAL UNIVERSITY PUBLISHING GROUP
北京师范大学出版社

图书在版编目（CIP）数据

班主任带班育人方略 / 尹军成著. --北京：北京师范大学出版社，
2025.6. -- ISBN 978-7-303-30634-3

Ⅰ. G451.6

中国国家版本馆 CIP 数据核字第 2025K0M067 号

出版发行：北京师范大学出版社 https：//www.bnupg.com
　　　　　北京市西城区新街口外大街 12-3 号
　　　　　邮政编码：100088
印　　刷：天津旭非印刷有限公司
经　　销：全国新华书店
开　　本：710 mm×1000 mm　1/16
印　　张：16.5
字　　数：270 千字
版　　次：2025 年 6 月第 1 版
印　　次：2025 年 6 月第 1 次印刷
定　　价：68.00 元

策划编辑：伊师孟　　　　　　　责任编辑：杨磊磊
美术编辑：焦　丽　　　　　　　装帧设计：焦　丽
责任校对：郑淑莉　　　　　　　责任印制：马　洁

前　言

我把教育当成进化自我的一番事业

2020年12月28日，我正式被引进华南师范大学附属中学。本书就是对我在华南师范大学附属中学三年班主任工作的真实再现，当然，因为篇幅有限，本书所呈现的只是部分教育教学思想。即便如此，本书也比较全面地呈现了我的育人思想和教学理念。

一是有思想。思想引领，凝心聚力。法国哲学家帕斯卡尔说："人只不过是一根苇草，是自然界最脆弱的东西；但他是一根能思想的苇草。"一个没有思想的人只能是一个负重前行的匹夫，他只有干活的憨劲而没有思考的能力；一个没有思想的人只能是一个机器人，他只会不停地按照指令完成工作，而不会成为规划蓝图、制定标准的设计师。鉴于此，每接手一个班，我都会基于时代特点、学校特征、学生特质等来思考带班的理念、设计带班的方案、描绘带班的蓝图。正是基于这种"未成曲调先有情"的深度思考，我带班的效果让人刮目相看！

二是有方法。要发挥"苦干"的精神，但是更要有"巧干"的意识。《奋斗，成功者的"通行证"》中谈道："苦熬不如苦干，蛮干不如巧干。奋斗必须讲究方式方法，尊重事物发展的特点和规律。方法得当事半功倍，方法不当事倍功半。"《荡寇志》第八十八回有言："四两能拨千斤重。"这些话，其实就是告诉我们：匹夫也可以成为勇士，使用智慧的方法也可以击败实力强大的敌人。"巧干"不是投机取巧，更不是偷奸耍滑。"巧干"是认真思考、精心设计、积极行动——前期有规划，中期有检查，后期有总结。鉴于这一思考，针对学生的学段特征和年龄特点，我按照"三年一盘棋"的思路,从思想意识、课程开发、班级建设以及育人目标等方面来设计三年的主题班会。三年的主题班会分类推进,既能够从中看到工作的方式方法,也能够结合设计发现教育的"三性"——教育工作具有重复性,育人工作具有规律性,教育教学科研具有科学性。

三是有成效。成果成效分两部分:一是学生的高考成绩,二是学生的身心健康。

从教以来,无论是承担非毕业班的教学工作还是承担毕业班教学工作,我的教学成绩均列全校、全市前茅,以华附首届强基班为例,我所带的班级月月被评为"文明标兵班",年年被评为学校"优秀班集体",2023年高考成绩突出。

分数固然重要,但是身心健康更重要!我力求把学生培养成身心健康、人格健全、人性丰富、人品高尚的人。我从来都把学生当成"读书人"来培养,而不是把他们当成"考试人"来看待。从教以来,我致力于"情致教育"研究,以"读写课程"和"知行课程"为研究基础,构建"情致教育"课程体系。在教育教学过程中,我非常注重培养学生的精气神。我认为,只有把人的精气神培养好了,我们才有可能培育出"高大上"的人。

北京师范大学教授肖川在《新学期,让教师找回自我的5条建议》中谈道:"给生命一种向上的力量,让崇高回归人们的情感世界。"我希望我的成长经历和教育方式能给生命以向上的力量。

现就读于西安交通大学的2023届优秀毕业生吴佰峻曾发短信给我,说:"尹老师,在华附遇见您便是在优秀的校园遇见更优秀的班主任,不管风吹浪打,胜似闲庭信步,感谢您高中三年的陪伴与关心,培养精气神,再出发,不忘您的谆谆教诲,我一定在西交继续发光发热,将华附精神在西交传承,祝您教师节快乐!"

看到吴佰峻等同学发来的信息,我备受感动!从教以来,与学生的交往和与家长的沟通,让我更加坚定教育的信念:"我要把教育当成愉悦自我、进化自我的一种事业!"

回想往昔,一路的狂奔,有艰辛,有坎坷,但是更多的是骄傲、自豪和庆幸!感谢我的家人,是他们的关爱、包容和陪伴,让我有了逢山开路,遇水架桥的勇气和激情!感谢佛山市南海区第一中学、佛山市第一中学等单位的领导，感谢华南师范大学教师教育学部培养了我！特别感谢华南师范大学附属中学的领导和同事，他们的培养、鼓励和支持，让我有了工作的激情和奋进的动力！感谢我的学生，特别是廉江市石岭中学95届高三（2）班的学生、佛山市第一中学2014级高一（4）班的学生和华南师范大学附属中学2020—2023年的高一（5）班、高二（5）班、高三（5）班的学生及其家长！他们的表现让我看到了人性中的真善美！值得一提的是：2020年9月到2023年6月，三年的班主任，我记得每一个学生，在我的日记本上有每一个学生"成长"的痕迹——面对学生的成长表现，有惊有喜，有高兴也有忧伤，但是，不管怎样，我都祝福每一个学生！当然，也感谢自己一路以来的拼搏和坚持——做有情怀的老师，给生命以向上的力量！

尊敬的读者，我相信这本书能够给您以情的感染和智的启发！如果您对这本书有好的建议和想法，请及时告诉我们，以便我们再版时加以修改和完善！

在此，再次衷心感谢我的学生、学生家长、同事、亲朋好友和读者对我的关心和鼓励！同时感谢北京师范大学出版社编辑伊师孟等人对我的大力支持！

尹军成

2024年12月14日星期六

目 录 C O N T E N T S

育人理念 001

培根铸魂：建设一个有精气神的班级

——优秀班级建设的策略、方法和路径 / 003

文道统一：精心铸造学生灵魂

——班级管理"以生为本"的点滴再现 / 010

为生命着色：培养具有爱国情怀的高素质学生

——红色教育与综合实践活动相融合的路径初探 / 019

优秀班主任：要善于观察，更要善于引导

——考试后，面对学生失态，点到为止 / 026

启智润心：用文字激活学生的情感

——关注学生学习与生活的"细枝末节" / 029

班主任必备课：领悟名师的成长内涵，提升自我的思想境界

——向有情怀的于漪老师学习 / 038

家校共建：请做好"三个一"

——把"家校共建"当成班级建设的重要工作 / 043

尹军成：以情致焕发生命向上的力量

——与"广东特支计划"教学名师对话 / 055

情致教育：给生命以向上的力量

——尹军成和他的高一（5）班 / 059

主题班会 067

高一班会：培根固本　凝心聚力 / 069

主题班会一　军训·铸剑：文明"我"精神，野蛮"我"体魄 / 069

主题班会二　直击心灵：我们应该做什么样的人 / 074

主题班会三　言行一致：我们应该做一个德才兼备的人 / 080

主题班会四　班级目标：为优秀班级的建设而努力 / 088

主题班会五　为人处世：中学生如何与人相处 / 095

主题班会六　激扬生命：压力，人生的香料 / 099

主题班会七　学法指导：注重学习方法，提高学习效率 / 104

主题班会八　启智润心：阅读，给你智慧和力量 / 111

高二班会：自主成长　自我赋能 / 115

主题班会一　号角吹起：给未来以美好的期待 / 115

主题班会二　学会感恩：感谢，感动，感恩 / 125

主题班会三　正确追星：关于中学生"追星"的思考 / 130

主题班会四　向阳而生：弘扬正气，传递正能量 / 135

主题班会五　热爱生活：我们为生命本身好好活着 / 140

主题班会六　思想净化：让躁动的灵魂安静下来 / 145

主题班会七　深度思考：前进是需要反思的 / 152

主题班会八　承前启后：如何高效度过暑假 / 156

高三：自觉兴华　强国有我 / 161

主题班会一　梦想起航：舞动青春，赢在高三 / 161

主题班会二　回望昨天：为了今天更精彩，明天更辉煌 / 168

主题班会三　静水流深：拥有平常心，坦然向前行 / 175

主题班会四　身心健康：做一个健康的高三学生 / 179

主题班会五　乘胜追击："成功是成功之母" / 186

主题班会六　未雨绸缪：为大演练、大方向、大数据做精心准备 / 192

主题班会七　审时度势：迈好人生关键一步 / 196

主题班会八　亮剑高考：2023 年高考嘱咐和祝福 / 202

主题班会九　追求卓越：塑造个人完美形象　留下完美印记 / 206

目 录 C O N T E N T S

家校共育....................................211

高一：自主成长　自我赋能 / 213

致高一新生的一封信　热烈欢迎，我的优秀学生！ / 213

致高一家长的一封信　优秀家长，您好！ / 218

致高一家长的一封信　节假日，我们与孩子共"舞" / 221

高二：自昭明德　柔进上行 / 226

致学生和家长的一封信　未来已来，请保持平和的心态 / 226

致高二家长的一封信　高二了，家长应该关注什么 / 229

致高二学生的一封信　认真过好节假日的每一天 / 233

高三：自我赋能　自觉兴华 / 238

致家长的一封信　"亲子关系"共成长的三个关键词：平和、淡定、鼓励 / 238

写给高三优秀的你　"高三优秀学生"成长关键词：拼搏、规则、反思 / 243

寒假将至，致高三家长的一封信　携手并肩迎高考，齐心协力创辉煌 / 247

致高三学生的一封信　新年祝福：祝你成功 / 250

毕业之际，致敬我的优秀家长和优秀学生　不管怎样，要把你最好的东西拿给这个世界 / 254

育人理念

YUREN LINIAN

思想引领，凝心聚力。

法国哲学家帕斯卡尔说："人只不过是一根苇草，是自然界最脆弱的东西；但他是一根能思想的苇草。"

班主任，作为班级建设的核心人物，应该有思想、信念、品质、视野、情怀和境界。

班主任既要有育人的思想和目标，也要有班级管理的理念和策略。接手一个班级，鉴于学情和班情，我确定了班级建设目标——建设一个有精气神的班级。就新班级建设，我会重新审视自我。只有对自我有一个清晰的认识，才能够厘清带班思路。

培根铸魂：建设一个有精气神的班级

——优秀班级建设的策略、方法和路径

优秀班级的建设重在精气神的塑造。班级是学校的最为重要的"单元细胞"。班主任应该站在为党育人、为国育才的高度，重视优秀班级的建设和发展。班主任可以通过情感渗透、思想引领、文化浸润、方法指引等环节净化学生的思想、提升学生的素养、塑造学生的灵魂，实现培根铸魂、启智润心的目的。

班级是学校的最为重要的"单元细胞"。这个"单元细胞"事关学校、家庭、社会和国家的发展。作为班主任，我们应该站在为党育人、为国育才的高度，重视优秀班级的建设和发展，实现培根铸魂、启智润心的目的。

如何把"培根铸魂、启智润心"落到实处，是基础教育工作者需要思考的重要问题。班主任可以把"建设一个有精气神的班级"作为"立德树人"的切入点，以"启迪学生思维、开发学生智力和净化学生心灵"为目标，提升学生的核心素养，力求让每个学生都成为身心健康、人格完善、人性丰富、品格高尚的高素质人才。

"建设有精气神的班级"重视"铸魂工程"建设，"铸魂工程"重点关注学生的思想、品质、精气神、凝聚力等。鉴于此，在教育教学实践中，班主任可以从情感渗透、思想引领、文化浸润、方法指引四个方面开展工作。

一、情感渗透：润物无声

爱是教育教学的基点，是师生交往的润滑剂。情感渗透不是一味地呵护、顺从、溺爱，而是鼓励、引导和激发。无论是班主任还是科任教师，都应该以信任、欣赏为基础，对学生进行全方位的关注、关心。因此，每接手一个班级，我都首先通过个性调查、课堂自我介绍、周记个性呈现、情感交流释放等环节开展班级调查工作，再以认真观察、迅速了解、及时记录、迅速传递的方式对学生进行全方位的了解。经过这一番"折腾"，我能够在一周内把学生的姓名记住，并且对学生的兴趣、爱好、个性、风格、心态等方面有大概的了解。

认识、了解是走近学生的一条捷径，而沟通、交流是走进学生心灵的最佳方式。如何走近学生并自然而然地触及他们的心灵？多年的实践告诉我，口头表扬是必需的，但是过多的口头表扬会让学生略显"羞涩"或"不自然"，毕竟，相处的时间不久。根据学生的心理特征，我发现用文字表达对学生的爱，教育的效果会更好。从教经验也表明，用"写"的方式表达情感比用"说"的方式更好。因此，我经常借助即时通信或纸条来写一段表达我对学生的认识、肯定和鼓励的文字。

为激发学生的情感，我从对其"言谈举止"的关爱开始，通过静观学生动态，在了解的基础上，为学生写一段呈现"关爱"的话语，并在其中提出希望或建议。

当我在短短的一个月内把并不成熟的认识呈现出来的时候，学生很是感动。下面略举一二：

王京蕾：优秀！老师的好助手，同学的好榜样，面带微笑的才女，顽强拼搏的健将！纯净的笑容，洁白的牙齿，给人一种霁月清风之感。我欣赏你骨子里透露出的自信和成长进程中因努力而折射出的华彩。作为才女，你有才，更有德——不矫情、不做作、不自私、不骄傲！用"德才兼备，品学兼优"来形容你还真的有点落入俗套。我相信，你现在是优秀的学生，未来是社会的栋梁！

区思晋：有少年的轻狂，有文人的傲气，高考目标是南京大学。南京大学是教育部直属的全国重点研究型大学，坐落在钟灵毓秀、虎踞龙盘的六朝古都南京。六朝古都丰富了它的底蕴，志士仁人铸就了它的辉煌，文人墨客增添了它的光彩。你应该明白，理想是动力，个性是魅力，成绩是实力。作为一个有思想、有激情的学生，我们既需要动力，又应该注重实力，因为只有动力和实力才能为我们的魅力增添光彩！

一个学生，突然收到教师就自己的言谈举止所写的赞美和鼓励性的话语（文字），虽然不能很全面地呈现他光辉的一面，但是起码以热情的态度肯定他、鼓励他，无形之中就会让他充满自信。

多年以后，学生也会通过来访、写信、发短信等方式与我交流，且几乎都会说到一句话：感谢老师给予的关心，特别是那些激励人心的文字！

二、思想引领：凝心聚力

法国哲学家帕斯卡尔说："人只不过是一根苇草，是自然界最脆弱的东西；但他是一根能思想的苇草。"

班主任，作为班级建设的核心人物，应该有思想、信念、品质、视野、情怀和境界。班主任既要有育人的思想和目标，也要有班级管理的理念和策略。接手一个班级，鉴于学情和班情，我确定了班级建设目标——建设一个有精气神的班级。就新班级建设，我会重新审视自我。只有对自我有一个清晰的认识，才能够厘清带班思路。鉴于此，我就自身的性格、能力、个性、风格、思想及目标等方面再思考、再审视，最终确定了以下的"自问自答"作为班级建设的思想指引：

1. 我想成为一个什么样的人？

答：一个高尚的人，一个纯粹的人，一个有道德的人，一个脱离了低级趣味的人，一个有益于人民的人。（《纪念白求恩》）

2. 我想成为一个什么样的教师？

答：成为一个有教育情怀的人，给生命以向上的力量。

育人理念

3. 我想培养什么样的学生？

答：德才兼备，品学兼优；人文与科技并举，个性与规范共存；人品与学识齐进，激情与理智同行。

4. 我应该怎样培养学生？

答：把学生当成"读书人"来培养，而不是把他们当成"考试人"来看待。

经过全面的分析和深入的思考，我最终得到了一个比较满意的答案并确定了自己的带班理念：

育人理念：人品与学识齐进，激情与理智同行。

管理理念：求同存异展个性，兼容并包育英才。

教育信念：做有情怀的教师，给生命以向上的力量。

因此，面向外界宣传的时候，我就所带班级做了这样一个介绍：

高一(5)班是一个张弛有度、求同存异、兼容并包的优秀班集体。它以"健体、乐学、尚艺、育德、知行"为核心价值观，追求"人品与学识齐进，激情与理智同行"的班级目标，通过三年的淬炼，努力培养身心健康、人格健全、人性丰富、品格高尚的高素质人才。

事实告诉我们，思想引领不是一味地说教、劝诫、督促、监视，而是用自己的育人思想来引领、示范、指导、践行。

2020 年 8 月，我主动申请做班主任并如愿接手了高一(5)班。班集体建立之初，我就将"优秀"作为底色赋予高一(5)班的学生。"优秀的高一(5)班，不只是学习优秀，在道德和品格方面也要出彩。"王京蕾同学读完体现我带班育人方略的《优秀学生成长手册》之后非常惊讶，她说自己从没有遇到过这样一位老师，从人生理念到待人细节，事无巨细地告诉自己应该如何度过高中生活。青年教师朱缘新说："尹老师编写的《优秀学生成长手册》如同明灯，照亮学生眼前的迷途，给予他们自信地坚定地走下去的勇气，让他们相信他们能够成为最好的自己。"

良好的开端是成功的一半。开学初期便给学生定下明确而高远的目标，有利于激励学生成为学校生活的主角。有事实为证：我所带的班级中有多人获得"广东省优秀学生""学习之星""文明之星""劳动之星"等光荣称号，我所带的班级也月月被评为"文明标兵班"，年年被评为学校"优秀班集体"，成为学校班级品牌建设的一面旗帜。

三、文化浸润：启智润心

文化的概念很大，我主要从狭义的角度即班级文化的角度来谈论。为了营造一种气氛、鼓舞一种士气、激活一种情感、铸造一种精神，我做了两件事：一是开展了启智润心的读书活动，二是创办了展示精神的文化班刊。

我在班级设置了图书角，根据学生心理特质和语文课标推荐的阅读书目，我重点推荐了两类书：一是与青春成长相关的文学作品，如《平凡的世界》《大卫·科波菲尔》《约翰·克利斯朵夫》；二是人物传记类书籍，如《毛泽东自传》《袁隆平传》。我还利用班会和语文课的课前演讲开展"好书荐读""读书分享会""越读越精彩"等活动，鼓励学生分享阅读体会。这些活动在学生心中播下了阅读的种子，不少学生也因为我爱上了阅读。

为了把握舆论宣传的重要阵地，营造文化氛围，我组织学生创办了班刊——《吾辈》。关于《吾辈》，学生特别提到了以下三点：

增强班魂： 班刊展现了我们独一无二的精气神，是集体凝聚力与荣誉感的一种体现。

留下回忆： 班刊记录了我们的思想、我们的风貌，是我们这个美好集体的独家记忆。

提升能力： 班刊为我们提供了一个展示自我、锻炼能力、畅所欲言、学习欣赏的平台。

《吾辈》已成为学生之间联系的重要纽带，成为班级对外宣传的窗口，成为班级精神的外化。学生们隽永的文字，展现了班级人不寻常的一面；学生们按下的快门，为班级留下了最美好的回忆。

文化和精神这两个名词，本就给人难以言表、无法名状的感觉。到底何谓班级文化和精神？请看学生詹雯莉的描述，也许这就是对班级文化和精神的最好的诠释：

集体与个人对彼此的意义是不言而喻的。我始终在想，最好只是当下的，对于未来，永远都应只有更好。我们还有无限的潜能，跳跃起来达到的高度没有上限。对一个集体来说，也是这样，我们每个人身体力行每个习惯、每项准则时，高一(5)班都被影响着，改变着。就像是在年少时仓促地种下了一棵树，一开始还不懂得怎样去栽培，后来对它悉心呵护，每天都盼望着它长大。它的成长或许你很难察觉，因为往往只是一点点，但到了某个瞬间，你忽而意识到它已长成一棵参天大树，仿佛下一秒就有拨云见日之势。乌云退散开来，只留下晴朗天气。你也终于知道浇水、松土等工作不是只有你在做，还有很多人在为这棵树的成长付出着。

德国的著名教育学家斯普兰格说："教育的最终目的不是传授已有的东西，而是要把人的创造力量诱导出来，将生命感、价值感唤醒。"

马克思也说："教育绝非单纯的文化传递，教育之为教育，正是在于它是一种人格心灵的唤醒。"

生活告诉我们，教育的至高境界，不是纯然地传授一种知识，而是通过知识、文化和思想引领，给学生熏染一种人生情怀，一种面对世界的人生气度。

四、方法指引：授之以渔

有坐车、开车等经验的人都知道，现在的高科技让人们有一种"静坐一隅，视听万里"的感觉。如果前往某一地，想了解前方的情况，开启导航，立即就会得知有关距离、时间、路线、红绿灯数目以及易违章点等的信息。班主任，作为"导航设计者""精神引领者"，应该有这种设计能力、指导能力和预测能力。

学生需要引领，更需要实践性指导。开学初期，军训刚结束，我便向全班分发了自己制作的《优秀学生成长手册》，其中就有给学生写的信——《热烈欢迎，我的优秀学生》。信中提到"青春的梦想是未来真实的投影"，我向学生提出如下五条建议：第一，未学先立志，带着理想远航；第二，言谈举止树形象，身体力行守规矩；第三，迅速融入校园生活，积极参与校风建设；第四，惜时如金求进取，讲究策略圆梦想；第五，心平气和入宿舍，同心同德建家园。

第一天的思想教育，我就用导航模式开启班级管理。我以学期为单位，引导学生设想未来，提醒学生思考未来三年可能遇到的问题。我还根据学生的心理特质制作了学期反思表(见表1-1)，以培养学生的反思意识。

表 1-1　学期反思表

时间	思考及行动
学期前	学期规划(学习愿景、奋斗目标及行动策略等)； 预测未来(未来可能遇到什么问题及解决方案等)
学期中	学习反思(审视学期方案，回顾言谈举止；调整学习计划，制订阶段学习方案等)
学期末	学习总结(回顾、反思、改进)

精神的引领不会让思想偏航，方法的指导能让前进的力量加速。班级建设既要重视"道"的传承，也要重视"术"的传授。我编写的《优秀学生成长手册》中的"成长指导"可以让学生对高中生活有一个清晰的认识。作为心智尚未成熟的学生，他们既需要思想引领，也需要方法指导。

回头审视，我所带的班级为什么能够屡获殊荣，我觉得与我精心制作的《优秀学生成长手册》有关，与优秀班级的"铸魂工程"有关。班级学生违规违纪的现象很少，考试后精神涣散、歇斯底里的情况不存在，学生既学会了"回头看"，也学会了"未雨绸缪"。经过时间的淬炼，学生的精神世界日渐丰富，内心日益强大。

强军必先强心，强心重在铸魂。优秀班级建设，首在立人，人立而后凡事举。作为班主任，我们要全面贯彻党的教育方针，落实立德树人根本任务，教育教学努力落实"培根铸魂、启智润心"的要求，重视班级精气神的建设，培养社会主义的建设者和接班人。

育人理念

文道统一：精心铸造学生灵魂

——班级管理"以生为本"的点滴再现

有人说，学生的终身发展是基于学生作为一个社会人的终身发展来考虑的。要培养一个适合社会需求的人才，成才环境尤为重要。因此，我们既要重视学校人文环境的创设，也要重视"以生为本"的"德行养成"教育。

郭思乐教授说："教育者要做的，最重要的不在于教，而在于鼓励学和帮助学，也就是说，我们在生命的旁边，帮助生命自身，让生命自为之，去发展，去成就自己的可能。"①

如果说，完善的规章制度是班级运行的保障，那么"以生为本"的师生情感的互动和升华就是班级管理的润滑剂。

一、交流——轻启学生心扉的金钥匙

"一个孤独的灵魂需要温暖和理解"，这是当学生出现心理问题时，有识之士发出的慨叹。是的，多年来，我们过多地注意了学业成绩，却忽视了心理健康教育。我们常常只是走到了学生的身边，而未走进学生的心灵世界。

翻开大师育人篇章：叶圣陶的"作文先做人"，陶行知的"生活教育"，苏霍姆林斯基的"和谐教育"，于漪的"激趣、激情、励志教育"，李镇西的"爱

---

① 郭思乐：《做幸福的生命激扬者——写给南京市江宁实验小学》，载《江苏教育研究》，2010(11)。

心教育"……他们用行动诠释教书育人的含义，以爱心丰富教书育人的内涵。

为了增进与学生的交流，引导学生健康成长，在教育教学中，我通常采用以下方式开展工作。

第一步：全面展示——"我的风采"。

每接手一个班，我都会要求学生以表格的形式制作一份"我的风采"，并要求学生一直用到高三毕业。"我的风采"的内容包括学生的姓名、性别、年龄、毕业学校、辉煌历史(不仅限于学业成绩)、座右铭(我的名言)、我的奋斗目标(理想大学)、我的自画像。

目的：让学生发现真实而成功的自我。

第二步：严肃对待——"一日写'真'"。

我坚持每天或每周用文字真实而艺术地再现学生的日常生活、思想情感、学习状况等。

目的：通过文字激发学生的情感、指导学生的行为。

第三步：倾情书写——"我的学生，我的爱"。

我细致地观察和了解学生的个性特征、思想行为以及学业水平等，并借助文字给予他们中肯的评价和热情的鼓励。

目的：让学生在班主任的文字中寻求一种安慰和精神寄托，从而迸发出奋斗的激情。

第四步：小心呵护——"心灵保健，真情流露"。

针对学生的心理素质和生理特征，采用书信的方式解决部分学生在学习、思想和情感上的困惑。

目的：引导学生放下思想包袱，以健康的心态和完善的人格努力学习、奋勇前进。

第五步：精心设计——"问卷调查：认识教师"。

这是针对教师的教育教学设计的问卷调查表，包括教书育人的方式方法等。

目的：学生发现教师教育教学的优点和缺点，教师继续发扬优点或及时改正缺点。这是教师正确认识自己的一条捷径，也是学生了解教师及师生互动的渠道。

二、赏识——学生成功的催化剂

关注学生的闪光点，适时地赏识学生，这对学生的成长具有深远的意义。

中国青少年研究中心赏识教育研究室主任，南京婷婷聋童学校校长周弘用赏识教育法教育自己全聋的女儿，使之成为中国第一位聋人少年大学生。周弘用赏识教育法改变了成千上万个孩子的命运。他在其著作《赏识你的孩子》中说，赏识教育是承认差异、允许失败的教育，是充满人情味和生命力的教育，是让孩子热爱生命、热爱时代、热爱自然的教育，是肯定的教育。因此，我们应用赏识的眼光仔细观察：在日常生活中，务必注意孩子的言谈举止、好恶，在他与别人玩耍、交谈时观察他，你就会发现你的孩子虽不爱弹琴却喜欢绘画，虽没耐心却有创意，虽不善言辞却很热心，总有他优秀的一面。你可以了解孩子的性格倾向，从而引导他，给予鼓励。当孩子取得一定成绩时，应该给他鼓励的掌声。著名的特级教师王兰说，不是聪明的孩子常受表扬，而是表扬会使孩子更聪明。运用好表扬的艺术，在班集体中树立一个个鲜活的榜样，这些榜样对学生的成长有着巨大的启迪作用。因为，即使是天才，也需要通过成功的体验积累信心。为此，我千方百计地寻找表扬学生的理由！郭思乐教授说，教育应因人的天性而不断地改变自身。生本教育就是这样，它保持着对生命天性的敬畏，始终积极主动地为唤醒学生生命中的潜能，创设着极为宽松的外部环境。

于是，我精心营造育人环境，每堂课前 5 分钟，借助信息技术向学生展

示"榜样就在身边——人生价值的体现从现在开始"表扬名单,事例如下:

1. 在细微中发现学生的闪光点,让学生感觉到教师关爱的目光散播在"我"的身上。

一个真正了解父亲、以父亲为榜样的同学:麦苑仪。

一直以来日记字迹端正、卷面整洁而且思想深刻的同学:王景聪。

接力日记写得真实而又有见解、颇具号召力的同学:刘志潮。

2. 在言谈中给予肯定,让学生明白"我"永远是老师眼中的一颗闪亮耀眼的星星。

感谢你们:李玉琴、吴姗晖、梁肖虹。

我亲爱的学生们!为了班集体的工作,你们牺牲了学习的时间,我想起来就内疚,可看到你们积极乐观的表现,我又有些许的安慰:为你们的奉献精神!为你们的人格魅力!你们虽然失去了宝贵的学习时间,但获得了做人的真知!你们虽然耗费了精力,但铸就了精神!只要你们保持高尚的人格和崇高的精神,以后的人生之路一定会更好!

3. 在肯定中赋予激情,使学生永远保持奋斗的激情。

热烈祝贺谭光柱、姜俊池荣获科技创新奖!

你们的成功就是我们的荣耀!你们的创新精神就是我们学习的榜样!但你们要记住啊,你们在成为旗帜的同时也成为靶子!竞争激烈的时代,你们一定要牢记:与时俱进!逆水行舟,不进则退!

4. 借语言唤醒灵魂,让学生正视自身逐步成熟的思想。

有一次,未受表扬的学生面对表扬榜表现出不屑一顾。第二天,我展示了以下的语言:

我知道你很想在表扬榜上看到自己的名字,但每次你都在失望中有一种隐隐作痛的感觉,如果你不想让自己失望、伤感、痛苦,那么就请你付诸行动,借成功树立形象!

后来我在学生的日记中发现了因内疚而表现出的"忏悔"。我知道,我的做法收到了事半功倍的效果。

三、励志——为学生吹响奋进的号角

(一)借名人智慧拓宽学生的视野

巨人的影响，不只停留在一两个时代里，而是会穿越时空渗透到人们的灵魂中去。英国牛津大学乔治·宾教授也说："每个巨人都是不可重复的，因为他们的智慧总是独一无二的。接近巨人，只有通过智慧的阶梯！如果一个人不进入巨人的生活中去，将是人生最大的遗憾之一。"

是的，没有巨人，这个世界将会处于半黑暗的状态；假如站在巨人的肩膀上，你就有可能获得成功，因为你的心中已经射入了一道道智慧的光芒。

根据学生的年龄和心理特性，我选取了古今中外名人的感人事迹，借助信息技术，向学生全方位展示。这就在无形之中为学生的学习和发展创设了丰富多彩的环境。

…………

(二)用青春梦想激发学生的激情

教育名师于漪说，在培养学生理解和运用语言文字能力的同时，要时刻不忘以美好的事物、高尚的情操来熏陶、感染学生，在他们的心灵深处撒下美好的种子。教学是以语言文字能力的培养为核心，有机地融合了德育和美育，三位一体，课就立体化了。立体化多功能，就是对人多方面培养，教学效率、教学质量能明显提高。

针对学生在寻梦、追梦过程中表现出的执着和热情，我在班上开展了以"高校瞭望——今日走近名校，明天走进殿堂"为主题的讲座，并就世界著名高等学府的悠久历史、优美建筑、优雅环境，以及博大精深的学术传统和造诣进行了个性化的解说。

在教书育人的过程中，我用美好的事物来唤醒学生的斗志和激情。在推荐解说的过程中，我激起的不仅是学生的情感，还有他们奋进的动力。

四、榜样——教师的行为是指引学生前进的航标

用自身的闪光点照亮学生心灵。乌申斯基说过："教师个人的范例，对于青年人的心灵，是任何东西都不可替代的最有用的阳光。"在教育教学中，我力求通过自身的言谈、举止、情感、意志、品格去强化学生的道德观念，陶冶他们的情操，从而达到"润物细无声"的妙境。只有美的心灵，方能激发美的情感。

在与学生相处的过程中，教师须以身作则。例如，针对学生字迹潦草、书写马虎的问题，我取得科任教师的同意，决定不定期向全班学生展示教师的备课本。这种展示活动，于无形中影响了学生的学习习惯。学生对我的备课本情有独钟，并称我的备课本"既是施展才华的舞台、精心构建人生蓝图的设计，又是思想驰骋的平原"。因为，我的备课本里面有我的人生情感之点缀，思想灵感火花之闪烁。于是，我的备课本既具备教学功能，又发挥了教育作用。我的备课本中有这样一段话——"把教育当作职业，会感觉很辛苦；把教育当作事业，会感觉很幸福。我是这样想的，也是这样做的！"曾经有学生对这段话进行询问："老师，您写的？这是发自内心的独白？"我笑着反问了一句："与你们朝夕相处的日子中，你觉得我言过其实吗？"没有想到的是，围观的学生异口同声地说："没有！"

在与学生相处的过程中，我还用我的才华触动学生的心灵。茶余饭后与人交谈，谈吐自若，谈笑风生之时，人们总是有意无意地提及："你不愧是教语文的！"教语文的又怎么啦？我常扪心自问，反问之后又总是告诫自己："尹军成，你是一个语文老师！"他们的语言无形之中促使我永远保持求真务实的心态和与时俱进的精神。因此，闲暇之后，我独坐卧室，或博览群书，或笔耕不辍，在寂寞中修心养性，于孤独中养精蓄锐。天道酬勤。九年来，我的作品(包括文学作品、教学教研论文)不仅获奖还时见于报刊，而我把散见于报刊的作品以剪贴、复印的方式装订成册保存留念或不时印发给学生阅读、赏析、批判。无形之中，我就成了一本耐读的活教材。教育家夸美纽斯说，教师的职业是以自己为榜样教育学生。全国优秀班主任丁榕说，以高尚的道德使学生高兴，以渊博的知识使学生明白，教师要用行动说话。师者形

象借助文字、通过举止立于众人心目之中，而学生敬佩和称赞之时迸发的激情就是他们学习的动力。

艺术大师罗丹说，生活中不是缺少美，而是缺少发现美的眼睛。是的，教师既要善于发现学生的闪光点，也要正视自身的闪光点，而且要用自身的闪光点去照亮学生的心灵。这是时代的发展要求，也是赏识教育的体现。

五、反省——学生超越自我的支点

《礼记·学记》有言："学然后知不足，教然后知困。知不足，然后能自反也；知困，然后能自强也。故曰教学相长也。"教学如此，教育也是如此。

荀子曰："君子博学而日参省乎己。"曾子曰："吾日三省吾身：为人谋而不忠乎？与朋友交而不信乎？传不习乎？"

"一日三省，扪心自问"，既是学生思想净化、灵魂拷问的支点，也是学生思想逐渐成熟的表现。

教育不仅是一种知识的独特培养，而且是一种相当人化的特殊凝聚。教育的核心是从生命深处唤醒沉睡的自我意识，唤醒人的创造力、生命感和价值感。唤醒灵魂的教育才是成功的教育。

为让学生内化自己的品性，我通过"小故事，大智慧"的文摘形式及"扪心自问"来强化师生的反省意识。略举几例：

1. 时至今日，你依然保持了奋发向上、勇往直前、艰苦奋斗的优良作风吗？

2. 面对他人对班级表现出的热情，你是无动于衷，还是心潮起伏？你是静观动态，还是积极投入热潮？

3. 面对他人在课堂上勇于展示自我风采，你是冷嘲热讽、不屑一顾，还是呐喊助威、以此为荣、奋起直追？

4. 面对班级的荣誉，你是以最真挚的心呵护，还是漠然处之、置之不理、熟视无睹？

5. 在课堂上，你会肆无忌惮地言谈而不顾及他人的感受吗？

6. 你反省了吗？面对老师的批评或同学的指责，你是虚怀若谷地接受，还是牢骚满腹地进行反驳？

六、音乐——灵魂净化的良药

聆听音乐，我们发现，总有一种力量让我们泪流满面，总有一种精神让我们无限感奋。著名音乐家李斯特说，音乐是不假任何外力，直接沁人心脾的最纯的感情与火焰，它是从口吸入的空气，它是生命的血管中流通着的血液。

欧·亨利的《警察与赞美诗》中有这样一段细节描写："皓月当空，皎洁明亮，车马稀落，行人寥寥，屋檐下的燕雀发出几声睡意蒙眬的叫声——刹那间，他仿佛置身于一个乡间墓园。风琴师弹奏的赞美诗将苏比紧紧地粘在了铁栏杆上，因为他以前非常熟悉这些曲调，那时他的生活中充满母爱、玫瑰、雄心、朋友、纯洁的想法和洁净的衣领。"受此启发，我采用"每日（周）一歌"的形式，向学生推荐了音乐组曲，包括亲情篇、友情篇、奋斗篇等。

感悟音乐大师贝多芬的《命运交响曲》涌动的激情，我们可以迸发与命运抗争的斗志；聆听《黄河大合唱》的吼声就是领略惊天地、泣鬼神的民族魂魄；高歌《义勇军进行曲》就是抒发中华民族的心声；低声吟唱《烛光里的妈妈》就是对亲情的一种思念，一种倾诉，一种感悟……

作为班主任，在班级管理时，我尽量用美好的文学作品和音乐给学生以鼓舞，给学生以教育，给学生以启迪。事实上，这些有灵魂、有思想的文学作品和音乐确实能给学生带来一些精神上的力量。

那自由自在的、充满温暖力量的感情的激流，使学生从思想的压力下解脱出来，使学生紧锁的眉头暂时被抚平。

我们应该在适当的时候，借助现代技术，向学生提供精神营养。

郭思乐教授说："激扬生命是教育工作的任务，是教育的本体。教育对于生命的激扬，服膺于一定的社会的框架，要满足于人类社会的需求，这样，我们就会在最敏感的教育教学之中思考，我们要在什么时候、用什么方式进行唤醒和激活，唤醒和激活到什么程度，重点是什么，等等。"

事实证明，"班级管理科学化"不是挂在嘴边的一句口号，也不是"巧设问题"的简单提法，它是融汇爱心与汗水的艰难跋涉！我觉得"班级管理科学化"的关键是师生关系的融洽。而师生关系的融洽离不开教师的付出与学生的参与！

"路曼曼其修远兮，吾将上下而求索。"关于"文道统一"的教育教学思想见仁见智，而"文道统一"的教育教学思想所体现出的精神理念确实值得探究。

为生命着色：培养具有爱国情怀的
高素质学生

——红色教育与综合实践活动相融合的路径初探

红色基因是中国共产党在长期奋斗历程中形成的根本性精神特质。传承红色基因，从娃娃抓起。继承优良传统，赓续红色血脉，需要重视育人课程设计，可以采用顶层设计、主题引领、活动促进、文化搭桥的方式在区域范围内开展综合实践活动课程，以增强学生的集体荣誉感，以及立志报国、敢于担当的使命感和责任感。

2022年4月25日，习近平总书记在中国人民大学考察时强调："坚持党的领导，传承红色基因，扎根中国大地。……一定要把这一光荣传统和红色基因传承好……讲好中国共产党的故事，讲好党创办人民大学的故事，激励广大师生继承优良传统，赓续红色血脉。"

继承优良传统，赓续红色血脉应以"传承红色基因，弘扬革命精神；自我赋能，争当时代新人"的思想为主线，以"为生命着色，培养具有爱国情怀的高素质学生"为目标，以"自我赋能、自主成长、自觉兴华"为使命，力求把学生培养成具有家国情怀、身心健康、人格完善、人性丰富、品格高尚的人才。

育人课程内容与学生成长相联系，采用顶层设计、主题引领、活动促进、文化搭桥的方式在区域范围内开展综合实践活动课程，以"红色教育与综合实践活动相融合"的方式引导学生学习认识社会、认识自我并积极主动地规划人生，提升学生核心素养，促进学生全面发展。

一、顶层设计：主题引领

"顶层设计"原是系统工程学的概念，后广泛应用于政治、经济、军事等各领域。它的意思是从顶层开始，对工程项目的各个层次、各个要素、各个方面统筹规划，以便高效快捷地实现目标，其核心是整体性、全面性、长远性以及重大性、全局性目标的设定。

从 2009 年开始，基于对课程建设、教育模式创新、学生能力转化和师生人文素养提升的思考，我以"红色教育与综合实践活动相融合"的方式开展育人工作。

我和志同道合的同行以"培养具有家国情怀和民族精神的理性学生的行动研究"为主题，成立了"佛山一中民间观察社"，通过构建"窗外的育人课程"，积极开展"行走家乡——用心感受社会发展"综合实践活动，以"关注自我"(寻根问祖)、"关注历史"(理性思考)、"关注经济"(感知社会)等主题来开展育人活动。

当时，《中国学生发展核心素养》研究成果还未发布，我们已经开始基于"学生综合素质培养"进行思考，构建"窗外的育人课程"体系。(见表 1-2)

表 1-2 "窗外的育人课程"体系

类型	考察活动主题	考察地点	考察关注点	活动课程培养目标（目的）
关注自我	寻根问祖("微家史"调查)	故乡、村落、家族、家庭	1. 打通时间，找到自己与历史、个体与族群的联系； 2. 生命定位，对自己的生命角色有完整的感受。	培养学生热爱家乡的情怀，培养学生的"身世感"，即引导学生做一个有祖国的人，做一个有故土的人，做一个有家传的人。
关注历史	于历史细枝末节处看尽千古人间事	广州：广州市黄花岗七十二烈士墓、黄埔军校旧	1. 走访家乡，通过考察、访问、调查、上网、查阅、座谈等，积累、辨析	1. 将区域范围内的乡土史料、社会资源运用于语

续表

类型	考察活动主题	考察地点	考察关注点	活动课程培养目标（目的）
		址、中共三大会址纪念馆、辛亥革命纪念馆 佛山：祖庙、南风古灶、东华里古建筑群和康有为故居等	相关素材，实现与历史对话，并撰写成文； 2. 走访当地名人或老人，进一步了解家乡的历史，深刻认识先人对家乡、祖国作出的贡献。	文教学中，引导学生进一步体会家乡的可爱、祖国的伟大； 2. 通过研究探索，增强学生的文化素养和人文情愫。
关注经济	东方风来满眼春（走进企业看发展）	广州和佛山的知名企业	1. 查阅改革开放以来企业发展的历史； 2. 参观厂区（车间）设备，感受企业文化； 3. 走访（访谈）企业负责人和员工，开展"我与职工面对面""我与厂长（企业负责人）面对面"的访谈活动。	1. 引导学生了解企业的发展，感受祖国的发展与进步； 2. 提高学生的口头表达能力，促进其思维的发展。

课程的实施是落实教育功能的有效方式之一，与《中国学生发展核心素养》培养"全面发展的人"的育人宗旨相吻合，育人课程促进"教与学"方式的改变，改变教育"闭门造车"和"纸上谈兵"的现状，提升学生的人文素养，增进人文情怀。

陶行知先生说："马路、弄堂、乡村、工厂、店铺、监牢、战场，凡是生活的场所，都是我们教育自己的场所。"[1]

"窗外的育人课程"就是利用生活的资源，开展育人的活动，它也是校本课程开发、社会实践活动补充的最佳方式之一。

我们知道，国与家的关系是十分紧密的，一个人在认识上是先熟悉家人及至家乡，再逐步扩大到了解国家。因此，爱家乡是爱祖国的起点，爱祖国

---

[1]　陶行知：《陶行知文集》，67 页，南京，江苏教育出版社，2008。

育人理念

的情感是从爱家乡的情感中萌发并得以升华的。正如苏霍姆林斯基说："学生爱祖国的情感，是从爱家乡，爱学校，爱故乡，爱集体农庄，爱工厂，爱祖国语言开始的。""他从直接表达爱家庭，爱学校，爱故乡的感情，逐渐过渡到认识更加深刻的社会关系，从理性上认识祖国的概念。"①教师要将乡土史料(社会资源)运用于教育教学活动中，引导学生在认知的过程中增强爱家乡、爱祖国的情感。

二、活动促进：知行合一

活动分校内和校外活动、课内和课外活动。校内和课内活动重视学生文化素养的提升，校外和课外活动重视学生综合实践能力的培养。

20 世纪 90 年代以来，我在佛山市第一中学任教，我与志同道合的同行构建了"教育(学)活动课"等校本课程体系。我们的校本课程开发以"活动课程"为主线，以"行动研究"的课程建设为成果，努力做到与众不同。

一是设置了以阅读岭南诗文为主的"诗文之旅：行吟歌诗"的校本课程。

佛山是千年古镇，简称禅，肇迹于晋，得名于唐。根据佛山地处岭南腹地的得天独厚的条件，学校以了解"禅文化"和认识韩愈、刘禹锡、苏轼、岭南三家、丘逢甲、梁启超等岭南名人或与岭南大地有千丝万缕联系的名人为抓手，通过诗文解读、扩展阅读来丰富学生的文化底蕴。

二是设置了以观察、调查、走访等活动为主的"红色之旅：行走大地"的校本课程。

广州和佛山都是国家级历史文化名城，资源丰富。其中，佛山祖庙、南风古灶、东华里古建筑群等先后被评为全国重点文物保护单位，形成佛山地面文物体类齐全、内涵丰富的基本格局。

我们通过研究佛山的人文历史、景观文化以及知名企业，探索岭南文化

---

① ［苏］苏霍姆林斯基：《培养学生的爱国主义精神》，尹曙初、刘尚勋译，5、6 页，长沙，湖南教育出版社，1984。

培养高素质现代人的成因。

2020 年 7 月，我被调到华南师范大学附属中学，恰逢新一轮课程改革和统编教材的实施。执教林觉民的《与妻书》时，针对"抱负与使命"这一人文主题，我挖掘了广州这座城市的文化内涵：

我们身处的城市正是孙中山先生领导的辛亥革命的策源地，也是国民政府初创时期的政治舞台，还是改革开放的前沿阵地。这座城市的红色资源众多，其中包括农民运动讲习所旧址、广州起义纪念馆、广州起义烈士陵园、广州市黄花岗七十二烈士墓、黄埔军校旧址、中共三大会址纪念馆、辛亥革命纪念馆、孙中山大元帅府纪念馆、第一次全国劳动大会旧址等。

我还设计了一组题目，基于篇幅，只列 3 题：

2021 年 4 月 4 日起，清明祭奠英烈，让灵魂接受洗礼。羊城新闻网拟推出重温革命历史，缅怀革命先烈的专栏。

1. 请你为专栏拟一个具有纪念意义的题目，并阐述所拟题目的意图。

2. 为了纪念"黄花岗七十二烈士"，南粤中学团委准备开展系列爱国活动，请你为团委设计三种形式的活动并说明设计的理由。

3. 为了让大家对黄花岗七十二烈士中的英雄林觉民有一个直观的认识，请为他写一个不超过 300 字的简介，并写一副挽联以表悼念之情。

…………

题目的设计意在让学生感受厚重历史、时代精神，关注历史文化、时代发展，树立文化自信的远大理想，培养担当精神，从而提高社会责任感，增强为中华民族伟大复兴而奋斗的使命感。

三是设置了以认识"百年佛一"和"百年华附"历史为主题的"家国情怀：行思校园"的校本课程。

我先后任教的佛山市第一中学和华南师范大学附属中学都是百年老校。

佛山一中的古建筑历史悠久，颇具特色。学校人文底蕴深厚，先后培养了冼星海、彭加木、张五常、潘鹤等一批享誉海内外的杰出人才。华南师范大学附属中学涌现出了大批为党和国家的发展作出伟大贡献的杰出人物，如陈少白、冼星海、廖承志、谭天度、林逸民、曾生、熊锐、林基路、钱兴、钟南山等。我们利用语文课和班会课先后开设"窗外的语文课""窗外的育人课程"，课程重视挖掘校园历史文化，培养学生核心素养，激发学生的情感，提升学生的自豪感和归属感。

为了进一步激发学生的情感，净化学生的思想，我们还开展了一系列活动，如演讲活动、征文活动、演出活动等，将学科建设和育人活动完美地结合起来。例如：

为鼓励附中学生了解党的光辉历史、传承党的红色基因；发掘附中的红色革命传统，传颂附中校友为党为国的光荣事迹，表达附中学子学习党史的体会和感受；展现青年学生奋发图强、锐意进取的青春风采，校团委联合语文学科组举办以"学百年党史，讲附中故事"为主题的演讲比赛。

我非常重视这个活动，为了激发学生的参与热情，培养学生的爱国热情，便先在班级内举行了"传承红色基因，弘扬革命精神"的演讲比赛。经过一番角逐，张沛垚同学以班级第一名的成绩参与了学校的演讲比赛。张沛垚同学最终力挫群雄，脱颖而出，获得了全校第一名的好成绩。时至今日，张沛垚同学撰写的演讲词——《肩鸿任钜踏歌行，功不唐捐玉汝成》，依然让人热血沸腾：

怀疑的时代依然需要信仰的力量，物质的年代更需要建构精神的家园。传承是最好的纪念，而担当是最好的传承。今天的青年，从先人的积淀中汲取力量，努力实现从跬步到千里的跨越。正是一代又一代的英雄，站在我们的前头，站在民族历史最闪亮的坐标点上，以"甘将热血沃中华"的无私无畏，提醒我们——永志不忘，切莫辜负。

三、文化浸润：启智润心

文化的概念很大，在这里，我主要从狭义的角度即班级文化的角度来谈论。为了营造一种气氛、鼓舞一种士气、激活一种情感、铸造一种精神，我做了三件事：一是开展启智润心的读书活动；二是创办展示精神的文化班刊；三是推荐系列弘扬红色精神的影视作品。

我首先在班级设置了图书角，利用班会和语文课的课前演讲开展了"好书荐读""悦读"等活动，根据学生心理特质和语文课标推荐的阅读书目，我重点推荐了两类书：一是与青春成长相关的文学作品，如《平凡的世界》《大卫·科波菲尔》《约翰·克利斯朵夫》；二是人物传记类书籍，如《毛泽东自传》《袁隆平传》等书。

为了把握舆论宣传的重要阵地，营造文化氛围，我组织学生创办了班刊——《吾辈》。学生在谈到班刊时特别提到了"走近英模：弘扬爱国精神"这一栏目的意义和价值：

代表着华附高二(5)班文化的班刊展现了(5)班独一无二的精气神，它是我们集体凝聚力与荣誉感的完美体现；"走近英模：弘扬爱国精神"这一栏目记录着我们的思想、我们学习的风貌，让我们且行且思，无形之中，把"家园情　鸿鹄志"的情感融入了灵魂。阅读，为我们的生命着色；思考，让我们的精神焕发。

作为班主任，在班级管理时，我尽量用美好的文学作品给学生以鼓舞，给学生以教育，给学生以启迪。为生命着色，我还推荐反映革命先辈精气神的系列影视作品，让学生在视觉冲击、文化浸润中得到灵魂洗礼。一年来，我给学生推荐的作品有《恰同学少年》《潜伏》《亮剑》《觉醒年代》《跨过鸭绿江》《功勋》《山海情》《大决战》。

事实上，这些有灵魂、有思想的影视作品确实能给学生带来一些精神上的力量。教育名师于漪说："语文教学是以语言文字能力的培养为核心，有机融合了德育和美育，三育一体，课就立体化了。立体化多功能，就是对人进行多方面培养，教学效率、教学质量能明显提高。"[1]

学生能力的形成和良好人格的塑造并非一朝一夕之功，而是需要润物细无声的浸润和知行合一的实践。因此，我们要在《中国学生发展核心素养》和新课标的精神指引下寻找最佳的融合路径，全面贯彻党的教育方针，落实立德树人根本任务。

---

[1]　于漪：《于漪全集　20　教育人生卷》，78页，上海，上海教育出版社，2018。

优秀班主任：要善于观察，更要善于引导

——考试后，面对学生失态，点到为止

考完试之后，学生们的表现不一：淡定的，焦躁的，强颜欢笑的，愁容满面的……欢喜的学生不多，忧伤的学生却不少。

其他人忧伤，我能理解，但是学生倪志强忧伤，我不太能理解。因为在众人眼中，他就是一个大大咧咧、没心没肺的"潇洒哥"。可是就是这样一个"潇洒哥"，竟然因为"新鲜出炉"的两科成绩没有达到理想状态，霎时变得神情恍惚——旁若无人地发呆、转圈，甚至无声无息地跟在老师后面。

作为班主任的我，看到他的表现，便说和他出去走走。他木然地跟着我走出办公室。

我陪着他在校园里闲逛，为了让他缓和情绪，我保持沉默，但也在悄悄观察他——他的眼泪吧嗒吧嗒地往下掉……

仅仅一次考试就让孩子如此焦虑、悲伤、痛苦！未来，生活中的变故、人生中的风雨，孩子如何承受得住？冷静下来的我开始思考如何引导、抚慰这颗受伤的心！

陪学生走了一圈，看他还泪流不止，我没有陪着他继续转圈，只是定定地站在校道旁，也许他发现了我的沉默和严肃，也许他发泄了情绪，情感得到了释放，发现了自己的失态，于是开始变得平静。

看到学生平静后，我说："好一点了吗？"他点了点头。我说："好一点了，就去洗手间洗把脸，洗完脸，不要急于出来，对着镜子，看看自己，并且问问自己——'我怎么啦？我还是我吗？刚才老师在想什么？如果父母看到我如此失魂落魄，他们会怎么样？'"学生点了点头，转身离去。

学生离开后，我做好了再次教育的准备。

学生从洗手间出来后，我一改以往的笑脸，严肃地说道："感谢你对我的信任！当然，我理解你的情感，但是我真的不认同你的宣泄方式！先不说胜败乃兵家常事，就说你刚才的表现，我就看到了你的不成熟、不淡定、不稳重！其实，一次考试就是一次考验，考验的不仅仅是你的学习效果、学习能力，还有你的心态、心胸和精气神！经受不了失败的考验，就无法享受成功的喜悦和感受人生的内涵！考试，让你成长、成熟；分数，让你反思、总结！挫折，对强者是进步的阶梯，对弱者则是万丈深渊！激流让芦苇更为坚韧，让浮萍四处游荡。对于考试的分数，我们要重视，但是不能被分数折磨，你的当务之急是面对分数，保持平和的心态，然后去做如下三件事：一是思考，是没有考好还是没有学好；二是分析，错在哪里，对比答案分析，列出表格审视，并思考应对策略，写出总结；三是休憩，让躁动的心平静，让情绪变得平和。怎么做到呢？看看喜欢的书，做做喜欢的事，到操场跑跑步，找个志同道合的人聊聊天……苏轼有言：'古之立大事者，不惟有超世之才，亦必有坚忍不拔之志。'我们应该关注分数和排位，但我们更应该关注知识和思想波动！对已经发生的事情要坦然地接受，对还未发生的事情要精心地准备！这才是优秀学生的优秀表现！"

学生默默地听我讲话，看到学生平静后，我又问了一句："好一点没有？"学生点点头。于是我当机立断道："好一点，就回去好好想想老师今天说的话和提的建议。响鼓不用重锤！优秀的你，应该会用优秀的行为证明自己！今天到此为止！希望明天乃至以后，都能看到你的优秀表现！"

学生再次点了点头，说了声："谢谢老师！"

学生离去后，我在想：我们要理解学生的消极情绪，也要接受学生的消极情绪，毕竟，他们年纪尚小，阅历尚浅，我们不能要求他们波澜不惊，因为成年人都很难做到，更何况学生！对于学生的表现，我们要理性对待。我们要安慰他们，但不是一味地安慰，否则，他们可能会在安慰中滋生依赖的心理！我们要引导，引导时还要注意情感和方法，适当的情感表达，会让学生有醍醐灌顶之感；正确的方法，如点到为止，能给学生留下思考的余地。毕竟，人生的路上不可能永远是风和日丽，有时候也会出现暴风骤雨。只有正确的引导，才能让他们学会品味和感受风和日丽时的宁静与愉悦，才能让他们有迎接暴风骤雨的勇气和智慧。

遗憾的是，无论是家长还是教师，很多时候，面对孩子的失态、失衡，给予了过多的情感和关注！殊不知，过多的情感，不仅会淹没孩子的思想，还有可能毒害孩子的心灵！过多的关注，束缚的不仅仅是孩子的行动，还有他们的思想！

如何引导，我们还真要掂量掂量！

启智润心：用文字激活学生的情感

——关注学生学习与生活的"细枝末节"

以下的文字是我于 2002 年在南海第一中学任班主任时的工作再现，虽然时间有点久远，但是思想理念不过时。重读文字，我再次想起那些激情燃烧的岁月——所带的高三(6)班开创了两个先例：一是语文高分的人数是其他班级高分人数的总和；二是学生李霞考上公安部直属院校中国人民公安大学！

时隔 18 年，我作为高层次人才被引进华南师范大学附属中学。我主动申请做班主任，"重操旧业"，我首先想到的就是曾经做班主任时的辉煌岁月，于是再次翻出这些文字——点点滴滴，历历在目。看似"细枝末节"，实则是"大有可观"。我想起一句话——"一枝一叶总关情"。

在重新审视的基础上，结合实际，我再次把这些文字体现的思想理念用到实际工作中来，发现，非常适用——效果不错！我所带的班级连续两年获得学校大奖——优秀班集体！现在我把它拿出来，以飨读者！

沈从文说："文字犹如武器，必须好好用它，方能见出它的力量。诚如康拉德所说，'给我相当的字，正确的音，我可以移动世界'。""凡希望重造一种新的经典，煽起人类对于进步的憧憬，增加求进步的勇气和热情，一定得承认这种经典的理想，是要用确当文字方能奏效的。"事实证明，教育教学中以文字的方式来处理事情会使事情和处理过程本身充满文化的气息和人文的力量。激情的文字可以唤醒学生的斗志，优美的语言可以净化学生的思想，细腻的情感可以滋润学生的心田……

一、用激情的文字唤醒学生的斗志

当本班荣获"优秀班集体"称号时……

喜报：恭喜我班荣获"优秀班集体"称号！面对这来之不易的荣誉，我们在欢呼庆祝之时感慨万千。曾几何时，我们也有"拼将十万头颅血，须把乾坤力转回"的豪情和"为有牺牲多壮志，敢教日月换新天"的壮志，但更多的是"步步小心，时时在意"的谨慎！一块小小的奖牌，凝聚了我们全班的心血！一个光荣的称号，让我们体验到成功的喜悦！它不仅是挂在墙上的奖牌，还是立在我们心里的丰碑！永远激励着我们奋勇前进！

当胆小害羞的学生挺身而出时……

你的进步就是我最大的心愿，你的热情就是我工作的动力。你知道吗，你的积极参与正是师生思想情感交流的开始！我真的希望你能以饱满的精神、高昂的斗志、丰富的内涵全方位展示自己迷人的风采！课堂上，你举起的不仅仅是一只有形的手，你举起的是一面旗帜，撑起的是一座精神丰碑！你现在也许还不能感觉到它的分量，若干年后，你会为你的行动而骄傲，为你的胆量而自豪！为能有一位经常鼓励自己勇敢行动的语文老师而高兴和庆幸！

当学生为班集体付出辛勤劳动时……

感谢你，我亲爱的学生！为了班集体的工作你牺牲了学习的时间，我想起来就内疚，可看到你通情达理的表现，我又有些许的安慰：为你的奉献精神！为你的人格魅力！你虽然失去了宝贵的学习时间，但你获得了做人的真知！你虽然耗费了精力，但你铸就了精神！只要你保持高尚的人格和崇高的精神，以后的人生之路一定走得比他人更好！

当学生参与活动脱颖而出时……

热烈祝贺郭韵荷同学荣任"奔流"文学社社长！我想凭借聪明的才智、满腔的热血、饱满的激情，你一定能实现伟大目标和崇高理想！记住：我们

(6)班全体同学的关注就是你工作的激情！我们(6)科任教师的鼓励就是你工作的动力！

二、用优美的语言净化学生的思想

听到学生哀叹自己胸无点墨、腹中空空、江郎才尽，却羡慕他人作文引经据典、旁征博引、下笔千言、一挥而就时，我提出了如下的问题：读书看报，你有剪贴、收集资料的习惯吗？聆听精彩的演讲，你会"忙中偷闲"地记下一些精彩的语言和感想吗？

听到他人滔滔不绝、出口成章时，你知道他成功的秘诀吗？其实很多时候，如果只是一个忠实的听众的话，那么我们的灵感会随时间流逝而消散，我们的情感会因缺少回忆而冷淡。俗话说，好记性不如烂笔头。你知道记录的重要性，却没有付诸行动！请看——

剪报抒怀
尹军成

（一）

网络盛行时代，我依然静心读报。

（二）

平时，想方设法，千方百计搜寻报纸。他山之石，可以攻玉。人之弃物，我之财富。变废为宝，何乐而不为？

走马观花，一目十行，虽然没有使我练就博闻强识、过目不忘的本领，但也使我收到"笼天地于形内，挫万物于笔端"的功效。茶余饭后，"两耳不闻窗外事，一心只剪（读）报中文"，不遗余力地剪贴，不辞辛劳地吸收。苦中有乐，乐中有趣，只可意会，不可言传。

（三）

搜集、整理、分类，一道道工序，有条不紊。

消化、吸收、运用，一次次升华，受益匪浅。

育人理念

看报、剪贴、整理，点缀了我平淡的生活。

精读、赏析、领悟，注满了我空虚之心。

咀嚼、追怀、展望，激起了我生活之情。

（四）

听到有人哀叹度日如年，发出空虚寂寞、孤独难耐之声，我庆幸自己有恬淡之心、明智之举。

看到旁人彷徨迷惘、无所事事，我庆幸自己有充实之心、激动之情。

（五）

平淡如我，拥有丰富多彩的报刊，总有一种迈步向前，追随时代的豪迈。

我遨游于报山文海之中，了解时事动态，观看世态百相，追随时代潮流，掌握时代脉搏。

（六）

一杯清茶，一把剪刀，一份报纸，构成我生活中一道独特的风景。

一本集锦，一种收获，一段生活，铸成我岁月史上的座座丰碑！

（摘自 1999 年 7 月《师道》）

铃声是号角，铃声似口号，习以为常的"上课""下课"之声，你能从中领略到激情吗？请听——

感悟"起立"
尹军成

在众多的语文老师中，我唯独不能忘记高三时的语文老师。语文老师行如风，站如松，有学者风度，具军人气质。每一堂语文课，他总是踏着铃声、面带微笑、精神抖擞地走进教室，迈上讲台，放下书本，环视四周，一系列动作给人一种一气呵成的雄壮感。他迎着学生的目光，肃然而立之时才发出"上课"之令。

在班长威严而略显稚嫩的"起立"声中，平常有点拖拉的我们竟然似训练有素的军人般迅速而立齐声而呼："老师好！"那整齐响亮的声音回荡在教室，冲出窗外。

"同学们好，请坐下！"听到语文老师的声音时我们还会看到老师那90°的鞠躬。刚开始，我们受宠若惊，慢慢地，习以为常的我们也不敢有丝毫松懈之意。

每一堂语文课，这种看似简单实则隆重的课堂问候仪式雷打不动地进行着，而我们并不觉得单调、枯燥、烦琐，反而觉得是一种乐趣，一种责任，一种激情……

若干年后，已为人师的我回想起语文老师那肃然而立的样子、90°的鞠躬，我才真正领悟到语文老师那平凡的举动其实是无声的教育——用行动树立师者形象。俄国教育家乌申斯基说，只有人格，才能够影响到人格的发展和规定。语文老师的言谈举止又何尝不是呢？

（摘自 2000 年 2 月《教师报》）

高考百日宣誓，教师肃立在旁，看到学生郑重举起的右手，听到他们嘹亮的誓言……参与者的激情、旁观者的冷静使我用文字抒发了对高三老师的赞美。

写给高三老师
尹军成

身负重任，任重道远。
不忘教书育人的天职；
牢记"除了奋斗，别无选择"的告诫。

青春在汗水里闪光，理想在拼搏中升华。
你们灿烂的笑容装饰了学生的梦境；
你们单薄的身体为学生撑起了一方晴空。
是你们用真情和智慧编织了学生的梦想。
是你们用热血与汗水塑造了学生的灵魂。
是你们用行动和激情唤醒了学生的斗志。

你们就是忘我付出的学校主人，

你们就是奋斗在"前线"的高三老师；

学校的主人，用爱心和智慧丰富"主人"的内涵！

高三的老师，用行动和激情诠释"主人"的含义！

你们是园丁，装扮了世界，丰富了自身；

你们是蜡烛，燃烧了自己，照亮了他人；

你们是人梯，承受着压力，提升了世人；

是你们用行动抒写自己的誓言——

言谈举止树形象，呕心沥血铸师魂。

（摘自 1999 年 2 月《真情》）

三、用细腻的情感滋润学生的心田

体艺节前夕，同学们牺牲了两个晚修的时间，自发地参与美化装饰班容班貌的活动。黄建仪、徐颖桂等同学和实习教师一同去买所缺材料。

比赛中，作为校长助理有"公务"在身仍坚持参赛的李霞同学，因冲刺摔倒，但仍忍痛奔跑并积极履行校长助理职责。

黄建仪、徐颖桂同学尽力后，面对不错成绩，依然垂头丧气。

接力赛后，参赛者梁子键、何志伟、区展台、冯林家四名同学本来是胜利在望，但因突发意外——围观者横过跑道，在荣誉与道义面前，他们选择了道义。之后，四人却准备以消极方式"对抗"不公，以解怨恨。当同学们听到后，立马开始为班集体荣誉而担心。他们四人面对同学的真情，立即用行动向同学和教师表示歉意并积极参与比赛且取得好成绩。

比赛落下帷幕，我班以第二名的好成绩展示在全校师生面前，但是同学们面对胜利却不给予自己掌声，而且体育委员领奖时还闷闷不乐。

作为(6)班的班主任，我在整个比赛过程中多次强调："我看重荣誉，但我更看重你们在比赛过程中表现出的良好精神面貌！"

我的学生，我的爱

尹军成

写下这个题目，我有一种感动。感动别人是一种幸福，感动自己则是一次灵魂的洗礼！更何况，面对的是我朝夕相处的学生！

记忆的闸门轻轻启动，学生的身影争先恐后地浮现在我眼前。伴随的情感之潮就似决堤的河水一样汹涌而来……

随着体艺节的到来，学生参赛的激情日益高涨。看见学生在紧张的学习中还为筹备体艺节自觉奔走忙碌的身影，我总有些内疚，我很想说声："同学们，你们辛苦了！"但此时，面对优秀的学生展现出的才华，我只好用笑来掩饰我的笨拙和内疚。平时口齿伶俐的我，面对学生或单纯或玩笑的语言，除了"哈哈"傻笑外，我就是以一个"傻瓜"的神态沉默地观察学生的表现。但我的思想却如高速运转的机器，我在心底默默地重复我未说出的感激：

感谢你，我亲爱的学生！为了班集体的工作，你牺牲了学习的时间，我想起来就内疚，可看到你通情达理的表现，我又有些许的安慰：为你的奉献精神！为你的人格魅力！你虽然失去了宝贵的学习时间，但你获得了做人的真知！你虽然耗费了精力，但你铸就了精神！只要你保持高尚的人格和崇高的精神，以后的人生之路一定走得比他人更好！

如果说学生体艺节前夕的准备表现出的细致和协作让我感觉到他们的可爱，那么运动场上龙腾虎跃的英姿、顽强拼搏的精神、团结互助及爱人如己的可贵品德更是让我感觉到他们的可敬！

作为班主任，学生的表现我是看在眼里，记在心底。看见他们因分工合作而表现出训练有素的良好精神风貌，我知道，我已经是一位"多余人"了。虽然如此，但是我希望我还是学生眼中的旗帜。

每当学生"勇赴前线，冲锋陷阵"时，我总会对他们说："我会站在你们为之奋斗的目标前等候，这正如把旗帜插在胜利的彼岸一样，让人看到胜利的希望进而迸发前进的动力！"而在我"慷慨激昂"时，学生也会轰然而笑，看到他们善意的起哄，我总有一种寻找到与生同乐的快意！

作为班主任，看到学生在赛场上发生意外却依然奋勇前行，或是因成绩不佳而垂头丧气时，我显得手足无措，除了重复那句简单的安慰词——"没

育人理念

事的，尽力就行了"，我竟无他话。我为自己的笨口拙舌而内疚自责了！我真想说：

亲爱的同学，你辛苦了，作为你的老师和朋友，我只想说，我看重荣誉也注重过程！但我更看重过程！因为比赛正如生命一样是一个漫长而曲折的过程，正是在这个奋进追赶的过程中，我看到了你为追求成功而表现出的真实一面。就是这个真实的过程所留下的一切喜怒哀乐，让世人了解了你的执着和顽强拼搏的精神风貌！也正是这个过程凝聚了班集体的力量并丰富了你一生的思想，坚定了你一生的信念，强化了你一生的意志！

你可能和他人一样产生一种错误的思想——我是一个失败者！其实，你不是一个失败者，你是一位英雄，因为你凭毅力支撑实践并诠释了"坚持就是胜利"的含义。你用行动净化了观众功利的思想。你知道吗，你今日的"失败"恰恰决定了你明日的成功！更何况是哀兵必胜，知耻而后勇！你千万别陷入自责的旋涡，毕竟，人生不如意之事十有八九！更何况失败是成功之母！你知道吗？我的一句简单而朴实的语言凝聚了我的爱心，也凝结了我的人生经验啊！我相信，在以后的日子中，你将会用一辈子的时间去实践和感悟它的内涵。记住，坦荡做人，只求无怨；认真做事，只求无悔！

面对他人损害我们班级利益的现实，看见你义愤填膺的模样，我能理解你，其实，我和你一样感到气愤和遗憾。可我不希望你粗声粗气，因为这样并不能够解决问题。作为老师，作为你们的"领头羊"，我除了按捺住愤怒的心还要安慰和劝解你们。

同学们，其实，只要我们有一颗平和的心，有一份爱班护班的责任心就够了，更何况，我们(6)班的形象并不是单独靠分数和名次来树立的，(6)班形象的树立还有赖于我们的言谈举止所体现出的精神风貌！

亲爱的同学，其实你已经做得很好了，因为，面对利益与道义，你选择了道义，你的行为恰恰是你道德高尚的一种体现。我想，既然因选择了道义而错失了获取名利的机会，我们就应该表现出宽容和豁达。虽然我们与成功失之交臂，但这不是我们的错，而是工作人员的疏忽所致。我们完全可以以平和心态与平静语气来表达我们的不满。我们要用行动来说明，我们可以失去成绩，但千万不能失去风度！更何况，我一直强调，我不在乎分数和名次，我更在乎你们的精神风貌及过程表现，以及比赛过程中你们的人身安全。

亲爱的同学，我们是(6)班的学生，(6)班就应不一般！请你牢牢记住我的忠告：你的言谈举止代表(6)班的整体形象，因此，你应该注意个人行为！

亲爱的同学，我不是责怪你为班级抹黑。你处理事情的方式方法也许不对，但我还是为你有这份爱心和责任心而高兴，因为方式方法不对可以改正，但是一个没有爱心和责任心的人是很可怕的！

同学们，我在乎领导和他人的评价，但我更在乎学生的肯定，学生的肯定就是我至高无上的荣誉！毕竟，在朝夕相处的日子中，作为一个有思想、有感情、有见解的中学生，你完全可以用审视的眼光来鉴别我的言谈举止！

教育不仅是一种知识的独特培养，而且是一种相当人化的特殊凝聚。教育的核心是从生命深处唤醒沉睡的自我意识，激发人的创造力、生命感和价值感。唤醒灵魂的教育才是成功的教育。班主任既要发掘自身的优势，也要善于发现学生的闪光点。这是时代的发展要求，也与赏识教育倡导的理念相契合。

育人理念

班主任必备课：领悟名师的成长内涵，提升自我的思想境界

——向有情怀的于漪老师学习

2018 年 12 月 18 日，在庆祝改革开放 40 周年大会上，100 人获得改革先锋称号。来自上海的 90 岁老教师于漪作为基础教育改革的优秀教师代表在列。

她写下 400 多万字的论文专著，上了近 2000 节的公开课，她的名字和语文和教育紧紧地联系在一起，她几乎获得了党和政府能给予人民教师的所有荣誉，更赢得了同行和学生的广泛赞誉，她一生都在三尺讲台坚守，胸中却怀有江河世界，她是一名真正的老师，甚至可以说她是整个中国教师群体心中的偶像。

如今已 90 多岁高龄的于漪仍然每天晚上坚持读书——"有老师说现在学校工作很忙碌，似乎没有时间学习，我的建议是锲而不舍，每天挤出半小时至一小时，雷打不动地学，这对教师开阔自己思路很有帮助"。

她用上课的质量来影响孩子生命的质量，她用行动告诉世人如何"一辈子做老师，一辈子学做老师"。

立德树人，教师要自觉提升师德修养和专业水平。

学高为师，身正为范，于漪老师为我们树立了一座丰碑。

教师成长，需要内驱力，但也需要牵引力。

2018 年 9 月 5 日，《中国教育报》刊发了中国教育科学研究院教师发展研究中心李新翠的《从大数据看名师如何炼成》一文，该文通过对某地 300 位名师的调查以及 10 余位教师的深度访谈，力求探寻教师成长规律，为名师成

长提供思路和借鉴。

追寻名师成长的足迹，探求名师成功的秘诀，我发现他们具有一些共同的特质：有情怀，爱学生，善学习，勤思考，肯钻研，多写作，善反思。下面主要从"有情怀""爱学生""勤写作"三个方面来阐述。

有情怀：情怀是一种高尚的心境、情趣和胸怀。没有深厚的教育情怀，就没有建设美好教育事业的时代担当。

一辈子从事基础教育，做人师，做一名合格的人师。这个"格"，不是打分，不是量化；这个"格"，是国家的期盼，人民的嘱托。我做老师，老百姓把孩子交给我，我就要让党和国家放心，让千家万户老百姓放心。[①]

说得不客气点，我们现在在有意无意地培养残缺人——不是生理上的，而是心理、情操上的残缺，做人上的残缺。如果我们培养的人连方向、追求、信念都是模糊的，甚至是颠倒的，那我们的教育不值得反思吗？[②]

翻开《语文的尊严》一书，我们看到很多类似的振聋发聩的文字。

虽已进入耄耋之年，但于漪老师仍怀有一颗青春年少之时易于激动的心。于漪老师在《教育的姿态》的前言说："看到祖国建设事业蓬勃发展，教育、科技等某些方面取得重大成就，我会情不自禁地热血沸腾，作为中华民族一员的自豪感充盈胸际；读到许多平凡的教师坚守教育第一线，创造不平凡育人事迹的报道，我总感动不已。"遗憾的是，我们的个别教师过着日复一日的生活，日益麻木，日渐倦怠，谈不上感动，更不要说激情。殊不知，感动是一种养分，感动别人是一种幸福，感动自己是一次灵魂的洗礼。

爱学生：教育是一门爱的事业，没有爱就没有教育。教师是"以人为本"的工作，是要以自己的人格来引导学生塑造完美的人格，以自己的高尚情操来熏陶学生的道德情操，以自己的科学文化素养来培养学生扎实的科学文化基础。在爱的教育中，于漪老师努力做到尽善尽美：

我曾经教过一个桀骜不驯的女孩子，她弄得我们全校的老师头疼，班主任跟她讲话，她是背对着班主任的，那么这个孩子是不是对所有的老师不敬

---

① 于漪：《教育的姿态》，377页，太原，山西教育出版社，2014。
② 于漪：《语文的尊严》，53页，太原，山西教育出版社，2014。

育人理念

呢？恐怕不是这样。我初步了解一下，这个孩子阅读量是惊人的，她读了许许多多的书，而且对世界各国的政治，她都有兴趣，都会研究，她不满足于老师的讲课，对她来说这些看法是太幼稚了，所以尽捣蛋，桀骜不驯啊。原来老师没有办法教她，学校领导把她调到我的班级来。开始她不理睬我，一下子就跑掉了。我花了很长时间了解她。她喜欢美术，有一次从教室跑的时候从口袋里掉了一本书，我一看是美术书，就从这本书入手接近她。其实这个孩子非常能够独立思考，有她自己的见解。接触多了，谈到她的家庭，谈到她的父母在外地，谈到她的外公是个教授。她懂的知识很多，她对社会的认识已经超过她的年龄，而我们往往把她放在和她同龄人的水平上去教育她，我们忘记了每个人是有他的独特个性的。我们的教育要因材施教，因材施教就能够把每个人的积极性发挥出来。①

要研究学生的心灵世界，我连周杰伦的歌都研究，为什么？现在学生上老师的课不感动，开班会不感动……周杰伦的歌起码吸引了 80% 的高中女孩子。于是，我把周杰伦的磁带买回来，听听到底好在什么地方。我找了些女生聊天，说我不反对听流行歌曲，韩红的《青藏高原》，激昂高亢，歌颂青藏高原很好，结果她们说不好，太露了；腾格尔的《天堂》，歌唱家乡，那种浓浓的乡情，她们说也不好。我说周杰伦好在什么地方呢？她们说，流行歌曲是容易学的，但周杰伦的歌就是学不像，好就好在学不像。这我怎么也没有想到，我们想的和学生的距离有多大啊！后来我再和她们聊，觉得也是有道理的。周杰伦的歌词有它的文化含量，如《青花瓷》《双节棍》等，都有中国文化的元素。还有就是，他的歌是又说又唱，很适合现在的孩子。现在的孩子条件好了，回家一人一个小房间，爸爸妈妈忙得没有时间和他们交流。但是孩子要成长、要诉说，所以又说又唱是很适合他们的。做老师无论如何都不能误解孩子，不能随便对孩子说"不"，"不"是最没有力量的。"不"是否定，否定一百遍也不等于"行"。②

心中有数，目中有人。只有了解学生，才能和他们做朋友。钱梦龙先生

---

① 于漪：《教育的姿态》，55～56 页，太原，山西教育出版社，2014。
② 于漪：《教育的姿态》，273 页，太原，山西教育出版社，2014。

在《致青年教师：先说几句语文教学以外的话》一文中表示："我教了40多年语文，每当我走上讲台、打开语文课本的时候，总要告诫自己：千万不要忘了对人的心灵的关心!"①

教书育人，注重在育人中研究教学，而不是在教学中研究育人。基于对学生个性和终身发展的考虑，我极力把学生当成"读书人"来培养，而不是把他们当成"考试人"来看待。

勤写作：重视"写"，坚持把写作当成提升思想、净化灵魂的一种享受。认识大师、名师，在很大程度上是从他们的文字开始的。语文界的大师有"语文三老"——叶圣陶、吕叔湘、张志公，新中国成立后的名师有魏书生、于漪、顾黄初、程红兵、黄玉峰、黄厚江、王栋生(吴非)、余映潮、余党绪、王荣生等。认真研读大师、名师的作品，他们用真情书写的文字、充满理性思考的著作，既让我感受到了育人的艰辛，也使我体会到了教书的乐趣，更让我领悟到了教育的真谛。

我所写的几百万字的文章，都是在教学过程中学生帮我指出的问题。针对教学中出现的问题，要思考、要学习、要探讨、要试验。力求"出口成章，下笔成文"。②

写，也是如此。自觉地坚持写教后心得，梳理思想，提升认识，评说得失；写学生品德评语，力求一人一个样，各有特点；批改作文，批语就是一篇小文章，与学生倾心交流。③

著名心理学家张怡筠曾说，心里不开心，动笔写下来，是个漂亮的疏通方法。因为"写"这个动作，本身具有觉察及统整思绪的功用。"写"，能将情绪能量从虚无的"下意识"，提升到"意识"的层次，也就是说，由原先感觉"我心中波涛汹涌"到"我知道怎么回事了"，焦虑下降，也就启动情绪疗愈。

在阅读中积累，于写作中升华。"写"的目的不一定就是著书立说，它还是自我净化、自我提升的一种有效方式。作为班主任，我们应该关注自己的思想，关注自己的专业发展，关注自己的成长轨迹，从而对自己的成长时刻

---

① 邹贤敏主编：《钱梦龙：导读的艺术》，88页，武汉，湖北教育出版社，2001。
② 于漪：《教育的姿态》，274页，太原，山西教育出版社，2014。
③ 于漪：《教育的姿态》，254页，太原，山西教育出版社，2014。

育人理念

保持一种清醒的认识。担任班主任以来，我经常会以文字记载的方式对自己的教育教学进行总结和反思，我养成了"写"的习惯。

立德树人，教师要自觉提升师德修养和专业水平。

学高为师，身正为范，于漪老师为我们树立了一座丰碑。

师者，所以传道受业解惑也。教师的一言一行，体现的不仅是为人处世的一种素质和品质，还是为人师表的一份责任与担当！

做一个精神明亮的教师，用品格、思想、情怀和境界提升自我，塑造自我；用学识、视野、品质和理念影响并引领学生和时代的发展；用信念、真情、智慧和毅力促进教育的发展。作为人民教师，我们要铭记"三个牢固树立"，力争做"四有"好老师，把推动社会进步、净化社会风气视为自己的责任。

家校共建：请做好"三个一"

——把"家校共建"当成班级建设的重要工作

"家校共建"是一个老生常谈的话题，也是一个常说常新的重要话题和难题。

随着时代发展，家长素质越来越高，要求越来越多，教师似乎越来越难做。化解这一难题，需要教师有一种平和的心态，更需要教师有一种专业的素养。

家长的要求多，我们要理解。毕竟，他们的孩子对一个班级来说，可能是五十分之一，但是对于他们来说是百分之百！换位思考，如果是你的孩子，你也会有家长的焦虑和担忧！

细细想想，这不是坏事，而是好事！家长素质高、要求多，这不正是家校育人的基础和资源吗？在某种程度上来说，家长的"要求"表现出的激情、热情不正好是我们工作的思路和资源吗？

如何利用家长心态和资源，建设和谐的家校关系，值得每一位教育工作者思考。从教 29 年，担任班主任 13 年、年级组长 6 年，从事行政工作 8 年，我从未因为家校关系而烦恼，反而因为谙熟家校共建之道，工作开展得十分顺利。下面就家校工作，谈谈我的家校共建的"三个一"。

一、做一次精彩纷呈的自我介绍

不管是年轻的教师还是年长的教师，每个人都是一座宝藏。很多教师初次和家长、学生见面，或许是为了节省时间，或许是出于谦虚考虑，从不会也不敢大胆介绍自己！很多时候，面对新生，教师们不是单刀直入地讲课就是简单明了地"自我介绍"，往往忽视了"亲其师，信其道"的告诫，省略了"学科学习要求和学科学法指导"的环节，以至于错失了占据学生心理阵地的机会，错过了"授之以渔"的良机。

奥地利生物学家康拉德·劳伦兹发现了印随行为。康拉德·劳伦兹通过实验研究，特别是对幼鸭的观察，揭示了印随行为的存在。印随行为的主要特征是一些刚孵化出来不久的幼鸟和刚生下来的哺乳动物学着认识并跟着它们所见到的第一个移动的物体，通常是它们的母亲。

印随行为和其他学习行为有几个重要区别：①印随行为只需要少量的经验信息就可以形成，并且一旦形成，就可以保持较长时间，很难改变；②印随行为不需奖励或惩罚，但只能在生长的一定时期内完成，过了这一时期就不会出现印随行为了。

受印随行为的启发，新学期，我非常重视第一堂课、第一周、第一个月的"表演和展示"。我在和学生接触之前，就已经考虑好了如何吸引他们并在思想上"征服"他们。

每当新学年接手一个新的班级，我都会从"我的教育思想及教学风格""我的教学业绩"等方面进行系统的阐述。教育工作者千万不要忽视这种阐述。实践证明，这种自我欣赏式的阐述能够赢得学生的心，能够为教学活动的开展打下坚实的基础。

现就自我展示说说我曾经的具体做法。

我的教育思想及教学风格

(一)我的教育思想

1. 我的实践理念：科学与人文并举，规范与个性共存。

2. 我的育人理念：人品与学识齐进，激情与理智同行。

3. 我的管理理念：求同存异展个性，兼容并包育英才。

4. 我的做人原则：严于律己，宽以待人；与人为善，悲悯为怀。

5. 我的教育信念：做一个有情怀的教师，给生命以向上的力量。

(二)我的教学风格

1. 我喜欢学生在课堂上踊跃地发言，这不仅是一种勇气的展示，还是一种底蕴的体现。我想，一个连自己的思想都不敢表达的人，他还能够表达什么？

2. 我喜欢学生不要老师监督，自己也能够积极主动地写日记、写周记和写作文。一个优秀的学生或一个有点文化情调的人，都是喜欢写点儿或悲伤或高兴的文字，因为这些或悲伤或高兴的文字总能够抚慰我们的心灵。

3. 我喜欢学生早读时能够大声地读书，因为读出的不只是心声，还是一种精神、一种心态。

4. 我喜欢学生认真揣摩或相互批改作文，而不是急于叫老师打分。

5. 高三以前，我喜欢叫学生看书，不喜欢叫学生做作业。我觉得，书本和我的语文课堂应该是学生了解世界的一个窗口，而作业是学生自主提升的保证，既然自己可以做的事情，为什么还要我天天强调？

6. 我喜欢写点东西，因为我觉得一个优秀的语文老师不仅应该能说会道，还应该能够下笔成文，出口成章。

7. 课堂上，我喜欢适度地拓展，如讲讲社会或人生，我喜欢用主流精神传递正能量。

8. 我不苟言笑，看上去有点酷，但日后相处的过程中你就会了解，我冷酷的外表下有一颗善良而火热的心。

我的教学业绩

一、术有专攻，教有特色，业绩突出

带班有方，育人有法。从教以来，无论是从事高一、高二的教学工作还是从事高三的教学工作，教学成绩均列全校、全市前茅。例如，所带班级华附首届强基班高三(5)班被评为学校"优秀班集体"，2023年高考成绩突出。

尊重教育规律。针对学生心理特质和个性，践行"人文与科技并举，个性与规范共存"的实践理念，遵循"人品与学识齐进，激情与理智同行"的育人理念，重视学生品德教育，班级管理卓有成效。

育人理念

二、善于教育，精于教学，乐于教研

科研与教学同步进行，科研成绩突出。

1. 专著出版：《优秀语文教师必做的十件事》，北京师范大学出版社，2014 年。

2. 课题研究：2021—2023 年，主持课题两项："新课程背景下以名师工作室为载体的促进高中语文教师专业成长的实践研究"(省级)、"中国文化传统渗透中学古诗文教学的第二课堂研究"(市级)。

3. 论文发表：《紧握"情"字，细品"我"情——对比阅读〈荷塘月色〉〈故都的秋〉》，《中学语文教学参考》，2023 年第 16 期；《剖析阿 Q：从"社会角色定位"开始——重教〈阿 Q 正传〉有感》，《语文月刊》，2023 年第 6 期；《培根铸魂：建设一个有灵魂的班级》，《中小学班主任》，2022 年第 11 期。

4. 辐射引领：2021 年 9 月，为了发挥示范引领作用，开设了"情致语文"的公众号，致力于"情致语文"的研究，以"知行课程"和"读写课程"为研究基础，构建"情致语文"课程体系。

5. 课标研究：就新课标、新教材、新高考、新课堂和新时代青年"五新"的要求，对课标精神、新教材教学、新高考试题命制及学生教育等问题进行了深入思考并在八省及重庆市做报告。

三、教学改革，敢为人先

1. 编写校本教材：2021—2022 学年，根据学情和学校教学实情，编写了《"自我赋能 语文作业一本通"暨高中语文寒假作业》《初高中衔接古诗文一本通编写体例》。

2. 创办班刊：班刊《吾辈》分别以《吾辈·轻狂》(高一)、《吾辈·漫歌》(高二)、《吾辈·学术塔》为名，赢得师生、家长一致好评。

四、甘为人梯，乐于奉献

作为广东省中小学名师工作室、校内工作室主持人和教育部"双名工程(名师名校长)"实践导师，对学校年轻教师进行"点对点的引导"和"面对面的交流"，指导青年教师参与课题申报和研究，助力青年教师及学员茁壮成长。

二、展示一份专业化的工作计划

如果说教育思想是专业化的指导体系，那么工作计划就是专业思想的载体。工作计划呈现出的科学性、系统性和前瞻性，能够引导学生和家长朝着既定的目标奋勇前行！（见表 1-3）

表 1-3　班主任工作计划表

2020—2021 学年　　　　第一学期　　　　高一（5）班　　　　班主任：尹军成

一、高一（5）班简介

高一（5）班共 47 名学生，男生 25 人，女生 22 人。

高一（5）班（大先班），是一个让学生忍不住微笑面对的名词，就像一名同学在日记中写的："只因有了 47 位自称'天才'的家伙的相聚，就有了狂风、闪电、雷雨——这些青春之歌中的旋律，是我们身体中无法磨灭的年轮。"

高一（5）班是一个张弛有度、求同存异、兼容并包的优秀班集体。它以"健体、乐学、尚艺、育德、知行"为核心价值观，追求"人品与学识齐进，激情与理智同行"的班级目标，通过三年的淬炼，努力培养身心健康、人格健全、人性丰富、品格高尚的高素质人才。

高一（5）班的学生热情奔放、张弛有度、严格自律，识大体、顾大局。

二、班集体建设的设想和预期目标

班级名称：五星班

班级口号：（5）班精英，敢闯敢拼。

班级目标：以"健体、乐学、尚艺、育德、知行"为核心价值观，追求"人品与学识齐进，激情与理智同行"的班级目标，经过三年的淬炼，同学们努力成长为身心健康、人格健全、人性丰富、品格高尚的高素质人才。

三、德育研究课题

情致教育：术道结合，文道统一

——基于构建有班魂的管理体系的研究

四、本学期班会教育的初步安排

军训 第一天	军训·铸剑——文明"我"精神，野蛮"我"体魄 主持人（主讲人）：尹军成
第二周	我们应该做什么样的人——开学早知道之思想准则篇 主持人（主讲人）：尹军成
第四周	我们应该做一个德才兼备的人——开学早知道之为人篇 主持人（主讲人）：尹军成
第六周	我们需要什么样的班集体 主持人（主讲人）：团委书记
第十周	注重学习方法，提高学习效率——期中考试动员 主持人（主讲人）：尹军成
第十二周	不要为失败找理由，要为成功找方法——期中考总结班会 主持人（主讲人）：尹军成
第十六周	青春飞扬，舞动旋律——艺术节推选节目班会 主持人（主讲人）：文娱委员
第十八周	辞旧迎新主题班会：人生需要跨越式发展——关于"我"的思考 主持人（主讲人）：尹军成、班长、团支书
第十九周	给自己一个满意的分数——期末考试动员 主持人（主讲人）：尹军成
……	……

三、给家长提供一个家教成功的范式

皮格马利翁效应既适用于学生，也适用于家长。我曾就家校合作，做了两方面的材料，一是提供优秀学生特点调查报告，二是提供家庭教育的成功案例，从家校合作、育才理念及模式等方面入手，让家长在学习中按照教师希望的方向发展，收到了事半功倍的效果。

"优秀学生特点"调查报告（节选）
——以广东 HF 学校和 FY 中学为例

特点一：健康、快乐、豁达。关注自我身心健康，不忘乎所以，不妄自菲薄，不玩物丧志，养成良好的生活习惯，如坚持锻炼和阅读等；保持心胸开阔，不斤斤计较，带着乐观、愉悦、健康的心态看待学习和生活。

特点二：孝心、爱心、善心。对长辈有关爱之心，说话做事顾及长辈的感受；关注社会和关心他人，做任何事不以"我"为中心，学会将心比心；与人为善，悲悯为怀，牢记"老吾老以及人之老，幼吾幼以及人之幼"的古训。

特点三：坚强、坚定、坚韧。苏轼云："古之立大事者，不惟有超世之才，亦必有坚忍不拔之志。"优秀学生做每件事时都有一种信念：竭尽全力而不是尽力而为。牢记毛泽东少年求学时所作的励志诗："孩儿立志出乡关，学不成名誓不还。"

特点四：自学、好学、善学。优秀学生求知欲强，而且往往是先自学。优秀学生对生活充满了激情，对知识充满了渴望。面对新事物、新学问，他们往往是抱着"捷足先登"和"我要想超越他人，必须先学会"的心态投入学习之中。

特点五：自信、自律、自强。优秀学生有一种"咬定青山不放松，立根原在破岩中"的精神。优秀学生自制力非常强，不会因为生活中的诱惑而忘记自己的目标，不会因为他人的影响而忘记前进的步伐，甚至放弃自己的理想。他们不需要提醒和督促，他们知道做好任何一件事情都能够体现自己的才能和素养。因此，优秀学生力求用言谈举止来树立自己的形象，用成功来证明自身存在的价值。

特点六：倾听、聆听、细听。善于接受不同的意见，但是不会被他人左右，牢记"兼听则明，偏听则暗""有则改之，无则加勉"的古语。在生活中通过"听"不同的声音来明辨是非、去伪存真。牢记"太山不让土壤，故能成其大；河海不择细流，故能就其深"的道理。

特点七：目标、计划、自省。凡事豫则立，不豫则废。做每件事之前都有目标、有计划和有行动，绝不是蛮干或是脚踩西瓜皮滑到哪里算哪里。"三省吾身"，完善不足，行有不得，反求诸己。做每件事时或事后，都要认真反思，因为优秀学生知道，前进是需要反思的。

特点八：欣赏、保存、收藏。优秀学生一般会有自己的摘抄本、错题本、计划本，这些本子不仅可以看出一个人的素养，而且能够记录一个人的成长轨迹。这些本子不只是一笔财富，更是一种思想的再现。

特点九：完成、完善、完美。做事有信念：有竭尽全力的心态而不是尽力而为的心思；不仅求"完成"，还要求"完美"——要么不做，要做就做到最好。记住："先完成，再完善，最后再完美"——这是突破自我限制的关键。成长从来不是非黑即白的选择：完成不是放弃追求完美，而是给完美一个生长的土壤——就像一棵树，先扎根、抽枝，再慢慢长出繁茂的树叶。

特点十：慎言、善言、敢言。慎言，并非沉默寡言，而是深思熟虑后发声，不盲目，不跟风，不妄言，体现优秀学生的修养智慧；善言，是美德，也是智慧，优秀学生不人云亦云，不鹦鹉学舌；敢言，是勇气与担当，优秀学生敢于表达自己的观点，敢于承担责任——用勇敢的言语为时代发声，为国家贡献自己的力量！

我和孩子共成长
高二(5)班陈泽辉家长陈林峰

2022年1月24日晚上8点，我组织召开了主题为"我和孩子共成长"迎春茶话会，全体家庭成员分别对过去做了回顾和总结，并对未来提出了一些设想。

一、回顾和总结

在过去的一学期，我积极参与教育工作，为孩子做榜样。我积极参与学校提供的讲座活动，听取义工团优秀家长的分享，以及在育儿、家教、心理等方面不成体系地学习。在工作和学习中我收获了成长，但也存在一些问题，具体如下：

心态出现问题。总体来说还是"内心不够强大！"。孩子刚进入华附首届强基班，同学们和家长们都如此优秀，能否遇强则强成为第一道心理关。记得参加第一次家长会时，多少了解到了家长们对教育的投入程度，我真是自愧不如。当然，我没有因为别人的"大投入"而开始随大流，只是在方式、方法上做了调整。去年国庆节期间，孩子患上甲沟炎，由于我们思想上未重视，加上处置不当，孩子没能及时接受正规治疗，因此未能参加校运会、学农等一些活动。随之而来的还有语文积累少了，英语背单词少了，理科钻研热情少了，体育锻炼少了，状态变差了，分数自然也少了！特别是期中考后，作为家长，面对孩子对成绩"极差"的自我评价，我未能淡定！过分担心孩子因高一的荣耀、内敛的性格而出现心理问题，引发自我焦虑情绪！之后，我开始进行反思并就心态做了调整——极力保持冷静和淡定。

面对亲子交流中出现的问题，我开始反思。作为家长，我过度关注甲沟炎等健康问题，遇到问题时过分强调自我反省和保持心态稳定，急于解决问题而忽视了事物的发展总需要过程，与孩子沟通时急于安慰和鼓励，未能管住嘴！

高二上学期孩子整体状态下降，存在惰性心理，内驱力不足！家长过度担心、不淡定引发了焦虑情绪，出现问题未能克服困难及时解决。孩子没有高一时的那种"冲劲、激情、求知欲"和"主动、自主、自律"所呈现出的熠熠生辉的精神面貌，家长也没有以往那么淡定。因此，必须调整状态！避免负循环，方能正面成长和发展，取得进步！

二、未来教育工作设想

教育理念：家校共育、合作共赢。

整体原则：相信专业和信任的力量！跟着学校老师的指引走，与孩子一起成长和发展。

育人理念

理论公式化：内驱力＝好奇心＋梦想＋敢干＋坚持。

学习能力＝兴趣（想学）＋技术（会学）。

1. 内驱力不足问题（新出现，要及时改进）。

对于孩子，强调"主动、自主、自律"和"专注、高效"。首先是要"动起来"。坚持体育锻炼，让身体动起来、大脑细胞活跃起来，恢复冲劲、激情、求知欲，积极参与活动。知道内驱力的重要性！做事有目标有计划、讲章法讲效率，更重视执行和坚持！心态上要理性淡定，不能自我设限，要有挑战和冒险精神。历史的荣耀是鞭策，是驱动前行的动力！行动上要勤学多问，解决问题。

而家长要谨记"遭遇挫折，不要放大痛苦"和"与孩子一起打败问题"的原则，正面管教，鼓励和疏导，重视培养孩子的"逆商"！心态上也要理性淡定，行动上除必要的协助和指导外，更应放手和"留白"，多创造培养能力和增加见识的机会，鼓励和相信孩子能够做到独立自主，大胆创新。做好后勤服务，营造良好的家庭氛围。

2. 考试"坏习惯"问题（新出现，要及时纠正）。

主要表现为考试时反复推敲，浪费时间；策略失当，出现紧张心理。初步分析，一方面为做事不够干练、果断，存在反复推敲现象（与性格有一定关系）；另一方面，书写质量和速度未能取得平衡。

因此，必须从做事和刷题训练方面纠正，遵循一有思路马上作答，节约时间；提高书写质量和速度；预留时间检查等原则。

3. "偏科"和"理科退步"问题。

重视基础、重视学法，根据各学科特点，总结形成适合自己的思维模式。扬长补短，力求学科均衡。以学校为主、家庭为辅，以高考为主、中科大少创班备考为辅；以学业为主、活动为辅，主次分明。主要从以下两方面入手：

其一，学习兴趣（学习动力）方面，特别强调语文学科。高考新形势决定了"得语文者得高考，得作文者得语文"。必须从思想上重视语文的地位，从阅读中感受语言的艺术和文学的魅力。其他学科保持高一时的状态，即求知欲、探究精神！

　　其二，学习技术(方法、应试技巧和计划、监测、调控)方面，文科需积累(重点需加强语文学科阅读理解和作文的训练，勤读勤练，该背的熟记)，理科需重视思维以及学科关联，总结共性。首先，分学科设立并利用好三个工具本。摘抄本，绘制思维导图，整理知识点、学科关联要点，着重阅读摘抄，积累素材并提炼关键词、中心思想等要素。错题本，针对易错题，整理解题步骤和规范、得分点、知识点、概念等。计划本，制订全科提升计划，分主次，分阶段，重视执行和坚持，并根据监测结果进行总结调控，未解决的问题，列入下一阶段计划，形成计划—监测—调控循环，直至解决。其次，有几件事必须做。复盘，利用寒假将高二的试卷重过一遍，订正整理归类存在的问题，检查和记录知识盲区，为针对性训练做准备。巩固，课内基础知识力求100％掌握。积累，基础书单阅读和提炼，以及积累单词量、名言短句和热点素材、应试技巧。拓展，数理化适当探究竞赛题型，为强基计划做积累，语文和英语拓宽阅读涉猎面(请教老师，找对书单阅读方向，合理利用时间)，开阔视野。训练，以高考试题方向为主导，先熟悉题型和解题规范。加大刷题量，特别针对易错题，提高书写质量，模拟考试状态，逐渐解决"反复推敲坏习惯"和"书写"问题，积累应试技巧、策略，增强考试心理素质。

　　学科存在问题和提升设想：

　　①语文偏科严重，需要重点帮扶！主要问题是兴趣低，作业总在最后完成，阅读少、素材积累少、训练少，知识点掌握不牢固，未能形成思维，缺乏应试技巧，考试时阅读速度慢，信息提取和记忆差等。需要加强阅读和积累，以及训练应试技巧和答题规范，主要是阅读理解题型和作文，每周末限时训练后找老师面批。

　　②英语基础积累要加强，如背单词和短句抄录。阅读涉猎面要加强，如阅读国外名著和中国日报英文版等(以老师阅读方向或书单为指导)。听说训练，以广东英语听说考试全真模拟训练客户端为准，周末结合纪录片加强听力和语感训练。

　　③理四科扎实基础知识。上学期存在的问题抓紧解决，梳理思维出现的问题，整理学科关联及共性。记忆整理巩固(如睡前回顾)，保持钻研热情和探究精神。

4. 综合能力提升(为强基计划等准备)。

①体测关。加强体育锻炼,如1000米长跑、50米短跑和立定跳远。

②面试关。训练PPT制作(排版、字体、整体视觉效果)能力和演讲能力(仪态、表达),特别是语速和反应要加快。

③为人处世。锻炼独立办事能力和领导力,如活动策划、沟通协调、人员调配和时间安排等,讲究逻辑性强,合理利用资源。

④学会感恩,锻炼表达能力。

5. 关于文科能力的几点思考。

①阅读时,关键信息能提取但记不住,如何训练?

②快速阅读,演讲训练是否有用?说话快是否意味着阅读也能快?

③作文,审题立意?语言苍白?写作技法?如何在有限时间解决素材积累少的问题?如何建立素材库并能快速提取和套用?素材库模块化?

④文科思维是怎样的?如何形成?

⑤家长已购的一些工具书,如《人民日报教你写好文章·热点与素材》《人民日报教你写好文章·技法与指导》和东尼·博赞《超级记忆》《快速阅读》,方向是否正确?

特别说明,上述所罗列的问题和措施,是根据寒假期间和孩子交流的情况总结,为家长对孩子的观察和设想,存在片面性和非专业性。因此,一切必须以学校和老师们的专业指导为准!

我坚信,终点未到,一切皆有可能!

向优秀的尹老师致敬!衷心感谢您对孩子的栽培!恭祝您和家人新年快乐,阖家幸福!虎年大吉,虎虎生威!

尹军成：以情致焕发生命向上的力量

——与"广东特支计划"教学名师对话

《广东教育》记者　黄日暖

《广东教育》： 2019 年年初，有学生写文章这样评价您：在尹老师的故事中，"一心只读圣贤书"的我们多了一些人情味，多了一些烟火气，也多了一些联想力、想象力。您如何看待学生对您的这个评价？

尹军成： 这是 2018 届毕业生翁曦听到我被评为正高级教师后在《我语文老师的课堂教学风格》一文中所提到的一段话。我觉得还挺符合的。提到翁曦的评价，我还想起了 2012 届毕业生何毓蕾对我的课堂的评价："如果你是一个循规蹈矩，兢兢业业，眼中只有考试、分数、排名的同学，那么抱歉，你会在尹老师的班级里迷失方向的。在他的课上，你需要期待的不会是'下一次期中考的语音语调范围'，不会是'写景类的古诗词赏析步骤一二三'，不会是'怎样的作文三段式模板最容易得高分'。他的语文课更像一种'百家讲坛'的形式。你会获得的，更多的是评析性的言论和启发式的提问。尹老师从来不是一个立志让自己手中产品个个达标的生产工人。"

细细回顾和审视自己的教育教学成长轨迹，我发现，从走上讲台直到今天，我一直坚持关注学生内心世界的需求和精神成长的需要，一直把学生当成"读书人"来培养，而不是把他们当成"考试人"来看待。所以，基于学生可持续发展的思考，我在教育教学上重视"术"的传授，但更重视"道"的传承，引导学生在学习生活中领悟并成长为一个人格完善、人性丰富、人品高尚的人。

《广东教育》： 有什么样的教育教学观念，必然有什么样的教育教学实践与追求。作为一名语文教师，您在语文教学中如何做到"既重视'术'的传授，更重视'道'的传承？"

尹军成：这就要提到我所倡导的"情致语文"教学研究与实践了。"情致语文"是我在语文教育领域的理念追求，其内涵就是强调"术道结合，文道统一"。

现代语文教育不仅要求学生掌握语文的使用技能，还倡导思维力、想象力、创造精神、人格塑造的培养，注重智力因素和非智力因素养成，使其相得益彰。"情致语文"关注学生的发展和提升，关注课堂的情趣和品位，关注课堂思想和价值，关注教学模式构建和理念传播与输送，注重对学生的"深度阅读、理性思考、感性表达"进行培养。基本的做法是以情感渗透、文化浸润、思维启迪、精神引领、行动指导为根本，以培养学生在语言、文化、审美、思维等方面的核心素养，启迪学生思维、开发学生智力和净化学生心灵。

《广东教育》：具体说来，"情致语文"是基于什么样的背景提出的？

尹军成："情致"是一种高认知及情境介入的思维方式，"情致语文"提倡语文教育要注重对学生进行"精气神"的培养，只有把人的"精气神"培养好了，我们才有可能培育出"高大上"的人。

"情致语文"提出的背景主要基于三方面的思考：一是基于立德树人理念对语文学科提出育人要求的思考，"情致语文"关注人的精神世界，发挥语文的育人功能；二是基于核心素养培育目标的思考，"情致语文"关注学生的思维品质形成，重视学生思辨能力的培养；三是基于语文教学"少、慢、差、费"现状的思考，"情致语文"注重打造品质课堂，着力提升学生的语文素养。

我举个高三教学的例子，许多课堂对"十年高考试题选编""高考模拟试题大全"等资料的讲解，除了公布答案、分析解法、总结归纳题型，与人性有关的东西，如美感、和谐、激情、品质、人格等，与思维发展有关的东西，如思考、分析、推理、论证等，都在题海沉浮中消失殆尽。就拿我们语文教学来说，我们常常关注的就是作者、背景、主题、情节、人物形象、艺术手法、语言运用，自主、合作、探究简直就是一句空话，对阅读与鉴赏、表达与交流、梳理与探究的漠视，导致了表达力、想象力、思维力、思辨力的极度缺失。

基于此，我强调"情致语文"要基于学生个性发展特点，以语言文字为核心，以语文学习活动为主要形式，以培养学生正确价值观念、必备品格和关键能力为目的，通过情感渗透、思维启发、文化浸润和精神引领的方式进行知识的传授和能力的培养，力求让学生成为一个人格完善、人性丰富、人品高尚的人。

《广东教育》：倡导"情致语文"，让您的工作室与其他工作室有什么不同之处吗？

尹军成：我的工作室与其他省名师工作室一样，都致力于成为教育教学改革创新基地，为教师们搭建实实在在的成长平台与展示舞台。由于倡导"情致语文"，我的工作室理念更为聚焦，特色更加鲜明。目前，我的工作室正致力于"情致语文"的研究，以"情致阅读"和"情致作文"为研究基础着力构建"情致语文"课程体系。

《广东教育》：您工作室的价值追求是什么？

尹军成：让教育给生命以向上的力量，让教育回归到自然的状态。这是我工作室的价值追求，也可以说是"情致语文"的价值追求。如今，我已逐渐构建了以"以人为本，提升素养，服务教育"为目标的工作室组织文化，建立了一个结构合理、运转灵活的工作室组织结构，确立了工作室成员之间的沟通方式、工作规范以及工作室人员的权利责任范畴，形成了"具有人性、人品、人情的语文人"的培训文化和学习体系。

作为教师专业成长的"精神家园"，工作室要本着"人本、情怀、创新、共赢"的核心价值观，以"思想引领、活动促进、文化搭桥"为宗旨，以促进教师发展为核心，以思维启发、文化浸润和精神引领为先导，以集中研训和网络研修为交流载体，给教师专业成长以向上的力量，引领学员做一个温暖人心的教育工作者，力求让教师更具教育情怀，让学生更具个性。

2016年工作室成立至今，我们已与华南师范大学、广东第二师范学院、佛山市禅城区教育局、连山县教育局、佛冈县佛冈中学等单位合作培训多批学员，效果显著；我还开设了"情致轩军成工作室"的博客和公众号，省内外有很多教师通过关注公众号并留言或微信联系申请加入工作室；随着"情致语文"实践活动的开展，影响也日益扩大，并在省内外如佛山市禅城区、江门鹤山市、广西梧州等地建立了实验基地学校。

《广东教育》：在您的教育经历中，有哪些值得珍视的例子与我们分享一下？

尹军成：教育的核心是从生命深处唤醒沉睡的自我意识，唤醒人的创造力、生命感和价值感。唤醒灵魂的教育才是成功的教育。我的学生区芷晴曾写信对我说："我记得课前一次次精彩的演讲，我记得您为我们读您写的文章；我还记得我们那一次诗歌朗诵会，有诗，也有情；我还记得我们在课堂上的'爆发式'讨论，简直就是一场没有硝烟的战争。这些是只属于高二(6)班的回忆。所以，不用跟我们说'对不起'，有遗憾的不完美不是更值得纪念吗？我想我们之间应该有的，更多的是感谢。"学生的带着怀旧、感恩之情的来信、来访促使我开始思考教育的意义：我凭什么赢得学生的尊重？

回顾与学生朝夕相处的日子以及与学生、家长的交流，我发现让学生感动的无非是一些小事：随口叫得出学生的名字、把手中的水果送给与我打招呼的学生、为流泪的学生送上一张纸巾，一个鼓励的眼神、一次会心的微笑、一个关心的动作、一行激励的话语、一件小小的礼物、一堂激动人心的课堂，甚至是激情朗诵的一篇文章等。

当静下心来反思，这些小事的背后，我想那就是教育要给学生生命以向上的力量。

让教育给生命以向上的力量，让我收获着同行的共鸣与互勉。一次讲座后，广州市 86 中教师姚春霞曾发信息对我说："'我希望以我的成长经历和教育方式给生命以向上的力量'，您的寄语深深地、深深地震撼着我的心灵！"每次出去讲座，收获颇多，一是对个人讲座的反思，二是被老师的留言感动。说到老师的留言，我还想起封开县江口中学教师伍福健曾发过两条这样的短信给我："尹老师晚上好！休息了吗？我还在继续搜索《毕飞宇和他的王家庄》的文档，找到了，编辑好后就立刻发给您，请您指点，谢谢！""尹老师早上好！昨晚夜睡，今早昏睡，终于醒来了。昨天夜里我已下单把书买了，谢谢您推介好书给我，我一定会像那饥饿的人扑在面包上一样，认真拜读。我最近在认真阅读《我即语文》《如是我读》这两本书，也认真再看了余华的《活着》、路遥的《人生》，获益良多。谢谢尹老师，谢谢您让我再度成为一个热爱读书的人。"

[原载《广东教育(综合版)》，2019 年第 6 期，有修改]

情致教育：给生命以向上的力量

——尹军成和他的高一(5)班

华南师范大学附属中学　朱缘新

2020 年 12 月 2 日，此时的广州无愧花城之名，仍是绿意盎然的，华南师范大学附属中学迎来新课程新教材实施国家级示范校建设交流研讨活动，高一(5)班作为语文学科同课异构的示范班级，正向全省展示他们的课堂。

面对执教老师抛出的"你从何人何事中能体会到'对话自然　照见自我'"这一问题，一名同学回答道："我从我的班主任尹军成老师身上看到了他对自然与生活的热爱，昨晚他见到一轮明月，在朋友圈与大家分享，尹老师在明月中超越了俗世的束缚。"闻言，全班响起了雷鸣般的掌声。

直播镜头转向听课老师，一位清瘦文人模样的老师微笑着，他正是高一(5)班的班主任，尹军成老师。

一、明明如月：品牌班级的建设者

尹老师心中有一轮明月，素月分辉，明河共影，表里俱澄澈。这轮明月也映照在高一(5)班的同学们心中。日常生活中，他们是揽获优秀班集体、个性与规范并存的常胜军；校级活动中，他们是铁板一块、携手并进的荣誉之师；课堂学习上，他们是敢言善言、让智慧交锋发光的学伴团队。这是一个闻名全校的班集体，是一群老师们交相称赞的优秀学生，他们在聚光灯下所展现的华附风采，凝聚了尹老师注视每一名学生的慈爱目光与建设品牌班级的大智慧。

班级如队伍，不同的领头者有着不同的管理模式。多有如蜀相诸葛亮般事无巨细咸决于己者，他们躬亲而治，每日兢兢业业、一丝不苟，严抓落实每一处细节，以极强的耐心与精力管理班级。而我作为一名新入职的老师，在平衡教学、德育与家庭中尚存困难，对于班级管理心有余而力不足，目前以"散养"形式管理班级，无过亦无功。而尹老师治班已经到达了一个至高的境界，垂衣拱手，臻于郅治，将清辉洒向学生。

尹老师给高一(5)班定调为一个优秀的班级，学生是未来社会的栋梁，班主任是高级知识分子。我曾有幸在全校班主任会上聆听尹老师班级建设的点滴经验，他的一句话令我印象深刻："我希望以我的成长经历和教育方式给生命以向上的力量。"初任班主任，稚气未脱的高一学生让我喜忧参半，喜的是孩子们身上充满蓬勃生命力，忧的是十五六岁的他们处事不够成熟，有着较强的依赖性，让我有时感觉自己兼任了班主任与班长，总爱操心，事事想要亲力亲为却力有未逮。在我为班级管理烦恼困惑时，尹老师一语惊醒梦中人："如果学生把我们当成保姆，那么学生就是巨婴；如果学生把我们当成高级知识分子，那么学生就是未来社会的栋梁。"尹老师激发学生的内驱力，让学生养成独立自主的能力，是对学生为人处世能力的培养，是在调动学生的进取心，使学生自发、自觉、自我地成长。

高一上学期开学初，尹老师首先针对(5)班的班干部做了思想引领，给班干部提出明确的定位：现在是班主任的好助手、同学的组织者，未来是引领时代的先锋者、时代的开创者。尹老师帮助学生明确定位，让他们充分发挥领头羊作用。张沛垚同学畅谈她心中的(5)班时深情说道："我喜欢和别人分享我们(5)班的这样一幅画面——班干部竞选时，教室里的同学们都'唰唰'地举起手，一个接一个地上台发言，大方勇敢地向同学老师介绍自己、表达观点。这样积极热烈的场面多么美好！"开学第一个月，尹老师非常注重调动班干部的积极性，放手让班干部管理班内卫生、纪律、早读等事宜，当同学们在规范上做得不到位时，注意到相应班干部还没有做好表率作用，没有敢管善管的意识，他会引导相应班干部反思自己应有的责任与担当，让他们真正意识到，班级无小事，事事皆上心。高一(5)班的班长郑明同学，每天早晚准时到办公室记录当日班级扣分情况，及时反馈给相应班干部，督促同学们优化改进。

班干部用优良作风感染其他同学，"如入芝兰之室，久而不闻其香"，在班干部的带领下，全班每位同学自觉养成"我为人人，人人为我"的行为准则，(5)班集体呈现出互帮互助、团结向上的氛围，这种行为准则和班级氛围在集体活动中尤为明显。在短短八天的军训中，(5)班的同学完成了由"我"到"我们"的转变，展现出集体风采；宿舍内务评比时，值日是由全宿舍同学共同完成，互相帮忙，共同进步；"羽协杯"中，(5)班几乎全体晚修同学都来观看比赛，为运动员呐喊助威，拍红了手掌，喊哑了嗓子；水运会中，(5)班的集体主义精神贯穿其中，报名人数位居年级第一，运动员奋勇拼搏为集体增光添彩，观赛者细心周到地做好后勤工作，不管台前幕后，每一个位置都有同学发光发热……

尹老师以"求同存异展个性，兼容并包育英才"为教育管理理念，倡导班主任应三到位——这并非一般所言的早读、晚修、晚宿三到位，而是放学后、自习课、体育音乐课到班里看一看。放学后，学生处于最放松、最自然的状态，班级课室也呈现出最原始的模样，尹老师会和三三两两留下来自习的同学聊聊天，关心他们的近况，会默默地帮助座位凌乱的同学收拾课本和试卷，会细心察看班级的每个角落，留意公告栏中有关同学们的新资讯。自习课是锻炼同学们自主学习能力的重要时刻，班主任时不时到位，关注学生自主学习的状态，而遇到体育、音乐、信息技术等不在本班课室上课的课程，班主任便可留意空教室的情况。《淮南子·兵略训》云："见人所不见谓之明，知人所不知谓之神。"在尹老师文雅的外表之下，有着对班级管理的独见，他能在细微处下功夫，会在易忽略处多留神，他似乎没有怒喝用劲，只用巧劲，就让(5)班成为一个遵守纪律、团结互助、凝聚力强、乐观活泼、文理兼修的班集体。

二、亦师亦友：学生灵魂的引导者

尹老师不仅如明月，照亮高 (5)班这一个集体，更如清风，带去细雨滋润每一个学生的灵魂。他是严师，亦是益友，是引导学生不断超越自己的灵魂工程师。

尹老师的教育思想有三个来源，一是毛泽东思想，二是罗森塔尔效应，三是劳伦兹"印随行为"理论。尹老师说，过去他曾相信批评教育，但他在实践中发现，教师应该践行的是鼓励教育。据此，他以自己的人格魅力感染着(5)班的学生，给予学生正面的激励。他说，自己想成为一个高尚的人，一个纯粹的人，一个有道德的人，一个脱离了低级趣味的人，一个有益于人民的人；自己想成为一个有教育情怀的人，给生命以向上的力量。他希望自己的学生成为一个德才兼备、品学兼优，科学与人文并举、规范与个性共存，人品与学识齐进、激情与理智同行的人，因此，他把学生当成"读书人"来培养，而不是把他们当成"考试人"来看待。

良好的开端是成功的一半，尹老师在开学便给学生定下高远而明确的目标，激励学生成为华附舞台上的主角。军训刚结束，尹老师就向全班学生分发自己制作的《优秀学生成长手册》，他在给学生们写的信《热烈欢迎，我的优秀学生》中写道，"青春的梦想是未来真实的投影"，向(5)班的同学们提出如下五条建议：一、未学先立志，带着理想远航；二、言谈举止树形象，身体力行守规矩；三、迅速融入校园生活，积极参与校风建设；四、惜时如金求进取，讲究策略圆梦想；五、心平气和入宿舍，同心同德建家园。

班集体建立之初，尹老师就将优秀作为一种底色赋予(5)班的同学。"优秀的(5)班，不只是学习优秀，我们在道德和品格方面也要做到最好，也要出彩。"詹雯莉同学对尹老师反复强调的这句话印象深刻，尹老师就像朋友一样，平和地与大家交流，他提醒同学们要尊重他人，要多与父母交谈，胸怀孝心地向父母道一声"辛苦了"，要自觉做好分内工作，要主动承认自己的错误并积极予以改正。(5)班的语文科代表王京蕾同学读完这本手册之后感到非常惊讶，她说自己从没有遇到过这样一位老师，从人生理念到待人细节，事无巨细地告诉自己未来高中生活应该如何度过。尹老师的指南手册如同明灯，守候着(5)班的同学，照亮同学们眼前的迷途，给予她继续自信、坚定走下去的勇气，让她相信自己能够成为最好的自己。

除了在思想上引领学生，尹老师还发挥语文老师的本色，以文化浸润学生心灵，以情感渗透学生内心，给予学生思维启发与方法指引。读书做人，做事做人的道理总是相通的，冯骥才先生曾言："读书亦是读人。"尹老师一直鼓励学生多读书、多思考、多创作，他的"情致语文"课堂满是浓厚的文化底蕴与丰富的情感。他不会把阅读当作一项硬性指标强塞给学生，而是鼓励学生主动阅读，发表阅读见解，让学生将课外阅读作为滋养心灵的精神食粮。在这样的氛围下，当你课间不经意路过(5)班，当你放学后在食堂排队，总能看见聚精会神、沉浸在阅读世界中的(5)班同学。李彦杰同学学习了统编高中教材必修上册第一单元第一课《沁园春·长沙》后，受尹老师的启发，他找来《毛泽东自传》认真阅读，看到了一个"雄视天下，气吞山河的毛泽东"，找到了毛泽东何以伟大的答案，瞻仰伟人的风采，感受伟人的精气神，并在阅读中汲取到成长所需的进取力量。尹老师放手让詹雯莉、张沛垚同学担任(5)班班刊《吾辈》的主编，她们在创刊词中写道："在尹老师的引领下，我们让(5)班变得无可替代。刊名'吾辈'既寓意'我们'，又与'(5)班'谐音，同时展现出(5)班'恰逢青春年少，吾辈当自强'的少年意气"，凝聚全班的智慧才华，收录同学们的军训感想、班干部竞选演说辞、札记等，展现(5)班学生的青春意气、山河之志。2020年岁末与新年交会之际，在尹老师的指导下，高一(5)班的同学们提笔写下对未来自己的叮咛与祝福，周盛美同学提醒未来的自己要记得"老师传达给我们的忠告"，告诉自己要自尊、自立、自爱、自强，在管好自己的同时，赢得他人的尊重，希望自己能一直"持守自身的美好品质与高尚精神，肩负我们这一代人的使命，即使一个人的力量十分渺小，但一代人共同奋斗，就能为国家乃至世界作出巨大的贡献！"这一封封写给未来自己的信刊登在《中学生报》习作园地版块，写出了对未来无限的憧憬与期盼，也写出了(5)班同学以梦为马、锐意进取、勇担使命的精神面貌。

三、家校共建：和谐教育的倡导者

尹老师就是高一(5)班这一大家庭的掌舵手，带领全班学生在时代的浪潮中乘风破浪，奋勇前进。作为班主任的他，深谙仅凭教师个人之力，远远不足以发挥教育领航者的角色的道理。所谓同道而相益，同心而共济，他在(5)班的管理教育中，注重家校共建，倡导家庭与学校的合作教育。

老师、学生、学校、家庭、社会之间是一种什么关系？尹老师至今仍清楚地记得，2011年8月5日晚所收到的一条来自家长的短信。那位家长认为他的孩子能够有今天，是学校教育的成功！孩子从小学开始，就非常听老师的话，只要是老师说的，他都会按照老师说的去做；只要是学校要求的，不管时间松紧，他都会督促家长严格按照学校的要求去做。但是孩子在高中申请走读后，在家想干什么就干什么，这位家长觉得无力管教，希望能够得到尹老师的帮助。对于这条短信，尹老师既高兴又难过，高兴的是，作为教育工作者，他赢得了家长的尊重和信任；难过的是，家长过分夸大了学校的功能，将教育的担子都放到了老师肩上。这促使他反思——对学生的教育，家庭是基点，学校是重点，社会是难点。尹老师心中的教育生态，是以教师的教育教学为中心，放射状辐射到各个群体维度，老师、学生、学校、家庭、社会五位一体，家长作为参与者，社会作为关注者，教师作为精神的引领者和行动的指导者，共同构建一个和谐的教育生态。

在和家长初次见面、召开家长会、放假等关键节点，尹老师都会精心准备能够展现班级精神风貌和自己教育思想的文章，将其作为礼物赠予家长。高一开学初，尹老师给高一(5)班家长写了《优秀家长，您好！——致高一家长的一封信》，开头便高屋建瓴地指出，教师和家长有着共同的心愿——孩子茁壮成长，健康成人，为此，"我觉得我们很有必要在思想和行动上达成一致"。尹老师依据多年的教育教学经验，有针对性地给予家长一些建议，如学生在华附三年，首先遇到的是成绩自我排位问题，作为家长，我们应理性看待，正确引导孩子对成绩和排位的态度，作为家长和老师，我们应该在鼓励中给他以动力，而非在批评中给他压力。这不仅仅是对学生状态的精确把握，也是对家长的善意提醒。林语堂说："一个人举止有礼，有度量、有耐心、有教养，这些都是在家庭中养成的。"尹老师充分注意到家长的爱是一把双刃剑，既可以滋润孩子的成长，也可能助长孩子的陋习，学生就是家长的一面镜子，家长应成为学生的榜样。高一(5)班家长会上，尹老师向家长们展示了孩子们的成长足迹，邀请优秀家长代表发言，介绍家庭沟通问题案例给家长，并在家长会后及时把与家长沟通的有关情况、父母的心声和情感告知学生，让学生感受到教师、家长对他们的关心和爱护，以此打造家长与学生的沟通闭环。

尹老师喜欢运用书信方式沟通，细腻的文字、智慧的语言、充沛的情感让家校、师生各自敞开了心扉，实现心灵的交流与撞击，家校共建，师生共融，积极搭建起家校沟通的桥梁。(5)班优秀家长张格尔妈妈坦言，尹老师的点滴文字，直击一个母亲的泪点，"感动遇见情怀浓厚、以人为教育之本的尹老师，感谢遇见一个宽容、博雅、奋进的集体。在这样的土壤中，孩子青春年少时的奔波将沉淀为人生纯粹而丰厚的底色"。上学期期中考结束后，在尹老师的开导下，同学们和家长能够正视考试暴露的问题，反思高中科目的学习，以良好的心态继续前进。詹雯莉爸爸在给尹老师的信中写道，高一(5)班是非常优秀的班集体，各方面都能在年级中脱颖而出，有诸多优秀同学的做伴，有你追我赶的学习氛围，感恩孩子来到(5)班，(5)班不是普通的(5)班，而是代表一种荣誉，感谢班主任尹老师，"您是一个非常有责任感的好老师，教学经验丰富，对教学事业和孩子尽忠尽责，雯莉能成为您的学生，是孩子的福分，也是我们全家人的福分"。

家长对尹老师的深情回应，不仅是对(5)班这一优秀集体的认可，也是对尹老师育人理念"人品与学识齐进，激情与理智同行"的共鸣，展现出(5)班的家长与班主任，为了孩子的未来，同心同德，共创美好的和谐图景。

尹老师对自己的形象，有过精确的描述："国字形的脸因面无表情而略显冷酷，浓眉大眼下射出的犀利的目光更显精悍，高鼻薄唇颇显阳刚之气，单薄身材不具美男之态。"言语中满是谦虚之姿、傲骨之态。学生眼中的他，是英姿飒爽、睿智风趣、朴直豁达的，虽才华横溢、满腹经纶，却持谦谦君子、虚怀若谷之风，更兼学高为师、德高为范之韵。在他身上，风轻云淡的从容与激扬文字的自信并存，他始终把教育当成愉悦自我、进化自我的一种事业，虽千万人，军成往矣，以他的成长经历和教育方式，给生命以向上的力量。

（原载《中学生报》，2023 年第 5 期）

育人理念

主题班会

ZHUTI

BANHUI

优秀班级的打造，离不开班主任在班会课上的精彩演绎，更离不开班主任的精心策划和身体力行。

班会课可以是说教课，然而，教师必须有技巧、有激情，而不是凛若冰霜、声色俱厉地训斥。

班会课可以是活动课，然而，教师必须有引导、有规划，而不是学生一哄而上、漫无目的地参与。

班会课可以是欣赏课，然而，教师必须有选择、有甄别，而不是随心所欲、放任自流。

班会课还可以是辩论课……

总之，班会课的形式是多样的，而班会课的内容是需要思考和规划的！

高一班会：培根固本　凝心聚力

主题班会一　军训·铸剑：
文明"我"精神，野蛮"我"体魄

一、班会设计及思考

毛泽东曾提出一个著名的口号："欲文明其精神，先自野蛮其体魄。"在他看来，如果缺乏强健的身体，"贵智""重德"就只是空中楼阁、水上浮萍。他把"只重德智而忽略体育"的做法看成"蹂躏其身而残贼其生"的糊涂行为。

军训前，我就学生思想、心态等各方面进行了正确而积极的引导，我还选择了具有教育和启发意义的文字并以文稿的形式印发给家长和学生，通过"先声夺人""文化育人"的方式占据学生的思想阵地，同时给家长打了"预防针"——不能够让学生"临阵脱逃"。

我们知道，军训的目的不仅是增强学生的体质、锻炼学生的意志，还在于培养学生的团队精神和提高学生的国防意识。明智的班主任往往会借助军训与学生进行积极的沟通与交流，他决不会"袖手旁观"或是"指手画脚"。他会通过军训来强化学生的班级意识和团队精神、激发学生的参与兴趣和培养学生的爱班情感，进而达到帮助学生克服懒散心态、驱散惧苦情绪的目的。

一个优秀的班级，应该是从军训时就开始塑造的。一群有激情、有个性的学生需要积极的心理暗示、强大的精神引领以及展示自我才华的机会，因此，在军训这个关键时期，我们只要能够做到给学生积极的暗示、引导和鼓励，就会收到事半功倍的效果。

二、班会适用时间

高一入学时。

三、班会内容及过程

(一)学生谈初中军训的感想(了解学生心态并及时调整班会内容)

活动目的:鼓励学生积极主动发言,活跃团队气氛,引导学生迅速融入集体。

(二)教师提醒及教育(运用"导航模式"进行思想引领)

1. 军训(住宿)期间,有点苦,但是你必须坚持下来。

可能你已经做好了"应付"的准备,如请病假、外出探亲访友等。但是,我要提醒你:连这点苦都吃不了,你还能够吃什么苦?当别人正兴高采烈地参与集体活动时,你却以旁观者的身份站在一边,其他同学会怎么看你?

2. 军训(住宿)期间,会有很多不习惯(人际关系、生活方式等),但是作为一个承载着父母希望的孩子,必须尽快适应。

在家千日好,出门一时难。我知道是"委屈"了你,但是,你想想:人的一辈子,能够有多长时间过集体生活?你为何不想想:"我"何不趁此机会锻炼自己,给别人一个良好的印象?毕竟,以后"我"身处社会,需要与人相处啊!

3. 军训(住宿)期间,要适应身份的转变。

在学校中,你要遵守学校的规章制度;在社会中,你要遵守社会规则。否则,你可能会成为众矢之的!

(三)说说我们的军训:学生谈谈现在的军训(净化个人思想,激发集体观念)

岳皓元:记得站队列的时候,我满身大汗,当我抬起头一看,刚好看见被同学们的帽子遮挡得断断续续的横幅露出来"流汗"两个字。我笑了笑——这两个字让我感觉有些幽默。

正如主持人所说，"我们开始理解'多吃苦，苦中有甜；多流汗，汗里藏金'的含义"。八天的军训，站军姿、踢正步让我们不禁暗暗叫苦，雨中彩排更是让一些同学背地里开始抱怨。但是，当我面对看台上的家长不禁露出自信的笑容时，我才猛然发现，其实这些苦本来也没什么。

钟俊杰：军训这几天，有许多事情值得我们记录，值得我们回忆。军训第三天，教官嗓子哑得说不出话，但仍坚持带我们训练。有一天下大雨，教官带我们冲入体育馆……军训中的许多细节都体现了教官对我们的关爱。教官曾对我们说："不要让我知道你不行。"这句话对我影响颇深。由此，我不断逼迫着自己鼓起勇气去做那些原本我认为十分困难的事。在这个过程中，我不断告诉自己："我行！"到最后，我发现，原来我真的行。教官的这句话给了我莫大的鼓舞和勇气，在未来三年的学习生活中，甚至是在未来的人生道路上，我都会牢牢记住这句话，牢牢记住这个意气风发、充满自信的自己，千万别让教官，也别让军训时的自己失望。

李彦杰：军训的确磨炼了我们的意志。无论是骄阳似火，还是大雨倾盆；无论是汗水流进眼睛，还是蚊子肆意叮咬，都无法让我们停下训练。我们的身心在成长，我们的班级也在不断凝聚力量。经过军训，我们有更充足的底气和更顽强的斗志，去面对人生路上的无数挑战。

四、聆听智慧的宣言

1. 意志薄弱的人不可能真诚。——拉罗什富科

2. 要做到坚韧不拔，最要紧的是坚持到底。——陀思妥耶夫斯基

3. 能赢得普遍尊敬的人，并不是由于他显赫的地位，而是由于始终如一的言行和不屈不挠的精神。——列夫·托尔斯泰

4. 要记住！情况越严重，越困难，就越需要坚定、积极、果敢，而越无为就越有害。——列夫·托尔斯泰

5. 一个没有原则和没有意志的人就像一艘没有舵和罗盘的船一般，他会随着风的变化而随时改变自己的方向。——斯迈尔斯

6. 在重大事件中不丧失勇气的人还算不得是一个好战士，即使没有事干也不感到烦闷，遇到随便什么事情都能够忍受，不管你要他怎么样，他总是坚持自己的主张，这才算得上是一个好战士呢。——果戈理

五、班会素材集锦

做高素质的时代新人
——新生国防与入校教育感想
詹雯莉

我期待我们共同建设一个高素质的集体。

何为素质？仁者见仁，智者见智。不可否认的是，素质理应是人的全面发展，并且是由内而外，在人的言行举止中处处得以体现。对于这一点，在过去短短的八天里，我有了全新的认识和体会。

这八天，是对华附新生的"国防与入学教育"，归根结底，就是对我们的"素质教育"。爱迪生说过："性格的培育是教育的主要目的，虽然它不能算是唯一的目的。"进入优质的环境，结识许多高素质的新朋友，接受高素质的教育，我越来越体会到，素质体现在生活的方方面面，并且它已经成为我们与人交往和沟通的基础，以及促成自我进步的一种需求。

八天里，军训是最为主要的一项内容。我们学到的东西不多，稍息立正、停止间转法、分列式。但我们的体魄确实得到了很大程度的锻炼，我们的精神文明确实得到了很大程度的提升。每一次站军姿，都锤炼着我们坚持不懈、吃苦耐劳的品质；每一次踢正步，都增强着我们团结一致的集体意识；每一声道谢与问好，都浇灌着我们感恩师长的种子。"野蛮其体魄，文明其精神"，这是素质教育带来的进步。我们接受了国防教育的洗礼，成为一个有凝聚力的班集体，随时准备为社会主义现代化国家建设贡献我们的力量。

班主任尹老师也强调过许多遍："优秀的(5)班，不只是学习优秀，在道德与品格方面也要做到最好，也要出彩。"短短几天里，他一直像朋友一样，平等地与我们交流。他语重心长的教诲，潜移默化地影响了我们。明礼、感恩、律己、勇于担责是他经常与我们提及的。尊重每一位劳动者，这是一种素质；多与父母交谈，向他们说一声"辛苦了"，这是一种素质；不需要外在监督，自觉地做好分内工作，这是一种素质；面对错误，主动地承认，积极地予以改正，这同样是一种素质。

那本《优秀学生成长手册》也带给我很多的感悟：注重人际关系的处理，注重心理素质的培养，保持好奇心，也要葆有一颗敬畏之心。对于科学的探究，应学会锻炼新的思维方式；对于社会的建设，应为民生所需贡献一份力量；对于个性的塑造，应力求成为一个健康、丰富而独特的人。

素质，就是思想、文化、身体的多方面发展，德智体美劳兼修。

周围的同学友好、开朗、随和。我们每个人身上都有闪光点，都有值得彼此学习和借鉴的地方。大家都十分谦逊，眼神中却充满了自信。互相的扶持与帮助使(5)班很快就形成了一种默契：进德修业，格物致知。我深感身边的新同学都是新时代的高素质青年，这使我荣幸、自豪，也促使我对自己进行鞭策，我期待我们共同建设一个高素质的集体。

教育的目的在于使人能够继续教育自己。素质教育的目的，需要我们成为自立自主的人，需要我们从小事做起，落到实处。有理想，有道德，有文化，有纪律，我们应做有素质的时代新人，担当民族复兴大任的时代新人。

主题班会二　直击心灵：我们应该做什么样的人

一、班会设计及思考

"剑锋所指，所向披靡"，这是《亮剑》倡导的精神，也是我们应当传承的优良传统。

《亮剑》中的主人公李云龙在毕业典礼上的论文答辩题目"论军人的战斗意志——亮剑精神"，值得当下每一位有思想的人思考。

何谓亮剑精神？面对强大的对手，明知不敌，也要毅然亮剑，即使倒下，也要成为一座山、一道岭！

"亮剑"是一种气魄。一个有魄力的领导者，才能带领团队无惧无畏，勇往直前。魄力是面对困境时的果断抉择，是永不言败的信念，是锲而不舍的执着。魄力让敌人望而生畏，让队友充满信心。具有魄力的人，才是真正的战士，真正的军人，真正的领导者，是国家、民族、团队真正的不屈的脊梁！亮剑精神讲的就是惊天骇地的气魄。我认为，班主任在平时的教育特别是开学初期的教育中，应当告诉学生，在人生奋斗的征程上应该具有这种亮剑精神，应该做"李云龙""许三多"式的人！

一个优秀的集体，应该具有培养人才的土壤。大到这个团队的整体，小到团队的每个成员都应有一种豪气当头、势不可挡的爆发力和强大的凝聚力，从而铸成这个团体亘古不变的灵魂。

怎样培养"亮剑精神"？我认为，在思想上，需要给学生灌输一种爱己、爱班、爱校的意识；在行动上，需要强化一种精神——不抛弃、不放弃。通过精神强化，让学生明白，我们应该做一个大写的"人"！

二、班会适用时间

高一入学第一周。

三、班会内容及过程

(一)话题讨论

学生讨论：对班级和学校，我们应该拥有什么样的感情？当他人对班级和学校的做法产生疑问的时候，我们应该持什么样的态度？

(二)学生展示讨论结果，教师进行思想引导

1. 具有一种强烈的集体观念——做一个爱班(校)如家的人。

集体观念是一种团队精神，它既是每个人精神生活的一部分，也是一个人高素质的具体表现。

记住：在班级中，你的言谈举止体现的是你自己的素养；在学校里，你的言谈举止代表的是班级的形象；在学校外，你的言谈举止展示的是一个学校的精神面貌！

2. 遵循一个原则——做一个不人云亦云、不随波逐流的人。

记住：一味地模仿别人，就失去了一个真实的自我！

生活中有三种人，一种像磐石，在繁华复杂的世界中，总能保持本色，"我就是我"；一种像浮萍，在变幻莫测的世界中，总是随波逐流，人云亦云；还有一种像芦苇，无论身体如何摆动，它的根始终稳扎地下。

在社会中，我们每个人都只是一个小小的角色，每个人都要面临生活的现实。然而我们应该牢记：作为一个社会人，我们要学会立足社会，面对现实，只有保持本色，才能让我们发现自我，认识自我，超越自我！

3. 培养一种意志——做一个锲而不舍、意志坚定的人。

《荀子·劝学》云："骐骥一跃，不能十步；驽马十驾，功在不舍。锲而舍之，朽木不折；锲而不舍，金石可镂。"

4. 理解一种情感——做一个有理智的人。

陈鹤琴先生说："无论什么人，受激励而改过，是很容易的；受责骂而改过，比较的是不大容易的，而小孩子尤其喜欢听好话，而不喜欢听恶言。"但是，我们作为有思想、有情怀的高中生，应该能理解狂风暴雨的批评和和风细雨的表扬！面对教师的批评或同学的指责，我们要学会虚心接受而不是暗自非议。

5. 正视一些关系(亲情关系、师生关系、同学关系)——做一个会处理人际关系的人。

卡耐基这样说道，一个人的成功只有百分之十五是依靠专业技术，而百分之八十五却要依靠人际交往。他认为，每一个人都是具体的，因而性格各异，与这些独特的个体交往必须倾注满腔的热忱和诚意，唯有自己表现出坦荡和真切的品性，对方才能相信自己，这是正确处世的基础。

6. 树立自信，坚定信念——做一个自信的人。

天道酬勤。很多时候，付出了，可能没有收获，特别是在高三。这个时候，你可能感到困惑甚至失望！而这个时候，自信尤为重要！记住：自信是成功的第一秘诀！成功学的创始人拿破仑·希尔说，自信，是人类运用和驾驭宇宙无穷大智的唯一管道，是所有"奇迹"的根基，是所有科学法则无法分析的玄妙神迹的发源地。越是艰难的时候，越要坚持一个信念——我会成功！直到高考结束都要记住这句话——我想，我能行！

7. 抑制那颗悸动的心——做一个思想情感单纯的人。

居里夫人在巴黎大学求学期间，因年轻貌美而颇受人追求，追求者多到甚至需要女伴拿把雨伞帮她"驱散"的地步。而居里夫人丝毫没有受到影响，也不把他们的追求放在心上。为了避免听讲座时，引发同学们的频频后望，每次去听讲座，居里夫人都是早早地在前排的位置坐下，给后面的追求者一个"无情"的后脑勺。

正因为居里夫人当时坚守理智，才有了她以后的辉煌！而我们的当务之急是学习，如果理智克制不了，情感涌出的往往是悲剧！

8. 尊重他人是有素养的一种体现——做一个尊重他人的人。

人都有自尊心，要想别人尊重你，首先便要尊重别人。一个不尊重别人的人，是绝不会得到别人的尊重的。有锐气是好事，但锐气往往使我们办坏事！学会尊重，学会团结，这将是一生的财富！

9. 考试千万别投机取巧，聪明反被聪明误——做一个诚信的人。

暂时的荣耀可能满足你一时的虚荣，但是，这种虚荣会让你从此走向堕落的深渊！它会使你好逸恶劳，从而丧失学习的毅力和拼搏进取的精神。

10. 养成良好的学习习惯，习惯决定命运——做一个习惯良好的人。

播种一种思想，收获一种行为；播种一种行为，收获一种习惯；播种一种习惯，收获一种性格；播种一种性格，收获一种命运。

11. 放弃一个念头：比上不足，比下有余——做一个力争上游的人。

你用不着跑在任何人后面

理查·派克是运动史上赢得奖金最多的赛车选手。他第一次赛车回来时，兴奋地对母亲说："有 35 辆车参赛，我跑了第二。""你输了！"母亲毫不客气地回答。

"可是，"理查·派克瞪大了眼睛，"这是我第一次参加比赛，而且赛车还这么多。""儿子，"母亲深情地说，"记住，你用不着跑在任何人后面！"接下来的 20 年中，理查·派克称霸赛车界，他的许多纪录至今无人打破。当有人问他成功的原因时，他说他从未忘记母亲的教诲，是母亲在他为第二名沾沾自喜之时，帮他发现了他还可能是第一的希望。

12. 算一笔时间账，时间在不经意间流走——做一个惜时如金的人。

高三一年看似漫长，实则短暂。你算算，我们能够学习的时间有多少？离高考还有 303 天，每周日休息共 40 天，节假日放假及考试共 55 天（见表 2-1）。因此，我们真正的学习时间是 208 天。对于紧张的高三备考，争分夺秒还是很有必要的。

表 2-1　高三节假日及考试时间

事项	日期范围	天数
广州市入学考试	8 月 10 日—11 日	2 天
月考一	9 月 15 日—16 日	2 天
国庆节放假	10 月 1 日—3 日	3 天
月考二	11 月 3 日—4 日	2 天
广州调研考试	12 月 19 日—21 日	3 天
元旦节放假	1 月 1 日	1 天

续表

事项	日期范围	天数
四校联考	1月9日—11日	3天
寒假		约15天
广州一模	3月20日—22日	3天
高考体检	4月23日	1天
广州二模	4月24日—26日	3天
劳动节放假	5月1日—2日	2天
学校模拟考试	5月21日—23日	3天
高考休整	5月24日—6月4日	12天

四、聆听智慧的宣言

1. 知者不惑，仁者不忧，勇者不惧。——孔子

2. 一个人应该：活泼而守纪律，天真而不幼稚，勇敢而不鲁莽，倔强而有原则，热情而不冲动，乐观而不盲目。——马克思

3. 你们所多的是生力，遇见深林，可以辟成平地的，遇见旷野，可以栽种树木的，遇见沙漠，可以开掘井泉的。——鲁迅

4. 如果没有宽恕之心，生命会被无休止的仇恨和报复所支配。——阿萨吉奥利

五、班会素材集锦

手中有尺，心中有爱，眼中有天下

——我要成为优秀的自己

王京蕾

致三年后的自己：

你好！

我想了想，觉得过去既已过去，便也没什么可说的了，不如我们向前

看，来谈谈未来吧！

对于未来，我希望自己能做到三点：手中有尺，心中有爱，眼中有天下。

手中有尺，就是有是非的观念。"不以规矩，不能成方圆"，社会运行要有"尺"，所以做人当然也要有自己的尺！希望当我成为你的时候，我已经打磨出了一把自己的尺子，在行事说话前，我总是能拿出这把尺子比量比量，等明白了是非，衡量了对错后，再行动。这也就是对自己负责了。

心中有爱，就是对生活有爱。热爱生活的人总是怀着感恩的心的，于是热爱生活的人总是最幸福的。我觉得这一点，对你这个总是乐呵呵的女孩不是什么大问题。那就希望你关怀身边人的同时，也尊重所有的陌生人，尽己所能用实际行动帮助他人，心怀大爱。如果能实现你一直以来想做的——策划一场爱心活动，这当然是再好不过了。

眼中有天下，就是关注社会国家乃至整个世界的局势。"风声雨声读书声，声声入耳；家事国事天下事，事事关心"这副对联在六年级的教室里挂了一年，当时天天看也只是一知半解。在初三一年里被爸爸屡屡提醒要"提高眼界，提升高度"后，我终于有那么点开窍了。作为新时代的青年，我们不应拘泥于小资情调的精致生活，要学会站到高山上去眺望世界，站到大海上去领航世界。希望在被爸爸继续念叨了三年"关注社会，放眼天下"后，已经成年的你远眺星辰大海时，能够在星空中、大海间，找到一颗星、一盏灯，照亮世界的一面，闪耀着你的光芒。

这篇文章写得仓促，没怎么经过深思熟虑，若有思想幼稚、文笔平平之处还希望你不要嘲笑过去的自己。

最后，将最美好的祝愿送给你：祝你开心每一天！自己开心最重要！

此致

敬礼！

三年前的你

2020 年 12 月 22 日

主题班会三　言行一致：
我们应该做一个德才兼备的人

一、班会设计及思考

"德才兼备"是一个非常重要的品质要求，意味着一个人既要有良好的道德品质，又要有出色的才能。习近平总书记在纪念五四运动 100 周年大会上发表重要讲话，指出新时代中国青年要锤炼品德修为。人无德不立，品德是为人之本。青年要把正确的道德认知、自觉的道德养成、积极的道德实践紧密结合起来，不断修身立德，打牢道德根基，在人生道路上走得更正、走得更远。党的二十大报告指出："教育是国之大计、党之大计。培养什么人、怎样培养人、为谁培养人是教育的根本问题。育人的根本在于立德。全面贯彻党的教育方针，落实立德树人根本任务，培养德智体美劳全面发展的社会主义建设者和接班人。"

有的教师总是哀叹，个别学生不会做人，个别学生不讲感情。听到这样的议论、其他教师的附和，我在为教师的遭遇感到气愤的同时，也为教师感到悲哀！学生不会做人，学生不讲感情，谁之过？

其实，很多时候，是由于我们的教师过于重视做事教育而忽视了做人教育！因此，我觉得班主任很有必要在开学初期给学生一个积极的暗示！因为要想使一个人发展得更好，就应该给他传递积极的期望。

特别要提醒各位教师的是，在学生成长的每个转折期，我们都应该对其进行提醒和规范。遗憾的是，随着学生年龄的增长，我们的提醒和规范变得模糊。正是这种"模糊"的教育让学生的思想变得随意。

开学初期，对学生，我们应该大力进行"做人"的教育和"习惯"的培养。只要学生学会了做人，他们基本上就会做事了！

二、班会适用时间

高一入学第一周。

三、班会内容及过程

(一)你的现状分析

1. 准确定位：现在是优秀的学生，未来是社会的栋梁。

2. 你面临的现状：正面是旗帜，背面是靶子；前有标兵，后有追兵。

(二)你应该明白做人的原则

1. 做人必须明白的道理：学会做人＋学会做事＝事业的成功。

2. 做人应该具备一定的素质：马丁·路德·金说，一个国家的前途，不取决于它的国库之殷实，不取决于它的城堡之坚固，也不取决于它的公共设施之华丽，而在于它的公民的文明素养。换句话说，一个班级良好形象的树立，不仅取决于它的成绩，还取决于学生的高品位和高素质！

3. 做人应该有一定的境界：科学与人文并举，规范与个性共存；人品与学识齐进，激情与理智同行。

只有遵守了共性，才能尽情地展示个性，因此要遵守社会公德、规章制度……

北宋政治家司马光说："才者，德之资也；德者，才之帅也。"人们评价说："有德有才是正品，有德无才是次品，无德无才是废品，无德有才是毒品。"

中国科学院院士、华中科技大学教授杨叔子曾说："无才，寡用！无德，多害！富才缺德，灾难！富才厚德，大幸！"

现在的不少家长过分关心孩子学到了什么知识，却忽视了孩子的情感，他们教育出来的孩子也许拥有某方面的特长，可能成"家"，可能成"才"，却不能成"人"！

主题班会

4. 做人应该明白的道理：理智克制不了情感，涌出的往往是悲剧。

5. 做人应该懂得感恩：羔羊跪乳、乌鸦反哺，动物尚且如此，何况作为万物之灵的人类呢？

生而为人，要感恩父母，感恩国家，感恩教师，感恩大众；没有父母的养育，没有国家的恩惠，没有教师的教诲，没有大众的帮助，我们何以存于天地之间？因此，感恩不但是美德，更是人之所以为人的基本条件！

6. 做人应该有点奉献精神：请永远记住——我为人人，人人为我！绝不能是——人人为我，我为人人！只要人人都献出一点爱，世界将变成美好的人间！

7. 做人应该有原则：做君子，不做小人。

8. 做人应该有宽宏大量的心态：

庄子曰："故德有所长而形有所忘，人不忘其所忘而忘其所不忘，此谓诚忘。"

人生在世，不该忘的事要把它牢记在心，而不该记的事要忘个一干二净，从记忆中抹掉。

子曰："伯夷、叔齐不念旧恶，怨是用希。"

有道是，冤家宜解不宜结。当我们不刻意苛求，与人为善时，我们就会赢得更多的尊重和信赖。这于人于己都大有好处。

做人应该有宽容之心。忍一时风平浪静，退一步海阔天空。宽容是一种保持心理健康的"维生素"。宽容不仅能给我们带来平静和安定，也是我们通向健康的坦途，并且对于我们赢得友谊、保持家庭和睦以及事业成功都是必不可少的。

9. 做人应该做最好的自己：能成为太阳，就不做月亮；能成为月亮，就不做星星；能成为大树，就不做灌木；能成为灌木，就不做小草；能成为一条龙，就不做一匹马；能成为一匹马，就不做一条虫！

做一个最好的你

道格拉斯·玛拉赫

如果你不能成为山顶上的高松，

那就当棵山谷里的小树吧——

但要当棵溪边最好的小树。

如果你不能成为一棵大树，

那就当丛小灌木；

如果你不能成为一丛小灌木，

那就当一片小草地。

如果你不能是一只香獐，

那就当尾小鲈鱼——

但要当湖里最活泼的小鲈鱼。

我们不能全是船长，

必须有人来当水手。

这里有许多事让我们去做，

有大事，有小事，

但最重要的是我们身旁的事。

如果你不能成为大道，

那就当一条小路；

如果你不能成为太阳，

那就当一颗星星。

决定成败的不是你尺寸的大小——

而在做一个最好的你！

10. 做人应该给他人一个仰视的理由：

美国 NBA 著名的球星沙奎尔·奥尼尔身高 2.16 米，号称"大鲨鱼"。他因为比身边的人高出好多，所以很孤独——人家与他说话要仰着头。没有多少人愿意仰着头与人说话，甚至有人笑他是"傻大个"。他为此加入了一个帮派，成了一个玩世不恭的小混混。

他的父亲得知这个情况后，十分严肃地对他说了两句话："你只有尊重别人，才会得到别人的尊重。既然大家都要仰头和你说话，请给他们一个仰视你的理由。"他将父亲的话想了许久。后来他退出那个帮派，并真诚地去向每一个被他伤害过的人道歉。他又申请加入了校篮球队，一年后当上了队长……他终于赢得了人们的尊重。

(三)你应该明白做事的道理

1. 做事应该有决心。

第二次世界大战时期美国著名战将巴顿说，做好自己不愿做的事情。

2. 做事应该有行动。

要迎着晨光实干，不要面对晚霞幻想。

做事不要雷声大，雨点小！不要做言语的巨人，要做行动的巨人！要记住：讷于言，敏于行！

要做的事情总找得出时间和机会，不想做的事情总找得出借口。说起来重要，做起来次要，忙起来不要。一个总是为自己找借口的人，会在理由中麻木和堕落！

3. 做事应该有毅力。

《荀子·劝学》中有言："骐骥一跃，不能十步；驽马十驾，功在不舍。"

4. 做事应该有激情。

汪曾祺说，人总要把自己的生命的精华都调动起来，倾力一搏，就像干将莫邪一样，把自己炼进自己的剑里，这，才叫活着。

5. 做事应该有目标。

人生的奋斗目标决定你将成为怎样的人。

你属于哪一类人？你愿意拥有怎样的人生？哈佛大学有一个非常著名的关于目标对人生的影响的跟踪调查。调查对象是一群智力、学历、环境等条件都差不多的年轻人。调查结果如表 2-2 所示。

表 2-2　哈佛大学"目标对人生的影响"跟踪调查

25 年前	25 年后
27％的人，没有目标。	几乎都生活在社会最底层，过得很不如意，且常常抱怨社会、抱怨他人。
60％的人，目标模糊。	几乎都生活在社会的中下层，能安稳地工作与生活，但没什么成就。
10％的人，有比较清晰的短期目标。	大都生活在社会的中上层，成为各行各业不可缺少的专业人士。
3％的人，有十分清晰的长期目标。	几乎都成了社会各界顶尖的成功人士，其中不乏白手起家的创业者、行业领袖、社会精英。

四、聆听智慧的宣言

1. 互敬、互信、互学、互助、互爱、互让、互勉、互谅。——周恩来

2. 早晨醒来时，问一问自己："我应当做什么?"晚上睡觉前，问一问自己："我做了什么?"——毕达哥拉斯

3. 世界上最宽阔的东西是海洋，比海洋更宽阔的是天空，比天空更宽阔的是人的胸怀。——雨果

4. 冒犯别人的人从不原谅别人。——赫尔巴特

5. 一个不肯原谅别人的人，就是不给自己留余地，因为每一个人都有犯错误而需要别人原谅的时候。——福莱

五、班会素材集锦

虽然辛苦，但你还是会选择那种滚烫的人生
——给未来的自己
詹雯莉

十年后的小詹：

展信安。

这里是 15 岁的你，通过文字问候十年后的自己。

我相信你不会忘记这不平凡的一年，2020 年，承载了太多不幸。

临近中考，母亲的重病如同五雷轰顶，导致我的备考状态急转直下，这是我第一次真切地感受到最亲近最敬爱的人即将离去时撕心裂肺般的痛楚；七月，我和生命中最要好的朋友们迎来了分别，直到今天还没能再见上一面；下半年，新学校、新同学、新挑战，我不得不迎难而上，又生怕碰壁，把自己撞得头破血流。

所幸的是，这一年里，我于逆境中前行，于渺小中见伟大，于患难中见真情，于混沌中静待花开。黑暗中，我终于看到了那一线破晓的天色。

在所有人的共同努力下，疫情逐步得以控制，清冷的大街小巷开始复苏，大家的生活回归正常化；母亲的病情慢慢好转，憔悴的脸庞总算多了些红润，也总算让我不再那么揪心；虽然不能和好朋友们重聚，但见字如面，我们通过短信和书信传递了怀念与关怀；最幸运的是，我加入了一个优秀无比的新集体，如同进入了另一个守望相助、其乐融融的大家庭。

这就是 2020 年，于我而言，最不幸，却又最幸运的一年。这一年里，我收获了真正的成长。原来，学会乐观地面对挫折和离别，是每个人的必修课。现在这一年即将过去，如同它来时那般悄无声息，像是一片落叶飘零到草垛上。

今天很冷，凛冽的风把我的脸刮得生疼。我有些许好奇，你会不会还是老样子，像我一样，喜欢在冬日里把手缩到长长的衣袖中，怎么也不挪开。我也想听你说说，十年过去，你的生活是否安稳，梦想是否已经实现。

我自认为了解你，虽然辛苦，但你还是会选择那种滚烫的人生。我期许，哪怕野火焚烧，哪怕冰雪覆盖，你也依然志向不改，信念不衰。不必急于求成，也不必屈服于生活的残酷。因为十年之前，15 岁的你已经慢慢学会独自消化很多的不顺畅。你的职责是平整土地，而非焦虑时光。做三四月的事，在八九月自有答案。

永远不要忘记家人有多爱你。十年前的你已经学会承担一些责任，长大成人，步入社会，也要多回家看一看。爸爸妈妈曾经也和你一样，遇到困难也会伤心难过，也会不安踟蹰，是岁月教他们伟大。要教好妹妹，你当然知道她的不完美，但这并不影响你爱她。十年前，她每个星期最期待的事情，就是周六中午你回到家，用各种各样的办法把她逗得咯咯笑。

除此之外，不要忘记真诚地对待朋友，因为他们就是你自己选择的家人。

十年来，你必然历经了许多磕磕绊绊。但我想说，就算犹疑着，退缩着，心猿意马着，一步三停着，你也要继续往前走，不负自己作出的每个决定。任重道远，我们都该自强不息。

15 岁的詹雯莉

2020 年 12 月 22 日

主题班会

主题班会四　班级目标：为优秀班级的建设而努力

一、班会设计及思考

我们需要一个什么样的班级环境？理想中的班级环境应该是怎样的？站在师生各自的角度，可能会有不一样的答案。但是，作为一个整体，特别是一个具有求知欲、想上进、需引导的群体，学生和教师肯定会有共同的思想和愿望。达成共识，需要教师的"构建"和"规划"，更需要学生的参与和执行。毕竟在管理的过程中，学生是主体，班干部是主导，班主任是规划者、倡导者和引领者。一个班级如果单独靠教师来管理，那它只能是一个缺少活力和吸引力的班级。

单纯依靠管理只能带来暂时的平静，一旦放松，躁动就会随时出现！一个班集体，应该由班主任引导，班干部管理，全体学生参与监督。只有这样，这个班集体才会是和谐的！

我们要记住：自律永远胜于他律。只有真正激发学生参与的热情，培养学生自律的品质，班级才能够奏响和谐之音！

在这个班会召开之前，我布置了一篇周记，要求全班同学以"我们需要什么样的班集体"为话题进行谈论和思考；接着在班会开展之时以"指定发言"和"自由发言"相结合的方式引导学生谈论他们的见解。这两种方式有利于气氛的活跃和思想的碰撞，能够在无形之中唤醒麻木者和旁观者的情感。

二、班会适用时间

高一开学初期。

三、班会内容及过程

(一)话题展示及学生讨论活动(可以展示或由学生自己朗读周记里的内容)

话题参考：学生愿望——对班级建设的向往。

陈世歆：互帮互助的同学，活而不乱的课堂，和谐共处的宿舍。

李彦杰：我希望我们有同理心、团结心。同学们能互相尊重，互相包容，互相帮助，共同进步。不会因一些小争执、小问题而伤了和气，心生芥蒂。对待同学始终是真诚的，和蔼的，关切的。当有同学遇到麻烦、班级出了什么问题时，大家都能相互帮助，不在乎损失自己的时间与精力。在追求班级荣誉时，同学们都会尽心尽力。能放眼大局，牺牲小我，成就大我，这就是我所向往的班级。

李昀霖：我们班的团结不局限于赛场上，而是全方位、立体化的，是不管台前幕后，每一个岗位上都有人发光发热。在同学们的共同努力下，我们班在水运会中形成了敢于竞争、不辱使命、广泛参与、团结奋斗的水运会精神。这次水运会对我们班是极大的鼓舞，也是对我们班的德智体美劳全面发展与团队建设的肯定。处于这样一个集体中，我感到无比光荣。相信我们能乘势而上，扬鞭策马，在校运会等其他集体活动和学习生活中去创造新的辉煌，书写一个又一个奇迹，让优秀在(5)班生根发芽，结出硕果！

…………

我向往的班集体
施炜

我向往的班集体有以下特征：

1. 人人平等；

2. 能为第一名喝彩，也能为最后一名鼓掌；

3. 同学请假，会有人争着给他抄笔记；

4. 无论是成功还是失败，能一起笑，一起哭；

5. 能为别人呐喊助威；

6. 受到批评时，会承认错误并改正过来；

7. 学校领导宣布获奖班级时，会留心自己班级的获奖情况；

8. 获奖时，会一起欢呼；

9. 没有获奖时，会感到失望，但是不绝望；

10."自报家门"时会在前面说明自己所在的班。

这就是我向往的班集体，它已经出现了——高一(5)班！

(二)文章朗读——学生心声抒发

我向往的班级

陈怡思

我认为，每一个班级都是一个生态系统，学生就是生活于其中的动植物，生态系统的质量直接影响了动植物的生存状态。我向往的班级是：不分等级，博采众长，公正有爱，甘苦与共。

首先，"不分等级"。在 21 世纪的班级里，人人平等应该是大前提，担任了职位的同学的确具有某些才能，但也不能证明其他同学就低人一等，他们在其他方面可毫不逊色。一个班级里，不可以有等级思想，否则，容易造成班集体的支离破碎。

其次，我希望我们班是一个具有多样性的生态环境，而这就要博采众长了。我们不可能个个是万能机器，是百科全书，每个同学都是各有长处的螺丝钉，只有组合在一起才能使班级这台大机器运转灵活。张三是数学天才，李四富有幽默感，陈五在绘画上很有一手，王六可以把破自行车修理成"奔驰"……无论是怎样的优点、特长，都应该被鼓励与支持。班里有 47 名同学，就有 47 颗独具风格的螺丝钉，这样无论是对班级还是对个人都有好处。让同学们都发扬自己的优点，使班级更丰富精彩，这才是素质教育啊！

再次，公正有爱。这主要针对违反校规而言。一方面，我希望我们的班级可以像法庭那样公正有序；另一方面，我又希望我们班可以像家庭一样温暖而有人情味。首先要公正，班里无论是谁，无论违反了什么校规，都应该予以相应惩罚，这就是我所理解的班级里的公正。但在这种条框规定的空隙间，也应该留有宽容理解的位置，此时，某些违反校规的行为就应该被另一种眼光注视，如忘记熄灯而非故意，解释迟到原因而非找借口，这样的行为如果能得到老师、同学的谅解，那效果就远远不一样了，这便是我所理解的有爱。

最后，我理想中的班级应该是能够甘苦与共的。我们共乘一条船，向着高考的彼岸驶去，惊涛骇浪也好，狂风暴雨也罢，大家手握的桨都不能乱。我们的班级是茫茫学海上的一叶孤舟，若我们这些"水手"不团结一致，前进的速度就会减慢。班级面临考验，大家共同努力；班级获得荣誉，光环也要戴在每个人的头上；班级遇到失败，受到谴责的不应该仅仅是一部分人。列些具体例子：班考试平均分低了，不可以只怪排名在后的同学；校运会夺得奖牌，不能忘了场下的啦啦队……这就是我所理解的甘苦与共。

总体来讲，我希望我们的班级可以以人为本，做到这一点，一切就好办了。

(三)老师的心声——大家的心愿

老师向往的班级
尹军成

"老师，你知道我们为什么会在校运动会上回来吗？因为我们也曾经为班级服务和争光而自豪！我们是为曾经的高三(10)班争气！我们的到来既是向别人宣告，也是提醒自己：我们是高三(10)班的！"班长杜康说。

以上是我毕业的学生回校时所言，一些细节让我欣喜，因为他们已经学会了做人。从某种程度上来说，是他们教会了我做人的道理。我希望你们也能用行动来创造自己向往的班级！我向往的班级——

1. 打造一个"学生欢心、老师舒心、家长放心、他人关心"的品牌班级。

2. 班干部以身作则；全班同学牢记"言谈举止树形象，竭尽全力铸班魂"的要求。

3. 在校内，"我"是高一(5)班的，"我"代表高一(5)班的形象！在校外，"我"是华师附中的，"我"代表华师附中的形象！作为高一(5)班的一分子，"我"时时刻刻都必须严格要求自己，谨记"我"代表的不只是个人，更是高一(5)班。维护(5)班的荣誉已成为我们的责任和习惯，甚至觉得在高一(5)班，是十分自豪的，是值得"炫耀"的。

4. 经常能够听到"(5)班是我家，应该做的!""老师，让我来!""我们不能给(5)班抹黑!"等言语。

5. 尊敬父母,尊重师长:节假日及时向师长亲友表示问候、祝福和感谢。平时积极地与父母、老师沟通。

6. 向上与向阳:做"一个高尚的人,一个纯粹的人,一个有道德的人,一个脱离了低级趣味的人,一个有益于人民的人。"

7. 慎独:勿以善小而不为,勿以恶小而为之。

············

四、聆听智慧的宣言

1. 道德常常能填补智慧的缺陷,而智慧却永远填补不了道德的缺陷。——但丁

2. 虚荣的人注视着自己的名字;光荣的人注视着祖国的事业。——何塞·马蒂

3. 你若要喜爱你自己的价值,你就得给世界创造价值。——歌德

4. 一个人举止有礼,有度量、有耐心、有教养,这些都是在家庭中养成的。一个热爱世界但却无法与自己父母融洽相处的人,可说是一个很不适应的人。因为他甚至于在最切身的关系中都无法学着适应。——林语堂

五、班会素材集锦

我身处的集体,我一定要竭尽全力让她成为最优秀的集体
李昀霖

我一直以来就有一种信念:我身处的集体,我一定要竭尽全力让她成为最优秀的集体。

——题记

尊敬的尹老师，亲爱的同学们：

大家好！

我是毕业于广州市天河外国语学校的李昀霖。今天我要竞选的职位是团委书记兼监察委员。

我知道团委书记并不是好当的，其意味着更大的责任与担当，有更艰巨的使命任务，但我有决心、有勇气把它干好。我们(5)班是"大先班"，是一个十分优秀的集体，是由来自五湖四海的优秀学生和优秀教师组成的。我一直以来就有一种信念：我身处的集体，我一定要竭尽全力让她成为最优秀的集体。

军训这几天，我担任我们班的宿舍委员和2509宿舍的舍长，对班委工作有了初步的了解。我对舍友提出的就是这样的要求：我们要努力把我们宿舍建设为扣分最少、表现最突出的标兵宿舍。为了这个目标，我可以每天早上5点半起来拖地，下午1点48分起来冲洗厕所，晚上查我们男生宿舍到10点50分，确保不因各种情况而被宿管扣分。每被扣0.5分，我们宿舍每人都要做5个俯卧撑作为警示。看似辛苦，但我乐在其中，为同学们和班级做事使我感到更加充实。

大家都是学习、生活中的佼佼者，成绩辉煌，多才多艺，全面发展。大家都是善于"做细、作秀、出彩"的，都是"遵守共性又发展个性"的，都是高素质的为民族复兴而努力学习的现代人和时代新人。在大家的共同努力下，我们已初步构建出了一个张弛有度、严肃活泼、昂扬向上、有凝聚力的集体。相信凭借大家杰出的能力，我们班能不断创造新的令人瞩目的成绩！我今天参选，一是想在服务班级中锻炼自己，提升能力；二是我认为和大家成为同学是我的荣幸，能为像大家这样的优秀人才服务是我的幸福，能为(5)班贡献力量是我的幸福。

我初一下学期就入了团，是我们学校第一批入团积极分子，从那时起便一直负责班上的共青团工作，积累了一定的经验。我的工作理念可以引用邓小平的话："解放思想，实事求是，团结一致向前看。"首先，我们班一定要有创新精神，敢为人先，敢为天下先，要成为一个敢想敢干的班集体。这就要求我们跳出条条框框去思考问题，创新思路，解放思想，建设创新型的充满活力的班级。其次，我认为"实事求是"应和"稳中求进"一起成为我班班团干部工作的总基调，在学习生活中搞形式主义，除了麻痹自己以外改变不了班级评比，改变不了宿管扣分，不但不能取得任何意义上的进步，反而还会开倒车。因此，我们要直面现实，敢于刮骨疗伤和向顽瘴痼疾开刀，是什么样就是什么样，实事求是地看问题。最后，集体的灵魂在于团结，"一荣俱荣，一损俱损"，心往一处想，力往一处使，方能激发行稳致远的强大合力。我们不能拘泥于过去，正如尹老师指出的"我不喜欢了解你的过去"，我们要向前走，就要在总结过去后放眼未来。这就是"向前看"。

让我们秉持"敢为人先，追求一流，崇尚卓越"的华附精神，善于"自省、克己、慎独、力行"，追求"人品与学识齐进，激情与理性同行"，让优秀成为一种习惯，让学习成为一种信仰，为把我班建设成为在成绩与素质上走在全级、全校前列的先进班级而不懈奋斗！

谢谢大家！

主题班会五　为人处世：中学生如何与人相处

一、班会设计及思考

"我还是喜欢原来的班级，现在的没劲。"

"我很孤独，找不到可以交朋友的人。"

"班上的同学都很幼稚，跟他们没什么可聊的。"

"为什么每天待在一起的同学的关系更容易出问题？"

…………

当学生或孩子发出这样的抱怨时，作为教师或家长的您是否意识到，学生或孩子的人际交往状况可能出现了问题。

厦门科技中学心理老师高亚席对中学生的人际关系和心理健康状况进行了专题调查，结果显示：三成中学生存在不同程度的人际关系问题。

高亚席说，人际关系已日渐成为困扰中学生的重要问题，如何引导中学生通过交往相互学习，构筑良好的精神世界，获得身心健康成长，值得家长、教师和全社会共同关注。我们知道，人际交往是正常人生活中不可缺少的重要内容，也是保持人精神与心理健康的基本需要。随着全面发展教育的实施，中学生除了要有丰富的文化知识外，还要具备健全的人格，尤其要有正确处理人际关系的能力。

陈江汉认为："中学生还处在思想品德和世界观形成的阶段，因而，中学生人际关系的改善，人际关系心理的成熟，仰赖于学校良好的人际关系环境的影响。"[①]

从教以来，多次听到家长谈起孩子难以处理人际关系的问题。如在 2020 年 9 月 23 日高一家长委员会上，一位家长提出一个要求：学校应在教育方面多给学生一些为人处世的指导。听到这位家长的发言，我不禁想起媒体的

---

① 　陈江汉：《中学生人际关系及其环境营造》，载《福州师专学报（社会科学版）》，1999(5)。

报道，我深有感触！是的，我们的学生正处于一个转折期，他们的学习和生活需要关注，他们的心理更需要引导！对学生，我们需要的是引导而不是关照！引导是永远的，因为它能够从根本上解决学生存在的问题，而关照是暂时的，可能无法让学生内心深处的情感得到释放。

二、班会适用时间

高一开学初期。

三、班会内容及过程

1. 学生展示问题(引导学生想一想在生活中、在与人相处的过程中是否遇到困难或者有什么障碍。以无记名的方式写到纸上并上交)。

问题 1：舍友们都不喜欢我，被人排挤的感觉很难受。其实刚住校的时候我和大家相处得不错，一起聊天、吃东西。可是后来大家对我就冷淡了，我很困惑。

问题 2：我非常矛盾，因为学习、朋友两者无法兼顾，为了让自己能够安心读书，我故意冷淡自己的好朋友。昔日的好友慢慢都有了新的朋友圈子，我想找个人聊天都很难，于是情绪低落，学习成绩也未能上去。

问题 3：我成绩很好，可是，我很难接受晚修时，同学们经常拿问题来问我。因为，有时觉得同学基础太差，无法帮助他。更何况，帮助同学也耽误了我的学习时间……

问题 4：我很少与人交流，因为见了人，我不知道该说些什么。渐渐地，我成了"边缘人"。

问题 5：我看不惯那些个性张扬的人，看不惯那些自私自利的人，每当我觉得他们的言谈举止不恰当的时候，我就喜欢说出来。结果，我发现很多同学对我有看法。

问题6：我和一个男生关系比较好，可是，有一天他竟然对我说："我喜欢你!"我听后又怕又气，我不知道该怎么办……

问题7：交了朋友没过几天就闹翻了，因为我总觉得被同学当成了工具。

问题8：我总觉得父母、老师、同学的关心太啰唆……

问题9：有同学借了我的钱，可是他似乎忘记了，我又不好意思问他，我不知道该怎么办……

2. 教师提问：同学关系为什么不和谐？你反思了吗？

学生讨论，分析原因：

①态度傲慢，事事"以我为中心"，不顾及他人的感受。

②不注意细节，做事大大咧咧，不分场合，不分时候，或者说话嗓门大。

③没有遵循平等、互利、宽容、尊重、真诚等原则。

④性格比较内向，交往圈子单一，比较孤僻，喜欢独处，不太喜欢参加集体活动。

⑤与人交往特别是与异性交往时缺少一个度，容易让人产生误会。

…………

3. 教师支着：尹军成老师告诉你讨人喜欢的几条原则。

①不必什么都用"我"做主语，说话时常用"我们"开头。

②有人在你面前说某人坏话时，你只微笑就行。

③不要过于在意别人对你的评价。

④坚持在背后说别人好话，别担心这好话传不到当事人耳朵里。

⑤对事不对人；或对事无情，对人要有情；或做人第一，做事其次。

⑥自我批评总能让人相信，自我表扬则不然。

⑦不要把别人的好，视为理所当然，要知道感恩。

⑧为每一个上台唱歌的人鼓掌。

⑨不要期望所有人都喜欢你，那是不可能的，让大多数人喜欢就是成功的表现。

⑩学会"倾听"，理解他人的真正心声。

⑪优雅得体的言谈举止有助于给人留下良好印象。

主题班会

⑫恰如其分的赞美使人愉悦，过度的奉承则有失诚意。

⑬不用有求必应，而应量力而行。

⑭养成"推己及人"的心理习惯，善解他人"爱屋及乌"的心理特征。

⑮宽以待人，严于律己，善用"内方外圆"的处世哲学。

…………

四、聆听智慧的宣言

1. 说话要谨慎，多想少说。

2. 不轻易许诺，答应了的事就一定要做到。

3. 切勿错过赞扬他人的机会。

4. 给人以真诚的关注，让每个遇到你的人都感到他是重要的。

5. 精神饱满，嘴角上扬。

6. 对有争议的事不存偏见。

7. 不听不传小道消息。

8. 嘲笑，必得不偿失，还可能造成意料之外的伤害。

9. 不要在意别人对你的尖刻评论，学会超脱。

10. 不急于求回报，把帮助他人而得到的欣慰作为最好的回报。

主题班会六　激扬生命：压力，人生的香料

一、班会设计及思考

生活中，许多人把压力当成负担，视之为洪水猛兽，远之，避之，逃之。其实，适当的压力不但无害，往往还能激发一个人奋斗的激情和动力。

步入高中，随着课程增多、知识加深、任务加重，以及成绩和排位的变动，学生在思想上也会产生压力，因这种压力而产生的情绪就是莫名其妙的烦恼和躁动；而人际关系的不和谐，也会产生压力，随之出现的就是急躁或孤僻。

随着学习的深入和考试的逼近，有的学生心情日益紧张和烦躁，深感压力重大。面对学习压力，有的学生会选择逃避。作为班主任，我们应该通过积极的引导，明确告诉学生：机遇与挑战并存，压力与动力同在！

我们应该告诉学生，如果在没有压力之下生活、工作或学习，就会像毫无目标、缺乏方向的航船一样，容易迷失在浩瀚的大海之中。倘若生活、工作或学习没有压力，很多时候，我们就会变得慵懒、拖沓、迷惘，甚至是行动迟缓、思想呆滞、没有活力。而慵懒、拖沓、迷惘的人面对迎面而来的冲击或压力，或是惊慌失措，或是束手无策，或是痛不欲生。作为中学生，我们应该坦然面对生活，激情书写人生。我们应该用坚强的意志、豁达的胸怀去排解压力。否则，就像在狂风暴虐的大海上行船的人，如果不敢与狂风抗衡，而是被狂风的气势所吓倒，那么就有葬身海底的危险；如若以顽强的毅力与狂风拼搏，就一定能到达胜利的彼岸！

二、班会适用时间

高一第十周。

三、班会内容及过程

(一)展示学生问题

操作指导：可以通过学生的周记或与学生谈话来了解学生存在的问题，然后把集中的问题列出来，让学生讨论后再做引导。

"我"的思想

1. 作业越来越多，知识越来越难，做题的速度越来越慢，测试的分数越来越低，身心逐渐疲惫……"我"似乎在落伍，"我"该怎么办？

2. 处在这个高手如云、藏龙卧虎的班级，昔日的光环逐渐暗淡，优越感逐渐消失……

3. "我"曾经是佼佼者，可是，来到这个人才济济的群体，"我"落后了怎么办？（不要沉溺在昨天的美好回忆中，要用行动书写自己的将来！）

4. "我"按照老师的要求去做了，可是"我"还是落后了，"我"怎么办？面对他人的优秀表现，"我"觉得自己就是一只"丑小鸭"。天啊，"我"压力好大呀！

5. "奥赛"就是"我"实现梦想的捷径，即使不是捷径，应该也是"我"的"面子工程"吧。毕竟，大家都参加了，况且"我"曾经还是胜利者，而现在，却……你叫"我"面子往哪儿搁？（今天没理智地要面子，明天痛苦地没面子！）

6. 大家都在为班级建设出谋划策，尽心尽力，而"我"被扣分了，"我"为班级抹黑了，"我"本来就难过，可是，老师还在不断地强调，"我"觉得真是……老师，其实，"我"也有压力啊。

7. 我们班是需要打造成一个品牌，但是，我们不必事事冲锋在前，我们也是凡人啊。只要学习成绩好了就行了。何必如此辛苦，如此兴师动众、大动干戈？想是这样想，但是，我们还是害怕输给别人！

8. 学校制度如此"苛刻"，班级压力如此巨大，"我"觉得整天就是生活在高压之下，"我"觉得这不是人过的日子。哎呀，社会都疯了……（今天不吃苦，明天多吃苦！今天不努力工作，明天努力找工作！）

9. 作为班干部，"我"以身作则，可是有的班干部和同学却……在班级里，"我"是一个普通人，"我"做好了，可是有的班干部和同学却……那"我"不就是"傻子"？"我"做好了，谁知道？

10. 父母的骄傲、老师的赞赏、同学的美慕在满足自己虚荣心的同时，也压迫着自己的心……莫名其妙的烦恼……

(二)学生讨论缓解压力和排除烦恼的方法

学生1：有的时候学不进去那就放松一下，和同学聊聊天，如果在家就高声唱歌，练练琴，这些方法都很好使。有一次，我憋得不行了，抓起枕头就往墙上抢，发泄完感觉很轻松。再不行就出去跑上几圈，让自己极度疲劳，回来再补充营养，歇一歇，再学习。

学生2：给亲朋好友写信，将压力、烦恼一吐为快。

学生3：看电影。这其实是个好方法，当感到抑郁时，可以看个喜剧片。

学生4：当心情烦闷时，看看青山绿水，看看袅袅炊烟，泛舟江湖之上，疲劳、苦闷之感顿消，这也是我国古人常用的解忧方法。何以解忧？唯有旅游！

学生5：让自己彻底放松一天。读一篇小说，唱歌，品茶，或者干脆什么也不干，就坐在窗前发呆。这时候关键是你内心的体味——一种宁静、一种放松。

学生6：记住今天发生的一件好事，回到家后，同家人分享。

…………

(三)教师定音

1. 直面压力。

压力是把双刃剑！它既可以让你力举千钧，也可以使你不堪重负！成功与否，取决于你对它的态度。

我想告诉你的是——

压力这场暴风雨是一个筛子。胆小的、思前想后的，都被它筛了下去，留下的都是有胆识的和不怕吃苦的人。

拿破仑说："我的下士当任何一支军队的上尉都绰绰有余！因为他们都能够迎难而上！""将士们，在战斗中你们经常会处于孤立无援的境地，有时甚至只有你一个人，难道你就会被恐惧吓倒吗？你就不战斗了吗？记住，惊慌失措永远不会拯救你!"

2. 机遇与挑战并存，压力与动力同在!

在静谧的非洲大草原上，羚羊每天从梦中醒来时，它的脑海里闪现的第一个念头就是：我必须跑得比最快的狮子还快，不然我就会被狮子吃掉！与此同时，狮子也从梦中醒来，它的脑海里闪现的第一个念头就是：我必须赶上最慢的羚羊，不然我就会被饿死。于是，几乎在同一时刻，狮子和羚羊都腾空而起，朝着朝阳奔去。这就是生活——无论你是羚羊，还是狮子，你都必须在太阳升起的时候，毫不犹豫地向前飞奔!

(四)教师方法推荐

应对压力的十个有效方法

1. 以一颗随遇而安的心去对待生活学习中的各种事件，学会接受和适应环境的变化。在面对压力时，保持冷静和乐观的心态，以便更好地应对问题。

2. 如果心情不好，那就不去想它。如果还是想，那就让自己忙起来，让自己没有空闲去想它，让自己充实地过好每一天。如早晨醒了以后不要恋床，抓紧起来，忙起来，推开窗，呼吸清晨的新鲜空气，放松全身，将自己想象成一只快乐的小鸟……

3. 选择一个空气清新、四周安静、光线柔和、不受打扰、可活动自如的地方，取一个自我感觉比较舒适的姿势，站、坐或躺下。

4. 活动一下身体的一些大关节和肌肉，做的时候速度要均匀缓慢，动作不需要固定的格式，只要感到关节放开、肌肉松弛就行了。

5. 做深呼吸，慢慢吸气然后慢慢呼出，每当呼出的时候在心中默念"放松"。

6. 将注意力集中到一些日常物品上，如看一朵花、一盏烛光或任何一件柔和美好的东西，细心观察它的细微之处。

7. 闭上眼睛，去想象一些恬静美好的景物，比如蓝色的海水、金色的沙滩、洁白的云朵等。

8. 做一些与当前具体事项无关的而自己比较喜爱的活动，如游泳、洗热水澡、逛街、听音乐、看电视等。

9. 寻求能够倾听、提供反馈或以其他方式帮助你的人的支持。

10. 允许自己为与变故相伴的损失而伤心；不要低估它对你的影响。即使积极的改变，也可能有损失的方面。

四、聆听智慧的宣言

1. 不管如何，人生不如意事十中有九，不如意时也能豪放大笑，把心中块垒驱散于外，这种性格开朗，从不失志的人，才是企业寻求的天才，才是有资格成为领导者的人物。——伊藤肇

2. 记住该记住的，忘记该忘记的。改变能改变的，接受不能改变的。——杰罗姆·大卫·塞林格

3. 我们确实活得艰难，要承受种种外部的压力，更要面对自己内心的困惑。在苦苦挣扎中，如果有人向你投以理解的目光，你会感到一种生命的暖意，或许仅有短暂的一瞥，就足以使我感奋不已。——杰罗姆·大卫·塞林格

主题班会

主题班会七　学法指导：
注重学习方法，提高学习效率

一、班会设计及思考

中学时代是人生的春天，是青少年长身体、长知识、形成人生观的一个十分重要的时段。明确为什么学习、怎样学习，是每一个中学生必须认清和学会的问题。

可是，有不少学生不会学习！例如，一些学生看上去很用功，成绩却不理想。学生很痛苦，家长很困惑，教师很无奈。面对学生的痛苦、家长的困惑，我们真的束手无策吗？作为教师，特别是作为班主任，我们应该引导学生注重学习方法，提高学习效率。可是，如果一味地由教师讲方法，内容似乎又显得单调，或是与学生的实际不相符；如果是学生来讲方法，又会出现"优等生激情满怀，待优生暗淡无光"的"一言堂"或"独角戏"等场面。

通过多年的观察和实践，我觉得学生大胆展示问题、教师引导学生谈学习方法、教师提供方法指引等都有助于学生注重学习方法，提高学习效果。这样，既可以兼顾个体的尊严，又能够满足大众的渴望。

二、班会适用时间

结合学生学习情况适时安排。

三、班会内容及过程

(一)展示学生问题

操作指引：可以先通过学生所写的周记或与学生谈话来了解学生存在的

问题，然后再把学生集中反映的问题列举出来，让学生讨论后再做引导。

学生1：科目多，我不知道如何分配时间。

学生2：平时见了老师也没有什么问题问，可是老师问的问题总是不会。

学生3：学完以后，考试前，不会归纳知识点，头脑中一片混乱。

学生4：按照老师的要求制订学习计划，可是制订的学习计划完成不了。

学生5：总觉得老师留的作业太多，总是完不成作业，总觉得学习的时间不够用。

学生6：看到别人投入地学习，自己却学不进去，心里很焦虑，而越焦虑越学不进去，怎么办？

学生7：容易忘记，学习的时候，觉得自己学得好，但是要求背和记忆的东西，在背完和记完后很快又忘记了。

学生8：学习的时候也就是老师在课堂上讲的时候，我听明白了，可是考试的时候，我却考不好。

学生9：上课时不能够专心听讲，总是走神，学这一科的时候，又想着那一科，心里总是无法安定下来。

(二)学生谈方法

学生1：保持愉快的心情，和同学融洽相处。一方面，每天有个好心情，做事干净利落，学习积极投入，效率自然高；另一方面，把个人和集体结合起来，和同学保持互助关系，团结进取，也能提高学习效率。

学生2：注意整理。例如，把各科课本、作业和资料有规律地放在一起。待用时，一看便知在哪儿。有的同学查阅某本书时，东找西翻，不见踪影，时间就在忙碌而焦急的寻找中逝去。

学生3：每天保证8小时睡眠。晚上不要熬夜，定时就寝，坚持午睡。充足的睡眠、饱满的精神是保证学习效率的基础。还要坚持体育锻炼。身体是学习的本钱。没有一个好的身体，再大的能耐也无法发挥。因此，学习再忙，也不可忽视体育锻炼。有的同学为了学习而忽视了体育锻炼，身体越来越弱，学习也越来越力不从心。

学生4：请密切注意——

清晨六问

1. 我今天的目标是什么？

2. 我的核心大目标是什么？

3. 我今天最重要的三件事情是什么？

4. 我今天准备学到哪些东西？

5. 我今天准备在哪些方面进步一点点？

6. 我今天如何更快乐一些？

静夜六问

1. 我今天是否完成了小目标？

2. 我今天是否更接近大目标？

3. 我今天又学到了些什么？

4. 我今天在哪些方面还做得不够好？

5. 我如何才能做得更好？

6. 我明天的目标是什么？

(三)方法指引

课桌美学

秩序是一种美。均匀、对称、平衡和整齐的事物能给人一种美感。简洁就是速度，条理就是效率。简洁和条理也是一种美，是一种教室和办公室的美学、工作和学习的美学。

我们应当养成如下良好习惯：

1. 物以类聚，东西用毕，物归原处；

2. 不乱放东西，学会常态化清理，养成整洁习惯；

3. 把整理好的东西编上号，贴上标签，做好登记；

4. 好记性不如烂笔头，要勤于记录，善于总结；

5. 处理事情的三个环节：第一，迅速落实。第二，迅速整理资料，以免学习资料弄乱或弄丢。第三，及时销毁，没用的资料要及时处理掉。

提高效率八法则

法则一：制订时间管理计划。

①计划每月、每周、每日的行程表。

②制定每日的工作时间表，当日事当日毕。

③设定每项活动的完成期限或跟进日期。

④制定应急措施，帮助应对意外情况。

法则二：养成快速的节奏感。

养成快速的节奏感不仅能提高效率，节约时间，还能给人以良好的作风印象。

法则三：养成整洁、有条理的习惯。

①据统计，一般人每年要把 6 周时间浪费在寻找乱堆乱放的东西上面。

②保持桌面整洁，桌面上只放当天要用的书籍和物品，其他所有书籍、物品按固定位置存放，要用时才拿出来。

③建立良好的文书档案系统，方便存档及查阅。

法则四：专心致志，有始有终。

①不要让突然而来的想法、主意，影响手头的工作，应把它记录下来，在方便的时候再考虑。

②尽量完成一项工作再开始另一项，切忌有头无尾。需要较长时间完成的重要项目，应安排大块完整的时间，避免时断时续的工作方式，原因在于停顿下来费时，重新工作时还需要花时间来调整情绪、思路和状态，才能在停顿的地方接下去干。

法则五：克服拖延，现在就做。

①人并不是因为跑得慢而赶不上火车的，而是因为出发晚了才赶不上的。

②应做而未做的事务不断给人压迫感，拖延者心头不空，因而时常感到压力，心力交瘁的同时，浪费了宝贵的时间。

③学习克服拖延的技巧，如设定完成日期，制订具体的计划。

法则六：善用零散时间。

①滴水成河，用"分钟"来计算时间的人，比用"小时"来计算时间的人，

更善用零散时间。

②零散的时间可用来从事零碎的工作。例如，坐车、等人时，可以学习、思考、阅读、更新工作日程、简短地计划下一个行动等。

③没有利用不了的时间，只有自己不利用的时间。

法则七：高效的阅读法。

①有目的地阅读。

②快速略读和重点详读相结合。

③归纳要点，在书上标记或记笔记。

法则八：高质高效的睡眠。

①培养随时随地入睡的能力。

②注重睡眠质量，不要只注重时间长短。

③合理午休，保持旺盛精力。

④心理训练，自我暗示与身心放松。

时间管理是一种习惯，也是一种心态。凡有成就的管理者都有如下四个特征：①明确的目标；②积极的态度；③自我激励；④良好的时间管理。

做好时间管理，就是做对的事情，就是把事情做对。

优秀学生的特质

做好以下事情，你离优秀就不远了：

1. 以学为先：学习是第一中心任务；学习是正事，理应先于娱乐。

2. 随处学习：每天晨练时或者在上学的路上记忆词语，每天刷牙时熟记一个生字词，等等。无论怎样各具特色，有一点是一致的，那就是保证学习时间，坚持不懈。

3. 准确的位置：重要的学习用品和资料用一个纸箱或抽屉装好，避免用时东翻西找。

4. 学会阅读：学会快速阅读，提高单位时间的阅读量，学会读一本书的封面、目录和插图，提前了解本书内容，获取更有效的信息；要当积极的读者，学会不断地提问，直到弄懂字里行间的全部信息为止。

5. 合理安排：讲究高效率，别人 8 小时完成的作业，你最好用 6 小时；

再晚也要完成当天作业。

6. 善做笔记：强调记笔记的功夫，优秀的学生往往一边听课一边记重点。有的在笔记本中间画一道线，半边摘录课文概要，另半边记下教师补充的东西。记笔记时，对自认为可能会考的知识点格外注意，课下根据这些知识点自编模拟题，并在考试前夕作出书面答案；如果哪里答得不圆满，就回过头来再复习；对需要记忆的知识尝试在一个月时间内偶尔关注它。

7. 书写整洁：一手漂亮的文字会为你争得印象分。

8. 及时提问：不要在课堂上和教师争论，可在课下与教师积极探讨更深一步的内容。

9. 学习互助：不要嫉妒同班学习好的同学，和他们的交流会让你眼界更开阔；经常和同学讨论家庭作业中的难题，使用不同的解题方法并交流心得。

10. 和教师关系融洽：喜欢问教师问题，喜欢帮助教师，见到教师能够积极主动地打招呼。

教师引导：革命尚未成功，同志仍须努力。我们需要用建立在知识积淀、自我认识基础上的慧眼，去发现我们存在的不足与缺陷，然后，怀抱一种克服缺陷、寻找完美的坚定信念，不懈努力，百折不挠，我们终会抵达成功的彼岸。

四、聆听智慧的宣言

1. 纸上得来终觉浅，绝知此事要躬行。——陆游

2. 读书有三到，谓心到，眼到，口到。心不在此，则眼不看仔细，心眼既不专一，却只漫浪诵读，决不能记，记亦不能久也。三到之中，心到最急，心既到矣，眼口岂不到乎？——朱熹

3. 我阅读关于我所不懂的题目之书籍时，所用的方法，是先求得该题目的肤表的见解，先浏览许多页和好多章，然后才从头重新读起，以求获精密的知识。我对该题目越熟悉，理解的能力就越增加，读到该书的终末，就懂

得它的起首。这是我所能介绍给你之唯一正确的方法。——狄慈根

4. 加紧学习,抓住中心,宁精勿杂,宁专勿多。——周恩来

5. 治学有三大原则:广见闻,多阅读,勤实验。——戴布劳格利

6. 学贵精不贵博。……知得十件而都不到地,不如知得一件却到地也。——戴震

主题班会八　启智润心：阅读，给你智慧和力量

一、班会设计及思考

2024 年 4 月 23 日，中国新闻出版研究院公布了《第二十一次全国国民阅读调查报告》。2023 年我国成年国民各媒介综合阅读率持续稳定增长，数字化阅读方式接触率增幅稍高于纸质图书阅读率。从成年国民对各类出版物阅读量的考察看，2023 年我国成年国民人均纸质图书阅读量为 4.75 本，略低于 2022 年的 4.78 本。人均电子书阅读量为 3.40 本，高于 2022 年的 3.33 本。人均纸质图书和电子书阅读量合计为 8.15 本，高于 2022 年的 8.11 本。成年人的阅读量在增加，作为学生，我们更应该投身"阅读的大军"中。

根据笔者调查，个别学生沉迷在卡通、漫画和"口袋书"中。我们的教师，除了叹息、指责、呼吁，很少去督促、参与学生的读书活动。似乎可以这样理解：因为我们工作强度大、时间紧。但是，如果我们能够积极地督促和参与，效果就会不一样！每当接手一个班，我都会要求我的学生在开学的第一个月向我推荐两部经典名著和一本他最喜欢的书。如果学生有兴趣还可以与我面对面交流。之后，每到星期五，我就提醒学生向我推荐好书。结果，我发现，我在学生的"逼迫"下，阅读的数量急速上升；学生在我的鼓励下，也迅速投身读书的热潮之中。最值得骄傲的是，每年所带的学生，都会打破学校图书馆借书的纪录。其实，学生不是不想读书，学生是缺少读书的时间，更重要的是学生缺少读书的兴趣和激情！

二、班会适用时间

结合学生学习情况适时安排。

三、班会内容及过程

(一)话题展示，学生活动

成长不可无书，成功不能无知。一切渴求成长、成功的朋友，都请与书籍为伍。

1. 扪心自问："我"读了多少书？"我"的阅读量够吗？

2. 请你在中学生必读的三十部名著里面任选十部名著，向大家说出这十部作品的书名、作者、书中主人公。

3. 说说你的读书故事或者是别人的读书故事。

(二)故事感悟，教师提点

可以是学生说或展示学生推荐的读书故事。

(三)读书报告会：同学谈读书感悟

读书，让躁动的灵魂安静下来……

梁静文

读一本好书，就是和许多高尚的人谈话。

——歌德

这段日子，我以从来没有过的热情贪婪地遨游在书的海洋里。我的思想"湮没"在书海里，我的灵魂在"贪婪"中升华。

春节后虽然回到了校园，可是躁动的灵魂依然无法平静。

开学初期，带着那颗意犹未尽的狂热跳动着的心回到了教室，脑子里还时常浮现出那些潇洒的"镜头"……

篮球场上，东奔西窜，笑声四起；电影院里，评头论足，与姊妹们窃窃私语，边吃零食边聊天的写意生活让我忘乎所以……一切的一切，似乎都让我回味无穷，我真是乐不思蜀了！

回到学校，我依然沉浸在美好的回想中！回想让我开始盼望那个可以让我回家的周末了！我知道，这是一个危险的念头，因为，我似乎忘记了学习才是我的任务，学校才是我的阵地！

为了克制这个念头，抑制躁动的心，我想起了老师的话——趁现在有点空闲的时间，读书吧，让躁动的灵魂安静下来！

我漫无目的地去班级书柜翻阅同学们存放的报纸杂志和名著。

然而，当我开始把心思放在阅读名著上时，我把对无忧生活的眷恋与渴求都抛到九霄云外了。精彩的故事情节吸引着我的心。

翻开《复活》，书中对监狱的描写让我深切地体会到了那些"根本没有犯罪的犯人"的无奈与彷徨；阅读《飘》中对战争的细致的描写，我仿佛感受到了人民处于水深火热中的痛苦……

读书，让我的世界安静下来了！

嬉笑声停了，我的耳朵旁传来的是书中人物的对话；情感涌动了，我的眼眶中饱含着泪水；头脑热了，我的胸膛里充斥着愤怒……

合上书本，我的心无法平静！课堂的铃声，让我遗憾，也让我期盼……

过去，我盼望周末，是能够回去潇洒；现在，我盼望周末，是能够让我安静地读书。

过去，我只要看到电视上正在播放娱乐新闻，便立刻从爸妈手中抢过遥控器，不让他们换台，因为我要掌握"娱乐第一快讯"；现在，即使电视上正在播放我最喜欢的音乐节目，我也只是淡然一笑，转身走进房间继续那个还没有看完的故事。

过去，遇到不会做的题目，我总喜欢大声抱怨或是在草稿纸上出气似的乱画一通；今天，是《飘》中的女主人公斯佳丽的坚强与不肯向命运低头的精神告诫我，坚强冷静才是解决问题的关键。

过去，我总是爱发脾气，要是同学做了错事，我总是怒火中烧；现在是《复活》中的女主人公玛丝洛娃的宽容教育了我，我开始懂得换位思考，将心比心了……

读书，安静地读书。纵然心里波浪起伏，书，能使我安静下来；喜欢读书，因为即使心里懵懂惆怅，我也能从中得到安抚。

庆幸来到了这个班，我投身读书的队伍中。是老师唤醒了我读书的热情；是书籍让我身处知识的海洋，让我躁动的灵魂安静下来！

四、聆听智慧的宣言

1. 书籍是生活的加速器。——尼克拉耶娃

2. 书籍是屹立在时间的汪洋大海中的灯塔。——惠普尔

3. 书籍是培育我们的良师，无须鞭笞和棒打，不用言语和训斥，不收学费，也不拘形式。——德伯里

4. 书籍是人类的编年史，它将整个人类积累的无数丰富的经验，世世代代传下去。——坎耶里

5. 优秀的书籍是抚育杰出人才的珍贵乳汁，它作为人类财富保存下来，并为人类生活的进一步发展服务。——弥尔顿

高二班会：自主成长　自我赋能

主题班会一　号角吹起：给未来以美好的期待

一、班会设计及思考

高一激动，高二躁动，高三冲动；高一含蓄内敛，高二浮躁张扬，高三紧张拼搏。针对不同年龄段和不同学段的学生，我们应该采取不同的策略。这样，工作才能够收到事半功倍的效果。

因为选科，高二再次调整或重新分班。针对高二学生因为熟悉而变得"滑头"的心理特质，我特别重视第一次班会的开展！因为我们班被称为强基班，我便在强基班三个字上做文章。我首先就强基班的内涵及意义进行了"提问"，目的有二：一是激发学生的荣誉感和使命感，二是了解学生的心态和期盼。为了让班会开展得更为顺利和有效，我从三个方面进行了思考：一是了解学生的需求并设计一个调查表，二是进行班干部竞选演讲，三是就未来班级建设的思考进行阐述。

班级的建设需要有动员能力。"动员能力是动员潜力转为现实力量的必要条件，没有这个条件，动员潜力仍然是'自在之物'。动员潜力的大小，决定动员能力发挥的限度；而动员能力的强弱，又决定着动员潜力转化为现实力量的程度。"①基于这个启示，开学初期，在了解学生的心态、心理及需求的时候，我开始从班级建设、个人荣誉及带班理念等方面进行了一系列的阐

---

① 钱寿根、王伟伟：《国防法学》，251 页，北京，解放军出版社，2010。

述。经过我的一番阐述，学生对个人思想有了进一步的思考，对班级建设有了更为深刻的认识，对未来有了更大的期盼。师生达成共识，班级工作开启新局面。

二、班会适用时间

高二开学第一周。

三、班会内容及过程

(一)调查表的设计示例

华附高二(5)班强基班"号角响起"调查表

第一部分：认识自我

1. 自我介绍。

2. 我最想担任的职务。

3. 我最喜欢的一本书。

4. 我最喜欢的一个人。

5. 我最喜欢的城市。

6. 我最喜欢的大学。

第二部分：走进强基班

1. 何谓强基班？

2. 我心目中的强基班。

3. 未来两年，"我"在华附强基班的角色定位。

4. "我"在华附强基班的奋斗目标。

第三部分：班干部竞选演讲

请就竞选的职位如班干部或科代表写一篇演讲稿。

（二）展示学生的自我认识

我用奋斗的姿态迎接未来

周靖哲

1. 自我介绍。

我是一个活泼外向的人，乐观开朗、积极向上都是对我性格适当的形容；而散漫、不经心，可能也会在我身上呈现。当然，在收到任务时，我有很强的责任心和将其好好完成的欲望，且会尽力做到最好。关于兴趣爱好，我涉猎广泛，动时乒乓球、羽毛球、篮球、街舞，静时读书、练字、观影、弹琴，都是我的快乐来源。而谈及理想，我希望与时代共同成长，走过的地方能留下我的脚印和存在过的痕迹，为国家、为社会作出贡献。

2. 我最想担任的职务。

生物科代表。科代表是一个可以很好地培养责任感的岗位，于我来说是一个极佳的锻炼机会；而想担任生物科代表源于我对生物的喜爱。

3. 我最喜欢的一本书。

何马的《藏地密码》。初次邂逅这部书，是在四年级。六七载时光，四五度重阅，次次都有新的体会。这是一部宏伟的小说，更是一部关于西藏的百科全书，人文地理、动物科普、自然探险……作者对景物描写的功力更是深厚。小时候读，它是一部引人入胜的小说；长大了再读，它是一座丰富的知识库。可以说，我的文学写作功底很大一部分由这部书打下。如今重新翻阅，依然爱不释手。

4. 我最喜欢的一个人。

周恩来总理。年少立志为国报效，身为富家子弟却仍能看见劳苦大众的痛苦和力量，知识广博、卓识远见的他，昔戎马倥偬之际运筹帷幄，后新中国成立为外交事业筚路蓝缕、鞠躬尽瘁，总理的贡献实在是太大太大。与总理同姓，我亦深感自豪。

5. 我最喜欢的城市。

吉林。我的老家吉林，北方的冬天，寒冷的天气可以抚平浮躁的心。东北人豪爽开朗，待人真诚，与之相处十分舒适，再有东北美食，实在令我难忘。

6. 我最喜欢的大学。

北京大学。北京大学是中国最顶尖的高校之一，亦是当年新文化运动和爱国运动的主要阵地。由著名教育家蔡元培主持改革，鲁迅先生设计校徽，加之陈独秀、李大钊、胡适等文学大家和社会运动家的足迹，北大早已成为民族精神传承之地。

(三)展示学生所向往的班级

1. 何谓强基班？

顾名思义，强基班就是为强基计划而开设的班级。

2. 我心目中的强基班。

教师和同学都非常优秀，教学相长；学习氛围良好，同学们互相学习、相互帮助、共同进步，既是竞争对手，也是很好的朋友。

3. 未来两年，"我"在华附强基班的角色定位。

我会将强基班当作一个新的开始，以学习和奋斗的姿态迎接未来。

4. "我"在华附强基班的奋斗目标。

我希望能在强基班里不断学习、提高自我，学会承受压力并将其转化为动力，为名列前茅而奋斗。两年后，我大学的目标是 C9 以上，最高追求是清华北大。

你我所向往的强基班
——看看我们的"心愿"

许越：

顾名思义，强基班就是以强基计划为教学目标的班级，而不只是以高考为目标。名字不同，意味着标准的提升，从准入门槛到学生平均水平，再到教师的平均水平，可见一斑。因此，我心目中的强基班，应该是一个全面发展的班级，从常规到学习，各方面都很优秀，同学们团结互助，共同进步。

在人才荟萃的华附，未来两年，我将会不断成长为一名更加优秀、数学更加突出的强基班学子。因此，我认为自己会以不断上升的"黑马"的姿态出现。同时，我有着一个比较高的目标。目标远大，才更有利于行动的实施。作为强基班学子，我的目标是 C9 起步，争取北大或者复旦。

熊瑞林：

强基班是学校为培养参与强基计划的人才而专门设立的一个班，但不局限于强基计划，强基班是为一群优秀的学生提供更大发展空间的班级。

强基班的丰富的课内外资源，促使同学们在各个方面提升自我。强基班也是素质教育的实践地，同学们的自我管理能力很强，大家会在讨论和自我探索中寻找问题的答案。

未来两年，我希望以跟随者的姿态在强基班出现，跟随教师的脚步，跟随每一名拥有各自特点的优秀的同学们，多向他们学习，汲取他们的学习经验，并结合自己的实际情况作出适当的调整，从而使自己能不断进步，逐渐向前追赶。

李衍志：

本人认为，强基班不仅要培育成绩优秀的学生，还要注重立德树人，为国家输送德才兼备的人才。强基班的同学们要发扬创新精神，厚植爱国意识，一日三省自身，为国家的建设尽自己的一份力量。

强基班应该是一个谦逊的班级，一群优秀的人聚在一起，要做到"择其善者而从之，其不善者而改之"，要像石榴子一样紧紧地抱在一起，以班级为荣，踊跃为班级的建设尽自己的一份力量。

未来两年，我希望我能在这个优秀的班集体中不断地充实自己，触类旁通，在学习更多知识的同时修身养性，摒除杂念，和同学们团结在一起，友好相处，做一个纯粹的学生。

未来两年，我将以昂扬进取、志存高远、跬步疾行的姿态出现在(5)班。我将做好充分的心理准备，迎接未知的挑战。路曼曼其修远兮，吾将上下而求索。

(四)教师解读华附首届强基班

华附首届强基班解读

1. 首届：首屈一指，一马当先。

要"勇立潮头"：旗帜，标杆，排头兵，领头羊，雄狮，老虎，白天鹅。

要"敢为人先"：独树一帜，独一无二，独领风骚。狭路相逢，勇者胜。明知山有虎，偏向虎山行！

要"稳居前列"：名列前茅！力争第一，永远坐第一排！稳居第一是常态，名列第二是失态。

2. 华附首届强基班学生自我定位。

学生：现状是优秀学生，未来是社会栋梁；班级：品牌班级、模范集体。

3. 树形象：高大上、精气神。

(1)我的定位：我是强基班的优秀学生，我是能说会道善写的华附英才！

(2)我的精气神：自律胜于他律！不用扬鞭自奋蹄！响鼓不用重敲！我是一个自律自觉自强的华附学子！自我赋能、自主成长、自觉兴华。

(3)我的"抱负"：实现个人价值，服务社会！

(4)我的学习目标：班级前10名，年级前100名。

(5)我的目标大学：清华、北大。

4. 华附首届强基班学生自我价值的实现策略、途径和方法：体魄＋思想＋心态＋意志＋方法。

(1)你要有强健的体魄：身体是革命的本钱：野蛮其体魄，文明其精神。

(2)你要有健康的思想：识大体，顾大局，弘扬正气，传递正能量。

(3)你要有积极的心态：向上，向善，向阳。

(4)你要有顽强的意志：抵制诱惑，克制欲望，再撑一百米。

(5)你要有良好的方法：智取威虎山，直捣黄龙府。

(五)班干部竞选演讲

班级生活委员竞选演讲

敬爱的老师，亲爱的同学们：

大家好！我叫陈泽辉。很荣幸能来到我们这个星光闪耀的班集体，并在这里参与班级生活委员的竞选。

首先介绍我想竞选生活委员的理由：我是一个具有研究型性格的人，适合需要耐心与责任心的工作。我也希望在服务同学的过程中，更好地了解各位同学，并向大家学习。

然后分析一下各位选我做生活委员的优势。在华附高一，我担任了一年生活委员，取得了不错的成绩，也有较多的经验。在具体工作中，我将会合理考虑各位同学的时间需要，尽力公平高效高质量地完成我们的卫生任务。

最后希望各位同学认可我的能力，并给予我服务班集体的宝贵机会。谢谢大家！

科代表竞选演讲

敬爱的老师，亲爱的同学们：

大家好！

我是周靖哲，我今天要竞选的班干部是生物科代表。科代表，作为科任老师的得力助手，不仅仅是个布置收发日常作业的"工具人"，更是一个学科的"领头羊"。当然，这里的"领头羊"不一定指成绩，更多的是起督促的作用。因此，科代表要做同学们的榜样，首先需要做好自己，如按时交作业、认真完成老师布置的任务等。我自信有这个能力在生物这一学科做好科代表的工作。

同时，担任科代表对我来说是一次很好的锻炼机会，可以帮助我增强责任感，以及获得协调工作的经验，还有与老师、同学沟通的技巧，让我的能力得到进一步的提升。高一时我做了一年的班长，在班级管理方面收获了很多经验；如若成为科代表，我就能在这一方面继续学习和成长。相信在这个岗位上，我可以和同学们相互促进、共同进步。

选择生物，则是因为我很喜爱这门学科，希望能做一些相关的工作。

希望能够得到同学们的支持！谢谢大家。

（六）阅读材料

刘扬对"自我认识"和强基班的思考

刘 扬

我是来自华南师范大学附属中学高二(5)班的刘扬。我是一个乐观开朗，坚韧求知的 16 岁男生。我平常喜欢阅读，各种类型的书籍都有涉猎；有时也会与朋友一起打打篮球、羽毛球，去操场跑步锻炼身体；更钟情于辩论和探究的过程，前者是"凡事都问为什么"的驱动力让我加入学校辩论社后培养出的一种思维习惯，后者则是我渴望获得做学问时忽然间"打通任督二脉"的感受而主动作出的选择和尝试。也正是如此，在生活中我经常会进行"头脑风暴"，尝试从不同方面去解读世界规律，再站在各种视角下分析和解决问题。这已然成为我的内在驱动力，是我面对困难的时候用哲学的眼光去解决问题的关键方法。

因此，我对自己的理想设定也遵从这样的原则，希望通过思考和探究打破不合理的范式，去探求世界更加本真的模样。在多年的学习生涯中，无论是兴趣使然还是学习结果反馈，都使我在"为了人们更好地生活"的道路上不断前进。了解到目前国家的发展趋势，更精密的仪器的制造和迫在眉睫的问题都需要通过材料的构建来"搭桥"，于是我把自己的主要目标定在高分子材料的研究上。我从书中阅读到"太空电梯""高强度弦"的设想，期望能把它们变成现实中常见的工具。我一度敬佩民国时期的爱国实业家侯德榜先生，他对我们国家的纯碱工业的贡献绝非仅仅"侯氏制碱法"五个字而已，还有这之中蕴含的原理与实际工业制备中精妙绝伦的设计，这是"独属于化学研究人的浪漫"。当然，为了一直葆有对世界的好奇心，我也不会停下各个方面的知识学习和思考，我会用哲学的气息装点心灵，争取把生活过得有一种"哲思的美感"。前几个月反复捧读了孟德斯鸠的《论法的精神》，虽然以现在的知识水平无法全面吸收，但我从孟德斯鸠的视角看到了他对现实社会制度中"法的基本精神"的剖析和思考，与对理想社会中人各安其位需要推崇的法律原则的尝试。

进入新的班级，兴趣驱动着我尝试申请化学科代表的职位，职责推动着我踏实地做好每一件事。几年的化学学习与研究过程让我积累了一定的学科知识，培养了不错的学科能力。2021年，我有幸参与省"英才计划"，进入中山大学的实验室做了一些深入的实验，也因此获得了更加前沿的知识，掌握了先进仪器的使用方法，也坚定了对化学学科的热爱和专注。结合我的理想，我更喜欢能够培养我的研究能力，并且能让我做更多有意义事情的学校。北大、清华的化学专业是国家特色专业，在国内排前二，是我首要冲击的目标；然后是在研究方面比较精尖的中国科学技术大学、南开大学等。综合多方面考虑，如果能在北京大学学习化学专业，就能学习到更多样的知识，也能站在更高的视角，切实地"改造中国""改造世界"。我青睐北京大学，因为学科专业的巨大魅力，更因为北大的学术风气、自然风光和社团活动是数一数二的。北大的教学水平和学生氛围自然不用多讲，如果有机会前往学习能收获很多；"骑车经过校园，吹着未名湖的风"是一种生活的惬意和浪漫，也是我想要追寻的环境；社团活动中我还是尤其倾情于北大的辩论协会，不仅是因为在我关注的大赛中，辩协取得了优异的成绩，也是希望能将高中培养的兴趣爱好和思维习惯带到大学，完成个人的蜕变。北大坐落于首都北京，浓厚的历史氛围和文化动力能给正处于青春年华的我以精神给养，更因为儿时涉足的缘故，心中充满了对这座大都市的向往。

有幸能够进入强基班学习，我感到了一定的压力，当然更多的是上进的动力。强基班通过学校优胜筛选，对标高校强基计划，是一个优秀的集体。在我心目中，强基班是一个人才云集的地方，各位同学因优秀的学习成绩相遇，各有不同的学习优势，同学们的学习能力也毋庸置疑。强基班应该是一个团结乐观的集体，一个教学相长、有着浓厚学习氛围和明确目的的集体。未来的两年，身为强基班的一员，我将以更加细致的安排和严谨的执行力融入集体，保持求知的心态，广泛听取批评建议，在提升自己的能力的同时，主动付出，为维护班级的和谐和团结出一分力。进入华附强基班，我初步设置的目标是每日任务明确，执行力提升，专注力提升；往大了走是各学科学习协调，运动和爱好合理安排；再往上走就是保持自己"定"的心态，在常规中调节自身，用自律武装自己，最终实现目标。

道阻且长，先须自强。期望在未来的两年和强基班的同学们共同进步，为集体作出贡献，培养责任感与使命感，进而成长为一个有学识有勇气的高素质现代人。我相信我会带着这份责任，努力奋斗，迎难而上，在中华民族伟大复兴的道路上奋勇前行！

主题班会二　学会感恩：感谢，感动，感恩

一、班会设计及思考

生命因感恩而精彩，心境因感恩而平和。作为教育工作者，我们更应该注重"感恩教育"，引导学生感恩亲人，感恩教师，感恩生活！如何引导？我们可以从讲述中华民族素有尊师重教的优良传统开始，如子贡尊师、程门立雪等历史典故，如教育家徐特立 60 岁寿辰时，毛泽东同志致信祝贺说："你是我二十年前的先生，你现在仍然是我的先生，你将来必定还是我的先生。"

二、班会适用时间

顺应学校、年级安排的感恩月活动，设计班会。

三、班会内容及过程

（一）故事导入，明白感恩的含义

2021 年 12 月 10 日，《人民日报》发表的《老师收学生 140 条腊肉？背后的故事太动人》一文，感人肺腑：1 月 28 日，彝历新年后，四川凉山瓦吾小学的孩子们，纷纷从家中拿来腊肉送给支教老师。虽然家里都很远，有的孩子单程就要两个多小时，但孩子们足足送来 140 多条腊肉，最重的有 20 斤，乒乓球桌被堆成了"小山"。据学校老师曲比史古介绍，这所海拔 2700 多米的学校里有 17 名老师，大多数是来自全国各地的支教老师。当地有个传统，在彝历新年，给长者或者尊重的人送去腊肉，"这是最开心最有荣誉感的事"。随后，老师们把收到的腊肉做成午餐与孩子们一起分享。看到孩子们纯真的笑脸，老师说，"比吃什么都香"。……

2020 年，何雨情到四川大凉山支教，她既教四年级语文，又上美术、音乐和舞蹈课。在学校支教的日子，她一直都被爱和感动包围着："有一次，我们家访结束，被家长拦住不准走，原因是他们在抓鸡，要给我们带回去，我们不愿意要，悄悄溜走。第二天，两个学生拎着母鸡和土豆，直接放在我的宿舍门口。"支教结束后，何雨情回到广东工作。今年5月，她重返学校看望孩子们。当再次告别时，十几个孩子执着地追着车，一边跑，一边偷偷抹眼泪，直到车辆消失。

立德树人，教育工作者特别是班主任，要引导学生学会感恩，要提醒学生感恩，要教育学生感恩！没有父母养育，没有师长教诲，没有国家爱护，没有大众助益，我们何能存于天地之间？所以，感恩不但是美德，而且是一个人之所以为人的基本条件！

(二)讨论：为什么要感恩？怎样感恩？

讨论一：

1. 为什么要感恩父母？

2. 为什么要感恩教师？

3. 为什么要感恩自然和身边其他的人？

学生先自己思考，然后再进行小组交流。

讨论二：

1. 怎样感恩父母？

2. 怎样感恩教师？

3. 怎样感恩自然和身边其他的人？

学生讨论摘录：

学生1：所谓感恩，就是要记住别人对自己的恩惠，学会报答那些给予自己帮助的人。

学生2：感恩是一种责任，一种担当。作为新时代青年，面对挫折和压力，不轻言放弃，能够迎难而上，热爱生活、珍惜生命等，也是一种感恩！顽强拼搏，努力奋斗就是对父母、对社会的一种感恩。

学生3：学会感恩，让爱传递。坚守"投我以木桃，报之以琼瑶""滴水之恩，当涌泉相报""吃水不忘挖井人"的处世信条。感恩是一种爱的传递，它像一颗种子，播撒在世界的每一个角落。

学生4：感恩自然。大自然给予了我们丰富的资源，温暖的阳光、清新的空气、美丽的风景等等，我们应该以一种感恩的心态、崇敬的态度欣赏和保护它们。

··········

教师总结：

刚才几位同学都说了自己对"感恩"的理解，非常好。老师想，在生活中，我们首先要感恩的是父母，因为他们生养了我们。其次，我们要感恩的是老师，因为他们教育了我们。另外，我们还要感恩朋友，因为他们促进了我们的成长。我们还要感恩自然，因为自然给了我们阳光雨露、蓝天碧树和四季变换。可以这样说，面对生活，我们就要怀着一颗感恩的心。

(三)教育学生表达感谢，善于感恩

1. 放假回家后，及时与父母沟通交流，面对他们的关心、担心，要告诉他们：我已经长大了，作为一名高中生，我会克服困难，做最好的自己！

2. 进入高中阶段，面对亲朋好友的关心，要展现一个优秀中学生的素质：谢谢您的关心！未来，我会在您的提醒和关心下，结合我自身的实际情况，进行学习计划或内容的优化，从而提升自我！

3. 让问候、祝福和祝贺成为一种习惯。问候、祝福和祝贺，不仅仅是一种礼节，更是一种情感的传递，一种文明的体现。节假日，给亲朋好友发一条问候、祝福的短信吧！

··········

(四)来自学生的问候

祝福短信(一)

尹老师：教师节快乐！值此特殊的节日，感谢两年来您对我的教导。如果没有"自我赋能，每日一语"，我可能无法保持充沛的精力走过高三的征途；如果没有晚自习的那些教导和解惑，我可能不会那么自信，那么勇敢！

主题班会

学生现在已经迈向人生新的征程，时常想起您的教导，时时鞭策自己成为一个完整的人。尽管暂时有些波折，但我相信我的人生之路一定会无比独特和亮丽！

再次祝您教师节快乐！

刘××

祝福短信（二）

尹老师好！三年的高中时光，您对我心态、状态等的指导让我能够在广州这个陌生的环境里保持正确的前进方向。来自佛山的"乡土情怀"也成为我适应华附、冲刺高考的心理宽慰和精神支柱。好几次在办公室里促膝长谈的画面我至今记忆犹新！今天是教师节，千言万语表达不尽我内心的感激和敬意，真心祝您工作顺利！身体健康！天天开心！！

向××

祝福短信（三）

尹老师，教师节快乐！其实如果要我说您教了我什么，我很难说出具体的东西，但我觉得这就是教育吧——一棵树摇动另一棵树，一朵云推动另一朵云，一个灵魂唤醒另一个灵魂。您对我的改变和影响是显而易见的。感谢您一路陪伴与指导！人生海海，遇见您，吾之幸！祝您身体健康、万事顺意！

刘××

感恩短信

亲爱的尹教授：

您好！我是"优秀学生"杨佳静，也是代表第三组发言的组长。也许并未让您留下深刻的印象，但在与您相处的两天的语文课堂中，怀揣的敬畏之情在交流后更附上了一层尊敬的意味，在您的身上有从容，从容地面对同学们提出的疑惑；有专业，过硬的学科素养和广阔的知识，为我开启了一扇通往美好明天的窗户；有眼界，能够指出我们的不足，但也不吝啬表扬……

我在您的身上真真切切地感受到了您对教育的见解和热爱，因为我的梦想也是成为一名光荣的人民教师。昨天的我还未能明白其中的真谛，今天的我已能拨开云雾，了然地迈向前方。同时，您是纯粹的，是那种简单、干净的纯粹，让我在浮躁的生活中找到一丝慰藉。谢谢您，让我看到了育人的魅力。

其实，一天的学习真的很累，但今天临走前您的教诲一遍遍地向我输入"真气"，给予我能量，仍然是"谢谢"二字，谢谢您给了我自信，我也会朝着自己的梦想前进。就把这一封感谢信当作我日记本上崭新的一页，希望我也能像您一样热爱生活，感受美好，与同学们碰撞出思维的火花。谢谢您！

高明一中学生

四、聆听智慧的宣言

1. 那些忘恩的人，落在困难之中，是不能得救的。——伊索

2. 人家帮我，永志不忘；我帮人家，莫记心上。——华罗庚

3. 感谢是美德中最微小的，忘恩负义是恶行中最糟糕的。——英国谚语

4. 蜜蜂从花中啜蜜，离开时营营地道谢。浮华的蝴蝶却相信花是应该向它道谢的。——泰戈尔

5. 忘恩比之说谎、虚荣、饶舌、酗酒或其他存在于脆弱的人心中的恶德还要厉害。——英国谚语

主题班会三 正确追星：关于中学生"追星"的思考

一、班会设计及思考

"星"是黑暗中的光，是努力的方向，是精神的指引。人都有慕强心理，若"星"是积极正面的，追星就会激发人的内驱力，最终使自己变得更好。

"如何引导学生正确追星？"已成为当下教育中的一个难题。

我们对媒体报道的"追星一族"的狂热和痴迷似乎感到不可思议。细细想想，其实也可理解，毕竟爱"星"之心如爱美之心一样，人皆有之，只是程度不同而已。通过聊天、观察、开展问卷调查等，我们发现，个别学生对娱乐明星的喜爱达到了痴迷的程度。面对这种情况，我们是严厉批评还是善意引导？法国思想家、作家蒙田说，我不希望教师唱独角戏，一个人讲个不停；我建议他反过来听听学生是怎么想的。苏格拉底及后来的阿凯西劳斯都是先让学生讲，然后他们才给学生授课，因为他们深知教师的权威不利于学生的学习。智者的语言也许能够对我们有所启发。

二、班会适用时间

根据班级具体情况适时安排。

三、班会内容及过程

(一)话题展示，学生讨论

话题展示一：你最喜欢的明星是谁？你喜欢哪一种类型的明星？(科学之星、体育之星、娱乐明星……)

说出你喜欢的明星的名字，并讲讲与他有关的故事。按照你的理解给

"明星"下个定义，并谈谈你对"追星"的看法。

(二)扪心自问，灵魂洗礼

(给学生 5～10 分钟的时间思考以下问题，不必发言)

1. 你曾经有过疯狂的追星行为吗？

2. 你身边有狂热的追星一族吗？你是怎样看待他们的？

3. 你追星注重的是明星的形象还是其内涵？(你注重的是他的外在的光环还是内在的精神历程？)

(三)故事感悟，教师提点

1. 话题展示，学生讨论。

展示与"追星"相关的新闻，引导学生展开讨论。

2. 教师调查资料展示。

同学们，追星没有错，也许是追星的方式错了。阅读如下诗歌，谈谈你的感受。

冰心的《繁星》中有这样一首小诗：

> 成功的花，
>
> 人们只惊慕她现时的明艳！
>
> 然而当初她的芽儿，
>
> 浸透了奋斗的泪泉，
>
> 洒遍了牺牲的血雨。[①]

成功的花是泪和血滋润的结晶，是奋斗和牺牲孕育的蓓蕾。奋斗是痛苦的，浸透了眼泪，牺牲是壮烈的，洒遍了热血，而奋斗和牺牲是通向成功的阶梯。

关于"想不想当明星？"这一问题：在被调查的 189 名学生中，有 145 名喜欢当明星，约占总人数的 76.7％，其中最主要的原因如下：

当明星可以获得鲜花和掌声；可以上电视，让大家都认识你、欣赏你；

---

① 冰心：《繁星·春水》，25～26 页，南京，江苏凤凰少年儿童出版社，2018。

可以尽情地展示自己的才华；可以使自己变得更前卫、时尚、漂亮；可以练就高雅的气质与表现力；可以唱歌、拍电影、拍广告，有一笔好的收入，过富裕的生活；可以带给大家更多的快乐，同时自己也会获得快乐。

"你觉得追星好不好？好在哪里？不好的原因是什么？"

关于上述问题，有 116 名学生觉得追星好：他们普遍认为追星能陶冶情操，使自己身心健康，增长知识；有 43 名学生觉得追星不好：认为追星会影响学习，学生应以学业为重；剩下的学生处于中间立场，认为在没有事的情况下可以追星，这样会使人消除疲劳、劳逸结合。

教师引导：

理智地追星，有选择地追星，学习明星们那种对事业执着追求的精神，会使人们悟出一些人生的哲理，陶冶人的情操，催人奋进。有消息说武汉的 1500 名小学生正在把"杂交水稻"之父袁隆平当作实力派偶像来追；还有学生把发明激光照排技术的王选当作明星榜样！从他们身上我们学不到任何扮靓装酷的方法，但是在他们朴实无华的外表下，我们学到了刻苦钻研、勇攀科学高峰的精神，以及为国家作出突出贡献、为祖国争得无上荣誉的爱国情怀。

3. 故事感悟，情感升华。

"追星"袁隆平　媒体：理应受到的礼遇和尊重
人民网

2019 年 9 月 16 日，湖南长沙。湖南农业大学举行开学典礼，中国工程院院士袁隆平出席并致辞，学生欢呼尖叫，上演"大型追星现场"。袁隆平在讲话中告诫学生要躬行实践、厚积薄发，除了学习书本知识，也要多到田间走走。

媒体关注：理应受到我们的礼遇和尊重

人民日报官方微博：袁隆平到湖南农大出席开学典礼，校园成了大型追星现场。一位步履蹒跚的"90 后"，被生龙活虎的"90 后""00 后"追捧，追星追到田埂上，这种感觉，真的挺棒。袁隆平只有一个，但将饭碗牢牢端在自己手里的中国行动，还得有后来者。这个社会致敬什么样的人，就会诞生什么样的人。

中国新闻网："经常有人问我成功的'秘诀'是什么？我的体会是知识、汗水、灵感、机遇这八个字。""杂交水稻之父"袁隆平 16 日在长沙参加湖南农业大学 2019 级本科新生开学典礼时，向学生们分享了他的八字成功"秘诀"，并寄望与他们共同实现水稻高产和杂交水稻覆盖全球梦。

中国之声：袁隆平出席湖南农大新生开学典礼，开学典礼秒变大型"追星"现场。演艺明星和科学家不能简单比较，青少年喜欢追星也无可厚非。但尊重知识尊重科学家应成为社会共识，一个不尊重知识的社会肯定有问题。青少年可以追星，但更应该多追一下"科学家"明星。

工人日报官方微博：袁隆平出席湖南农业大学 2019 级新生开学典礼，受到青年学子热烈欢迎。袁老带领他的团队，为中国这个人口大国的吃饭问题作出了不可磨灭的贡献。而在鲐背之年，他仍在为自己的杂交稻梦想努力。这个时代最应该追的星，理应受到我们的礼遇和尊重。

网友：这才是我们应该追的星！

网友冯明明 Jenny：致敬袁老！您让亿万的人有饱饭吃！

网友靓家布艺：这才是我们该追的星！光芒四射又永不褪色！

三筒文娱：在他面前，我眼睛都睁不开～亮瞎我眼了。

网友沽酒千酿：看到上了年纪的袁隆平院士颤颤巍巍走上主席台，一字一句告诫农大学子，他仍为梦想奋斗，我的心里就像有一只蓝鲸翻跃出了海面。仅仅做梦是不够的，要树立理想，为了实现理想而奋斗。祝袁老身体健康！

为袁隆平欢呼尖叫，是"追星"新境界

90 岁的人了，一没所谓颜值，二没彪悍的演技或歌喉。高龄如此，还被热追，还没有过气，这样的例子，恐不多见。但凡"明星"，皆有代表作，一部影视剧、一本书、一首歌……而袁隆平的"代表作"便是世间最平凡也最了不起、最有形也最无形的——当人们吞咽着饭粒的时候，就能真切地感受到。世间杰作就该是这个样子：触及我们的肠胃，也触及我们的梦想。从温饱不足到即将实现全面小康，这个历史性的进程，令国人为之骄傲。其间出现了太多的"巨星"，而袁隆平就是响当当的一位。

从这个角度而言，与其说人们在追"星"，不如说是在和每一个领域的侠之大者交心，并向他们致敬。侠之大者，为国为民——这些年来，袁隆平每一次出现在公众视野，都让人感慨他的有情有义、心系天下。谁能想到，十多年前，他身上习惯性穿着的只是十五元的衬衫。可是，"十五元"裹着的身躯，却时时散发着为苍生而思而作的惊人能量。这样的人，岂不可爱？岂不可敬？

追星，大概是当下最容易办到、最不需"教"的事。那种爹娘可忘明星不可忘、挤碎机场玻璃只为睹红颜的追星糗事，或许说明了某些追星族的"黏度""忠诚度"，但可惜的是，这样的做法，已经背离了初衷。

当然不能强求所有的追星族追谁不追谁，但值得一提的是，"追星"的境界大不同。

家国情怀和民生情怀始终荡漾在大江大河上，温暖着我们的视线。"袁隆平"们的人生叙事，正无声地诠释着这些情怀。"多到田间走走"和走入祖国的"星空"，感受壮美内涵，同样有意义。（现代快报　伍里川）

…………

主题班会四　向阳而生：弘扬正气，传递正能量

一、班会设计及思考

罗丹说："在艺者的眼中，一切都是美的，因为他的锐利的慧眼，注视到一切众生万物之核心，如能发现其品性，就是透入外形，触到它内在的'真'。这'真'，也即是'美'。"朝夕相处的日子里，我们常常因为忙碌的工作或紧张的学习而忽视生活中的点点滴滴，于是，很多时候，我们觉得生活平淡无奇。因为这种心态的出现，我们的生活就如同歌曲《不能这样活》中所唱的："春夏秋冬，忙忙活活，急急匆匆，赶路搭车，一路上的好景色，没仔细琢磨，回到家里还照样，推碾子拉磨。"

带着一双不再挑剔的眼睛和一颗宁静的心才能善于发现生活中的美。美永远是珍贵的，也永远是平凡的，它就在我们身边，让我们擦亮眼睛——用心去感悟，发现身边的美！人生处处有美景，我们需要一双发现美的眼睛。我们留心去观察、去发现，总能发现那令人惊叹的美景——没被过多地装饰，但令人陶醉。为了凝心聚力，为了弘扬正气，传递正能量，我开展了"（5）班精神大讨论"和"美就在身边——说说同学的好"的活动。这一活动的开展，滋润了学生的情感，升华了学生的思想，净化了学生的灵魂！

二、班会适用时间

结合班级实际情况适时安排。

三、班会内容及过程

(一)(5)班精神大讨论:美的集体
(5)班精神:优秀的集体成就优秀的个体
张沛垚

高一刚入学时便在军训期间写过《我心目中的优秀班级》一文,那时初来乍到的我对班级有无限的憧憬和期盼。而如今在(5)班身上,我看到了那些闪闪发光的特质。

团结友爱,凝心聚力。(5)班同学和睦相处,关系友好,没有恶意,没有歧视,没有孤立,彼此间都能相互帮助,真诚相待。"和"是这个班集体最重要的标志。集体只有团结了,才能凝聚成强大的向心力。校运会、羽协杯、军训……许多重要的大型活动中,(5)班都朝着一个目标,携手奋进,这是(5)班精神。

大方分享,合作共赢。(5)班卧虎藏龙,而最让人感动的是大家都毫不吝啬自己拥有的东西,都愿意拿出来和他人分享。无论是一道题的解法还是学习策略技巧、经验心得,都有问必答。在合作交流中碰撞出新的火花,双方都受益良多,这是(5)班精神。

张弛有度,收放自如。(5)班是个活泼欢快的班集体,有同学们在,气氛总不会低沉,时常充满欢声和笑语。该松弛的时候松弛,该紧张的时候也绝不马虎,能收能放,注意场合,及时调整状态,这是(5)班精神。

我仍是那句话——优秀的集体成就优秀的个体。感恩遇见,感谢(5)班,未来,希望在我和你的努力下,让(5)班更好。

(5)班精神:不择细流,有容乃大
吴佰峻

讲台的一角里沾满尘埃的小黑板静静矗立,黑板上灵巧却难免风霜驳痕的字迹依然清晰可辨:"这是一个有班魂的集体。"不禁遐想,究竟何为(5)班的"班魂"?"(5)班精神"确有所指,又指在何处?手边几本近来翻阅的武侠

小说似乎让答案映入脑海。

(5)班精神，如"降龙十八掌"，正气凛然，班级中无不充盈着正大刚直的浩然正气。作为前任书记的李昀霖同学就是弘扬正气的最典型代表：军训期间的班干部选举，李书记昂首阔步的英姿、慷慨激昂的演讲、挥斥方遒的风采，班魂在那一刻便悄然奠下了基石。从此，校运会、水运会、羽协杯等赛事之中，不断有运动健儿挺身而出，为班争光。在此，要致敬所有为班级拼搏、奉献过的同学们，大家齐心协力，形成了自强不息的(5)班精神。

(5)班精神亦如"凌波微步"，轻灵优雅，活泼中不失深刻的厚重、端庄。艺术节、华附"春晚"，也不乏(5)班英才的身影。台前，我们的"主持人""小歌手"在聚光灯下尽显(5)班的优雅风采；幕后，我们的"音效师""摄影师"积极奉献给观众一场声、光、影结合的感官盛宴。木棉树下，青春飞扬的小广场上，我们的"驻唱歌手""键盘手"迎着同学们专注的目光陶醉地展示着青春的旋律。(5)班精神就是万众瞩目下的风华正茂、怡然自得，就是"不管风吹浪打，胜似闲庭信步"的自信与悠扬。

(5)班精神，朴实无华，踏实稳重。(5)班学子在学习与生活中游刃有余，把握了踏实的学习节奏；在学业与课余活动间收放自如。最深层的五班智慧往往来自最朴实的(5)班作风：学习上把握重点，巩固每个知识点，一步一个脚印，坚定地迈向成功的彼岸。

原来，所谓"(5)班精神"不是什么秘不示人的武功典籍，也不是神乎其神的神兵利刃，更不是可望而不可即的霸主宝座。(5)班就是一个生龙活虎的"江湖"，每一个看似不经意间翻涌起的浪花，皆可称之为"(5)班精神"，犹如无尽江海，不择细流，有容乃大。

(二)(5)班优秀学生：美的个体——说说优秀的你、我、他

张子文自评：

自信乐观，勤奋上进。你不是只会学习的"书呆子"，而是足球、篮球、羽毛球样样精通的全能少年。欣赏你解数学题时飞舞的灵感，敬佩你面对膝盖伤病时的通达与乐观。正所谓"不能将你打败的困难，只会让你更加强大"，我相信身体上的一时挫折并不会削减你的信心，届时，你一定会球场

考场双腾飞！

刘扬自评：

你是个热情似火，追求生活乐趣的人。课堂上，你积极思考，保持学习节奏，高质量完成学习任务；课堂外，你状态活跃，善待同学，分享独到见解，有自己的热爱与追求。周记里记录了你每一次思想左右互搏后凝集的精华；言谈中流露出的除了诚恳善良的气质外，还有静心定力的志气；书桌前羡慕你端坐专注的姿态……希望你能保持好奇心和创造力，更加认真地落实人生路上每一个足迹，稳固基础，稳定心态，稳定进步！

刘扬评王京蕾：

夫京蕾之所美，莫美乎聪明；聪明之所贵，莫贵乎知人。知人诚智，则众材得其序，而庶绩之业兴矣。是以京蕾著文章，则立稳重浮躁之辞；叙讲演，则别风俗雅正之志；制诵读，则发众庶之灵气；躬自学，则有立强基之准。故诚仁必有温柔之色，诚勇必有矜奋之色，诚智必有明达之色。其三材皆备，其德足以厉风俗，其法足以正天下，其术足以谋庙胜，美哉！

张友易自评：

我是一个积极上进的人，学习起来认真勤奋，也在反思中不断进步。随着高中学习时光流逝，我也在不断地学习如何适当抓住闲暇片刻，锻炼身体，调整内心状态。本学期，我开始坚持在晚自习课间于操场跑步锻炼，每天都能用运动方式刷新自己。在班级里，我和大家越发熟悉，便也打开了我"幽默风趣"的话匣子，每日同身边人有说有笑，互相学习，共同进步。如今我在学习中摸索，不断寻找正确的学习方式，也在感悟中发现"新大陆"，日后稳扎稳打，成功指日可待！

张友易评张伟韬：

虽然和他刚作同桌不久，但在之前很长一段时间里我们也常有交流。午休时他在我的对面，二人时常闲聊两句，互相有所了解。我眼中的张伟韬是一个很好相处、开朗随和的朋友。他这个人，玩笑时随性自在，认真时也不失严谨。对于学习，他对自己的要求很高，勤奋而善于思考，能够总结自身薄弱之处并加以改进；在谈到将来的打算时，也很有自己的想法和追求，对专业和职业的选择有自己的热爱和思考；我学习遇到问题向他请教时，他总是细致解答，颇有耐心；他还是校运会三级蛙跳的冠军，令曾经自以为弹跳力不错的我望尘莫及。张伟韬就是这样一个勤奋、上进的好同学，我很乐于结交这样一个朋友。

四、聆听智慧的宣言

欣赏别人，是一种包容，更是一种智慧。放弃狭隘的眼光，走出孤芳自赏的怪圈，学会欣赏他人，懂得欣赏他人，你会感到生活多姿多彩。

1. 人生在世，学习的东西太多，不要只知道看自己，还要善于去欣赏别人的闪光点。

2. 学会欣赏别人，你才能更好地欣赏自己。

3. 学会欣赏别人，就像我们欣赏自己一样。

4. 欣赏别人，就像我们欣赏花朵一样，要用心去体会。

5. 欣赏是对自己的肯定，也是对他人的认可，更能使你获得精神上的享受。

6. 人生的路，不是一个人走的，需要有人陪着你一起走。学会欣赏别人的优点，学会欣赏自己的缺点，才能让你在这个世界上活得更轻松！

7. 在人生的道路上，我们要懂得欣赏别人。欣赏别人，就像一朵花开在一条泥泞的小径上；欣赏自己，就像一条鱼游到了大海里。

8. 培根说："欣赏者心中有朝霞，漠视者心中尽荒芜。"

9. 夸奖人的时候，不可静如秋水，要七情上脸。不要以为喜形于色是不老练的举动。别人的进步，值得我们为之欢欣鼓舞，并且让对方毫无疑义地感知我们的赞美和欢愉。

10. 欣赏是一种幸福，是一种少数人才能享受的幸福。大千世界，芸芸众生，自以为是者多，懂得欣赏别人者少；自私自利者多，专门利人者少。欣赏滋生幸福，幸福需要懂得欣赏。

主题班会五 热爱生活：我们为生命本身好好活着

一、班会设计及思考

青少年处在人生观、价值观形成的时期，思想还不成熟，面对日趋激烈的学习、就业、情感及人际交往的压力，有时缺乏正确的判断力和解决能力。生命教育刻不容缓。通过生命教育，引导青少年树立积极向上的世界观、人生观和价值观，珍惜生命，健康成长，为构建和谐社会、幸福家庭作出应有的贡献。如何让学生感受生命的重要，一堂班会课无法说透，但是，我觉得，一堂班会课能够让学生明白生命的可贵，唤醒其生命的激情就够了。班会课，我通过"听听毕淑敏的《我很重要》""同学讨论，教师引导""情感氛围营造""热爱生活，珍惜生命诗歌朗诵会"等环节来传递"生命可贵"的理念。

二、班会适用时间

结合班级实际情况适时安排。

三、班会内容及过程

（一）听听毕淑敏的《我很重要》

毕淑敏在《我很重要》一文中这样说：

对于我们的父母，我们永远是不可重复的孤本。无论他们有多少儿女，我们都是独特的一个。

假如我不存在了，他们就空留一份慈爱，在风中蛛丝般飘荡。

假如我生了病，他们的心就会皱缩成石块，无数次向上苍祈祷我的康复，甚至愿灾痛以十倍的烈度降临于他们自身，以换取我的平安。

我的每一滴成功，都如同经过放大镜，进入他们的瞳孔，摄入他们心底。

假如我们先他们而去，他们的白发会从日出垂到日暮，他们的泪水会使太平洋为之涨潮。面对这无法承载的亲情，我们还敢说我不重要吗？

"也许你很平凡，也许你很普通，你没有干出惊天动地的伟业，也不会在史册上永垂不朽，但是，你作为一个生命来到这世上走一遭，就注定了在你个人的历史上也将是一片辉煌。因为，对你的父母来说，对你的爱人来说，对你的子女来说，对你的友人来说，对你的事业来说，你都是不可或缺的，都是别人无法替代的，你确实很重要！"这就是作家毕淑敏对生命的解读。

(二)同学讨论，教师引导

学生1：热爱生命应该先爱护自己的身体。

学生2：人活着，不仅为自己，也为关心我们的父母。

学生3：人活着，遇到困难是不可避免的，不能轻易放弃生命。

学生4：努力学习是爱护生命的一种表现。

学生5：认真活着是对自己负责，也是对亲人负责。

学生6：自杀、自残以及自甘堕落都是最懦弱的行为，也是最不负责任的行为。古人尚知身体发肤受之父母，不能稍加毁伤，更何况我们。

学生7：好好活着吧，没有什么比生命更宝贵。活着，是责任，是义务，也是权利。一息尚存，就不要轻言放弃。俗话说，留得青山在，不怕没柴烧。活着，才能继续开创崭新的局面；活着，才能继续感知生命的美好。

学生8：当我们遇到困难的时候，除了冷静应对以外，还应该积极寻求帮助。

…………

教师点评及引导：生命只有一次，活着就是坚强，活着就是幸福，活着就要活好！好好活着就是珍惜与亲人的每一时相处、与家人的每一刻相守、与朋友的每一次相聚，好好活着就是珍惜一份血浓于水的亲情、一份肝胆相照的友情、一份依依不舍的恋情，好好活着就是珍惜每一缕温暖的阳光、每一袭淡淡的花香、每一个晴朗的天空，好好活着就是让我们的生命不留下遗憾，好好活着就是让我们自己和他人健康、快乐、充实、从容和更加精彩，好好活着就是要倍加珍惜我们生命过程中所拥有的一切。

（三）情感氛围营造

我们该用什么态度面对死亡？

张沛垚

"死是一个必然会降临的节日。"几年前第一次读到这句话的时候内心就受到极大震撼，这是经历双腿瘫痪的巨大打击后的史铁生在地坛沉思时发出的慨叹。或许是中华传统伦理观念长久积淀形成的思想影响，"死亡"在长辈的话语习惯里始终是一个被忌讳的词语，小孩儿是不能随便乱说的。而事实上，当代中国人，尤其是年轻一代，对于"死亡"的理解往往带有鲜明的个人色彩和开放态度。人们对"死亡"有了更加从容成熟，有些甚至可以称得上"浪漫"的超脱观——我们叹叹气承认死亡就像博尔赫斯说的"人死了就像水消失在水里"，或是卡尔维诺概括的"死亡是你加上这个世界再减去你"，但同时我们也带着希冀相信，死亡会如村上春树所言——"并非生的对立面，而作为生的一部分永存"，以及余华口中的"死亡不是失去生命，而是走出了时间"。

打算下笔写这个主题，是因为清明这天看到《人物》公众号上收集的活动答案"100个普通人的墓志铭"，翻看一条条来自陌生时空的陌生人写下的墓志铭，仿佛走过了很多段漫漫人生路，看见许许多多处在不同人生阶段、拥有不同身份、体验着不同生活、持有不同人生态度的人对自己这一生的评价或期许。在短短的几十个字里，我快乐着他们的快乐，痛苦着他们的痛苦，追求着他们的追求。墓志铭是生命的总结，听着似乎天然地沉重，但在这些人笔下，却带点活泼、带点趣味，甚至带点调侃。比如："别偷吃我的贡品！（理由：真的有人偷吃贡品）"；"广告位招租"；"丰盛，但是无用（理由：总结反思自己的生活状态，哪怕没有经济适用也要精神丰盛）"；"该乘客已前往下一目的地"；"这个人一生都忠于自己"；"你说，我在呢（理由：希望来墓前怀念死者的人有安全感)"……在这些墓志铭里，爱、自由、勇敢、值得、快乐等词语太多太多次出现，提醒我们不必惧怕死亡，但更要记得向自己向往的生命终点方向过好活着的每一天。

海德格尔在《存在与时间》中提出了一个概念：向死而生。"当你无限接近死亡，才能深切体会生的意义。如果我能向死而生，承认并且直面死亡，我就能摆脱对死亡的焦虑和生活的琐碎。只有这样，我才能自由地做自己。"这是海德格尔对无可回避的死亡给出的终极答案，是一种"生命意义上的倒计时法"。每一个呱呱落地的生命，就像一张等待油墨洗礼的白纸，像一张尚未拨开迷雾的旅行地图。降临之初，我们满怀期待；在生命旅途的尽头，我们希望无愧于此生。

"向死而生"是一种温和却坚定有力量的生命态度。我们活着的时候就要有强烈的使命感，有创造过程的美好和精彩，有热切的渴望和亟待实现的理想，如此才能在人生的终点毫无负担地说出："告诉他们，我度过了幸福的一生。"

(四)"热爱生活，珍惜生命"诗歌朗诵会

1. 教师朗诵食指的《热爱生命》。

教师解说：诗人食指本名郭路生。有人说，食指是中国当代新诗第一人；有人说，食指是中国朦胧诗的创始人；更有人不乏景仰地把诗人食指称为一代诗魂，因为他的诗歌曾经那么深刻地影响、鼓励、陶冶过整整一代人。

诗人以异乎寻常的坚毅和刚强、执着和热烈，以一种近乎悲壮的口吻告诉我们，不管人生多么艰辛，不论命运多么坎坷，都必须以越挫越勇、坚韧不拔、百折不回的精神向命运挑战，实现生命的价值。这一切都昭示了诗人那崇高而严正的命题："相信未来，热爱生命"。诗人在另一首诗歌《书简》中也这样写道："我们应当永远牢记一条真理/无论在欢乐还是辛酸的日子里/我们的心啊，要永远向前憧憬/这样，才不会丧失生活的勇气……"

2. 学生朗诵汪国真的《热爱生命》。

学生说明：《热爱生命》是汪国真的代表作之一。这首诗以四个肯定的回答，表达了为何要热爱生命的哲理。在我读来，诗人热爱的不是最终的成功

和未来的美好结局，不是爱情的获得和奋斗目标的实现；诗中溢出的热爱，其实是一个过程、一种追求。"风雨兼程""吐露真诚"……这些都是热爱的种种表现。热爱生命，不是因为想要获得而去热爱，而是因为热爱而最终获得。这样，诗歌的主题就升华了。

《热爱生命》是一首非常适合朗读的抒情诗歌，也可以作为励志的诗歌来读。我相信，只要心中有爱，有着对生命的热爱，一切美好的结局也就在意料之中了。

四、聆听智慧的宣言

1. 本来，生命只有一次，对于谁都是宝贵的。——瞿秋白

2. 我总觉得，生命本身应该有一种意义，我们绝不是白白来一场的。——席慕蓉

3. 生命的路是进步的，总是沿着无限的精神三角形的斜面向上走，什么都阻止他不得。——鲁迅

4. 尊重生命、尊重他人也尊重自己的生命，是生命进程中的伴随物，也是心理健康的一个条件。——弗洛姆

5. 我们一步一步走下去，踏踏实实地去走，永不抗拒生命交给我们的重负，才是一个勇者。到了蓦然回首的那一瞬间，生命必然给我们公平的答案和又一次乍喜的心情，那时的山和水，又回复了是山是水，而人生已然走过，是多么美好的一个秋天。——三毛

主题班会六　思想净化：让躁动的灵魂安静下来

一、班会设计及思考

在欢声笑语中，长假悄然过去，人们又将投入繁忙的工作和学习中。但"节后综合征"却常常影响人们的工作和学习效率。

节后的一周内，不明原因的恶心、眩晕、肠道反应、焦虑、神经衰弱和过敏的人数都有大幅度增加。此外，感觉厌倦，提不起精神，工作效率低下，等等，这些都是节后综合征的典型表现。

长假过后，学生也会出现上课注意力不集中、早上起不来等"节后综合征"。

要预防"节后综合征"，就必须教育学生主动调整心态，调节生活规律。作为班主任，我们应该积极、及时地做好引导工作。而引导工作需要围绕班级工作和学生思想情绪来开展，主要是通过获取学生的假期总结性文字来唤醒(激发)学生的思想。说白了，做通了学生的思想工作就解决了一切问题。

二、班会适用时间

高二下学期第一周。

三、班会内容及过程

(一)扪心自问——你安静下来了吗?

你安静，世界就安静！

教师提问：假期，你做了什么？经过一个星期的校园生活，现在，你躁动的心安静下来了没有？如果说，上周二的晚上，你是为了应付班主任布置的作业，那么，今天，你认认真真地思考了你这个学期的学习和生活了吗？难道，你还能用"颓废""潇洒""后悔"等字眼来安慰、原谅、麻痹自己吗？

（二）寒假面面观

1. 教师做了个调查，现在公布如下——

学习型（思考）：埋头苦干，奋勇直追。23人。

见识型（视野）：游山玩水，开阔眼界。9人。

义工型（实践）：奉献爱心，服务社会。4人。

潇洒型（玩乐）：上网、娱乐，逛街购物。3人。

亲情型（感情）：探亲访友，感悟真情。15人。

2. 学生寒假一瞥——

学习方面，完成了教师布置的作业，还自己动手研究科技节参赛作品，虽然没有成功，但乐在其中，学在其中。此外，看了《鲁迅散文集》、《世说新语》和《我的童年》，视野开阔了不少。

娱乐方面，一家人参加镇里举办的环镇跑、游园活动，还去登山了，吸收天地灵气，增强体魄。

生活方面，能主动向别人问好，在家做饭，陪奶奶聊天，减轻爸妈的负担，承担起看管弟弟的重任。

实践方面，跟随学校红十字会前往福利院，以一个志愿者的身份与那里的一些有智力障碍的儿童共度了一个下午。在那间色彩斑斓的温馨小教室里，我看见的却是触目惊心的画面。那些不幸的小不点儿们或呆滞的表情，或不甚协调的动作，说实话，让我震惊，但更多的是同情与感恩。很难想象，他们眼中的世界是怎样的，他们的父母为何狠心抛弃他们，他们今年春节将怎样度过，他们以后的漫漫人生路将如何去走。也许，当初去福利院是因为学分，因为好奇，因为无事可做，但离开之后，我得到了更多。

(三)寒假反思，学生朗读

我的寒假

利靖丰

22 天的假期实在是太漫长了。这些天里，生活秩序完全被打乱了，弄得我晕头转向，不知该干什么好，原来的计划行动就此打住。真奇怪，上学的时候想放假，放假的时候却想上学。没有秩序、没有纪律、没有安排的生活实在是难过，有时还得呆坐着看时间跟自己作无声的告别。唉，心里怪空虚的。

休息之余，学习是少不了的。假期里，我每天都抽出一点时间来学习，预习新课、背英文单词、摘抄美文、做寒假作业等。学会劳逸结合，做事才能事半功倍。我觉得，这样放假才有意义。

假期后的思考

22 天的寒假转瞬即逝。回到熟悉的校园，我不禁静静思考高中的第一个寒假。我真想看看，自己收获了多少……

回顾

春节前，我一口气看完了《无翼的飞翔》，还跑到书店去买了那本渴望已久的《宋氏三姐妹》，手不释卷地阅读了一大半。那十几天时间里，我能够让自己静下心来，把房间收拾得漂漂亮亮，把家务处理得井井有条，卸下了部分的作业担子……感觉上，那十几天时间都没有白费。

但是，当新年的钟声将要敲响之际，节目便开始丰富起来。团年饭、拜年、外出游玩等家庭活动占据了大部分时间。感受着周围浓郁高涨的春节气氛，看着自己大吃大喝过后微微变胖的身躯、喜获"丰收"的利是袋，我难免地便有了一点忘形。幸亏到了大年初六，我自觉要开始调节心情，才慢慢从过年的忘我状态中清醒过来……

期望

返回校园意味着新学期拉开帷幕，新的机遇与挑战再次迎面而来。我扪心自问：对自己有何期望呢？其实，要细数这些美好的期待确实不易，因为人总是希望往高处走，永远都会有新的期望。不过，这个学期里，我真的迫切地希望提高一下自己的办事速度。生活上要在原有的基础上继续进步，学习上更要一改以往的拖拉习惯，咬紧牙关要求自己不能拖、不能欠，今日事今日毕！

另外，我希望自己可以充分利用学校、家里的书籍资源，提高阅读量，充实一下大脑里的知识库，不能再对一本本好书有心而无力！目前，我已基本确定了选科的路向——文科。但尽管如此，我也不会让自己对理科掉以轻心。因为偏科的恶果我已经尝过，真的很苦、很涩。虽然理科的难度又增大了，但我要告诉自己：挺住，坚持，总有顽强的意志和巧妙的方法战胜困难！

(四)本学期班级目标

1. 实现月月荣获"文明标兵班"光荣称号的目标。

2. 实现宿舍"零扣分"的目标，向五星级宿舍进攻。

3. 实现"成绩永远战胜平行班和同类班"的目标。

4. 创建"书香班级""和谐班级""文明宿舍"。

5. 用真情和热血书写"我的辉煌""班级神话"。

6. 实现把"真情留在班级，用行动感化他人"的目标。

(五)教师支着，应对综合征

提示语："看"完同学的寒假生活，你有什么感受？也许，你为自己无法安静和无法迅速投入学习而苦恼。那么，我教你几招。请听——

1. 睡眠：保证睡眠时间，以饱满的精神面对学习。

2. 备忘录：尽快使心态恢复到节前，可写一张便签式的备忘录，将未尽事宜和头几天要办的事情罗列其上，做到心里踏实，一目了然。

3. 运动：用运动缓解睡眠紊乱和身心疲惫。长假期间，玩乐过度，甚至通宵活动，打乱了人体正常的生物钟，造成睡眠紊乱和身心疲惫，这些可以通过运动来缓解，如快走、慢跑、打球等，让身心"动"起来。

4. 看书：趁比较"空闲"的时候，看自己喜欢看的书。

5. 展望：回顾过去，展望未来。想想自己的雄心壮志，把自己的理想写下来。这样，激情会在思考和想象中迸发。

6. 观察：观察同学们特别是成绩好的或者勤奋的同学的学习情况，再想想"对手在拼搏，我在干什么？"这句话的含义。你就会在危机感中奋勇前进。

四、聆听智慧的宣言

1. 有志者，事竟成，破釜沉舟，百二秦关终属楚；苦心人，天不负，卧薪尝胆，三千越甲可吞吴。——蒲松龄

2. 我的最高原则是：不论对任何困难都绝不屈服。——居里夫人

3. 古之成大事业大学问者，必经过三种之境界。"昨夜西风凋碧树，独上高楼，望尽天涯路"，此第一境也。"衣带渐宽终不悔，为伊消得人憔悴"，此第二境也。"众里寻他千百度，蓦然回首，那人却在灯火阑珊处"，此第三境也。——王国维

4. 古之立大事者，不惟有超世之才，亦必有坚忍不拔之志。——苏轼

5. 你若要喜爱你自己的价值，你就得给世界创造价值。——歌德

五、班会素材集锦

短暂却充实
——寒假总结与反思
陈悦华

跟随着春天的脚步，我们从冬天的美梦中苏醒，在壬寅虎年中播撒希望，挥洒汗水，书写一段新的传奇。新桃换旧符之际，我是多么留恋那一段寒假时光啊，因此有必要小结寒假之旅，承前启后，懂得继承才能更好地创新。

寒假的时光飞逝，短暂却充实。除却总共一星期的赶作业的时间，我能回忆起的碎片流光溢彩、精彩纷呈：与朋友约球的愉悦、收拾行囊归心似箭

的情感、红纸黑字挥毫的童年情怀（因为小时候练字，现在一年只有 2 天写春联时才重新拿起毛笔，珍惜那一刻）、拜年的热闹与温馨、和侄女玩耍的心情舒畅……当然还有很多有趣新奇的经历，列举不完的还有丰富的情感体验，寒假也可谓是疗养心灵的最佳时机，被繁重学业折磨得迟钝、麻木的内心正好在这避风港透透气，以便整装待发。

然而寒假并不是我的终点，日后的旅程道阻且长。调整身心是必要的，但张弛有度才是正道，良好的学习态度和对上半学期的回顾和提升不可或缺。作业方面，我主要是将其集中在年后的一星期"聚而歼之"，遗憾的是没能践行"日拱一卒，功不唐捐"的理念。从作业完成时间方面，我再次加深了对"偏好模块化处理事务且高要求"的认识。为何年前不完成大部分作业，年后轻松迎接开学，先苦后甜呢？父母多次问我，我也问过自己不下十次。悬而未决的问题，似乎能从寒假的时间安排中得到一些线索：

①目标高而远，执行力较差。例如，寒假之初购买化学练习册，意欲攻克薄弱点，起初我是希望刷完其中一本书的，结果望而生畏，于是先行做其他学科作业，最后就只完成了三分之一。

②崇尚时间自由支配原则，不喜欢制订计划。从来都只有存在于脑海里的每日规划，很少有认真落实的机会。一方面是对心中的计划缺乏可行性评估，另一方面专注度不够、受外界干扰能力较差。

③过度执着与疲劳之间的恶性循环。专注、执着于某项任务，诚然益处良多，可是过度执着反而会损耗精力、降低效率。许多作业我希望短时间内堆在一块儿完成，疲劳时我倔强地要求自己坚持，最终欲速则不达。归根结底，无计划、好高骛远与"化整为零、循序渐进"道理相违背，是学习拖沓、拖延逾期的深层原因。

寒假的一分一秒、一点一滴、一景一情，皆是我不舍和流连其中的，因为现实告诉我下一个连续可支配的 20 天已在 500 天之外。我珍惜每一天，我把每天发生和经历的事情较为详细地记录下来，珍惜活在当下，缅怀已逝的昨日。统计作业时间得知，大约有 3.5 天时间在做"无用功"而荒废，也估计所有作业保质保量完成的合理时间是 70 小时。曾设想，若是年前每日奋战 10 小时，7 日即可完结。然而我自嘲，我感慨，一厢情愿地设想，事后诸蔦般地幻想。我并非那个完美无瑕的自我，但我要努力向"他"看齐。一切过往，皆为序章；留恋过去，更要珍惜当下，拥抱"明天"，放眼未来！路曼曼其修远兮，吾将上下而求索！

新学期伊始，就诸多问题，如"如何平衡兴趣与学习时间？"，提出几点原则，愿自觉遵守并找出解决问题的方法。

①制定小目标，规律作息，及时放松。

②"少吃多餐"，化整为零，逐个击破。

③理性评估事情的紧迫性，减少感性行事的机会。

主题班会七　深度思考：前进是需要反思的

一、班会设计及思考

考试结束后，有些学生发挥得不错，情绪稳定；也有一部分学生成绩不够理想，和预期有一定差距，情绪便出现了波动，尤其是焦虑情绪开始滋生、蔓延。这个时候，班主任应该关注和重视。我们首先应该肯定学生的进步，鼓励学生；然后进行客观分析，告诉学生，不要因为暂时的落后而影响前进的步伐，毕竟荣誉只代表过去，我们不能陶醉在昨天的鲜花中，也不能沉浸在今天的伤感里，一如泰戈尔所说："如果你因失去了太阳而流泪，那么你也将失去群星了。"

二、班会适用时间

期中考试后。

三、班会内容及过程

一个真正的智者，面对生活中的是狂风暴雨，他表现出的是安之若素、宠辱不惊。

(一)思考：如何关注考试

1. 关注自己的分数、排位；

2. 关注自己与他人的差距；

3. 关注自己的强项与弱项；

4. 关注自己的思想情感，控制自己的情绪；

5. 关注自己的知识结构和能力高低；

6. 关注自己的学习方法和答题技巧、规范程度。

思考：我为什么输了？我输在了什么地方？我服输吗？我会一蹶不振吗？我赢了吗？我赢在哪里？

(二)行动：奋勇向前，奋起直追

1. 对手在拼搏，你在干什么？你应该观察他人的学习方法和学习习惯。

2. 迅速与教师、同学和家长沟通，了解自己存在的问题，寻求解决的办法。

3. 拟订计划，调整方向，确定目标。那些成功的人，都是对准了奋斗目标，在努力的过程中不断深造，极少有人是等自己具备了足够精深的知识后再去创造和奋斗的。

4. 强化勤奋意识，注重学习规范。

失败了并不可怕，可怕的是一味地埋怨和沉浸在痛苦中而不知反省。成功了固然值得庆贺，但是要记住，成绩只代表过去，并不能证明未来。

(三)引导：我要告诫你的

1. 你是一只老虎不是一只老鼠。老虎与老鼠的区别在于，老虎总是以森林之王的身份出现，而老鼠总是躲在黑暗的角落。

2. 你是一只白天鹅，不是丑小鸭。丑小鸭变白天鹅，是因为它本身就是白天鹅，只是暂时的落魄掩盖了它真实的面目而已，只要时机一成熟，它就能够成功飞跃。

3. 你是一只翱翔天空的鹰，不是一只困在鸡圈的任人宰割的鸡！如果你整天与鸡为伍，你就会成为一只任人宰割的鸡！

4. 你是一只辛勤采花的蜜蜂，不是一只嗡嗡作响的苍蝇。蜜蜂与苍蝇虽然都是"嗡嗡作响"。但是，它们奋斗的方向和价值不同！

5. 你是一只兔子，不是一只乌龟。新的龟兔赛跑，睡觉的不是兔子而是乌龟！对手在拼搏，你在干什么？

主题班会

(四)故事感悟

成功者的品质：有目标，有耐心，能坚持

船上新来了一批水手，其中有一个小水手，他性格内向，但是做事很认真。因为小水手不善言辞，水手们都习惯跟他开玩笑。老水手长似乎也看不上小水手，总是把一些分外的活给他干。比如说敲铁锈中间休息了，老水手长把一串钥匙一丢："去，把我房间的大茶壶拿来。"别的水手晕船了，船进运河、进狭窄水道了，老水手长总是让小水手顶上。就连老木匠病了，那些打补丁的活也跑不了小水手。

面对老水手长的"出格做法"，有的水手在背后幸灾乐祸："柿子还拣软的捏呢，让那傻小子干去吧，看他的窝囊样。"于是小水手也找到老水手长问道："你干吗总看不上我，听说我们还是老乡呢，脏活、累活、苦活总是让我干？"小水手委屈得差点掉下眼泪。老水手长不气不恼地说道："就因为我们是老乡，我怕别人说我护着你，以后不好开展工作。"

听完老水手长的回答，小水手似乎明白了什么。于是他自我安慰道："合理的工作就是锻炼，不合理的工作就是磨炼！"

一年后，公司考核。在对水手进行个人技能考核时，十多项内容，小水手样样是第一，水手们都傻眼了。公司主考人员问大家："同样一种水手工作，你们怎么没有小水手干得快呢？"众人回答："我们平时就是这么干的。"问小水手时，小水手回答："我干每一项工作，都想着快点干完，早点结束，久而久之就养成了一种习惯，心里只有目标，没有活儿了。"

老水手长闻言露出欣慰的笑容，他插话道："活儿少了，眼睛里反而没有数量了。只有干不完的活儿，才能磨炼一个人的意志。"

考核结束，小水手被破格提拔成一水。三年后，当同时上船的水手们都晋升为一水时，这个貌不压众的小水手被破格提拔为水手长。

苦累、晕船、寂寞不是航海最大的障碍，最大的障碍是看不见前进的方向。只要心中有了不灭的灯塔，哪怕是惊涛骇浪、黑云压顶，航海线上也永远是一片光明。

四、聆听智慧的宣言

1. 痛苦来临时，不要总问："为什么偏偏是我?"因为快乐来临时，你可没问过这个问题。

2. 如果你昨天的成绩显得很了不起，说明你今天做得还不够好。

3. 春天不播种，夏天不生长，秋天不收割，冬天就不能品尝。

4. 你，是一朵含苞的蕾；你，是一股蕴藏的爱。你向往的，是开放！你热爱的，是未来！

主题班会八　承前启后：如何高效度过暑假

一、班会设计及思考

有人说，高三是学生学习生涯中至关重要的一年，可以说，它决定了学生今后四年甚至更长时间的人生处境。殊不知，这些对于高三的过分重视的观念，加重了学生的心理负担。只有调整好心态，以正确、积极的心态来面对高三，才能调动潜能系统发挥最大潜力，才能不被任何困难所阻挡，同时才能战胜自己、超越自己，进而实现自己的理想。那么，作为老师，我们应该以怎样的方式引导学生以良好的心态面对即将到来的高三呢？

授之以鱼不如授之以渔。与其苦口婆心地强调劝导"不拼不博一生白活，不苦不累高三无味"，不如多给予学生提醒和激励。如何提醒和激励学生？这是一个问题！基于对这个"问题"的思考，高二结束到高三开学前，我做了两件事：一是提醒学生暑期要做什么；二是告诉学生高三要注意什么。于是，我从学法指导、心理疏导和心态指导等方面进行了系统的规划——从致高三家长的一封信、致高三学生的一封信和高三早知道三个方面进行思考，并以书信和班会的形式进行思想的传递。

二、班会适用时间

高二结束时。

三、班会内容及过程

（一）未雨绸缪：凡事豫则立，不豫则废

1. 清点自我，净化自我：放假三天，休整，和亲朋好友聊天，去自己喜

欢的地方闲逛，看看、想想、静静；整理学习环境、学习资料，翻看自己的书籍、试卷、周记(日记)；看一部喜欢且励志的影视作品。

2. 规划"学思行"：请教师长，了解高三，走进高三，明白高三要做什么，要注意什么，要有攻坚克难的意识和准备。

3. 重点做好"培优扶弱"的规划：利用相对较长的暑假，做好"学科优劣势"的分析，尽量利用暑假选购学科资料并寻找"培优扶弱"的方法，想方设法完成"培优扶弱"的计划。

4. 准备"精神"养分：准备一本 A4 笔记本并拟一个或具有文化，或具有思想，或具有诗意的名字，"精美笔记本"可以记录"灵感火花""心路历程""生活琐事"等；准备或具有思想，或具有文化，或具有文采的"三本书"，建议准备《古文观止》、"前四史"、哲理随笔，或加缪、培根、蒙田或正面人物传记，把它们作为高三学习的动力之源。

5. 做好"四个"坚持：每天坚持写一段日记，每天坚持看 15 分钟的书(建议把《红楼梦》《乡土中国》《复活》等教材要求的整本书重读)；每天坚持锻炼 1 小时，建议锻炼中加入跑步活动，并以打卡的方式强化意志；每周坚持帮父母做一顿饭，与父母聊聊天。

6. 做好"5 年高考 3 年模拟"试卷的收集及研究工作：按照"高考试题＋考点解析＋答案详解"的方式进行研究；关注国内名校试题，关注省内地区试题。

7. 为"心仪"而坚持不懈：网上查阅一所心仪的名校，关注校训、知名校友(最好概括下来)和专业，写下自己的梦想并且努力去实现。

8. 开启新的篇章：翻篇，不要再沉溺于过去，不要再自我纠结、纠缠，不要再精神内耗！但求耕耘，不问收获！只有内心没有了杂念，才能勇往直前。愿你在被打击时，记起你的珍贵，抵抗恶意；愿你在迷茫时，坚信你的珍贵，爱你所爱，行你所行，听从你心，无问西东。

9. 务必做好三个方面的整理：一是整理成果，主要从学习、生活和锻炼等方面进行整理，做好开学时的"学思行"汇报；二是整理自己的学习资料和入校时的学习、生活必需品，不要给父母或他人留下麻烦；三是整理梦想和未来的奋斗思路，再次写一篇激励自我的文章，保留到高考结束甚至二十年后。

10. 做好"非常态下"的思想准备和自我思想叮嘱和强化：世事无常终有定，人生有定却无常。命运无常，你永远不知道迎接你的下一秒是惊喜还是意外。请不要被洪流席卷、被他人裹挟，不管发生什么事情，都要做到"咬定青山不放松！"

(二)聆听智者的言语：听君一席话，胜读十年书
认识自己，做最好的自己
向俊巍

毕业之后，回望整个高中三年，才发现自己已经走了那么长的路，也改变、成长了许多。我的高中三年可以分为三个阶段：固执期、迷失期和奋进期。这三个阶段正好对应了高一、高二、高三这三年。在这整个过程中我不断改变自我，找到自我，最终收获了自我的成功。而这一切与尹老师的引导和点拨也是密不可分的。

高一军训的第一天我在修业楼西楼架空层遇到了尹老师，得知我们都来自佛山之后，我仿佛在这个陌生的环境里找到了心理的依靠，当时也是满怀信心地投入到学习当中。然而我发现，华附的学习节奏和我初中以来所习惯的学习节奏完全不同，以前都是分秒必争，老师也跟得很紧，但是华附更提倡自主学习，时间上非常宽松，这使我极不适应。我当时仍然固执地坚持极度勤奋、拼命做题，但是因为没有掌握学习的真谛，成绩反而毫无起色。当时尹老师经常找我谈论这方面的问题，告诉我要转变学习和思考的方式。我当时一直不怎么理解，觉得自己的方式没有错，只是时间不够、效果还没出来。但是经历了成绩上屡次失利，和同学深入交流后我发现了自己的问题，开始改变学习方式，从原来只管自己、不看别人，到向别人学习、请教。

但我没想到的是，上了高二之后，我因为过度学习别人，走入了另外一个极端，那就是过度模仿他人，却没有理解别人学习的真正奥秘，以至于迷失了自我。当时我和卢泽鸿、吴佰峻很熟，我们经常在一起，刚开始还是交流学习问题，但是时间久了也会经常聊天，导致了时间上的浪费。那时尹老师和我交谈，我才知道原来是自己和别人待得太久了被同化了，以至于迷失

了自我、丢失了自己宝贵的学习品质和习惯。说实话，高二一年我是比较松懈的，学习定力不够，容易受到别人的干扰，最核心的问题是学习效率低。在高二下期末时尹老师找我好好谈了一下，我那个时候才真正看清自己的问题，开始重拾自我。幸好时间还够、转变还来得及，在高二最后四校联考时成绩还可以。不过我知道那只是一次考试，我自己需要在高三有更大的转变和进步。

高三这一年是奋进的一年，其实也是波折的一年。我满怀激情地进行着大一轮的复习，找到了自己的学习节奏和方式。然而，经历了疫情，学习效率和节奏难免受到影响。尹老师这个时期采取了完全不同于高一、高二时的方式对我进行开导和安慰——他常常借助评讲作文的机会了解我最近的学习状态，但是没有进行过多的干预。我也是通过和他交流以及自己反思掌握并调整自己的学习状态的。这一切都使我相对平缓地度过了那个时期。

高三下学期算是真正的较量，所有人都认真起来，我也是拿出自己最好的状态向前冲刺。说实话，我非常庆幸我这个时候能够与张友易作同桌，我们相互鞭策、一起交流问题，学习效率提高到前所未有的高度。当时我们两个在班上的成绩不算好，但是因为彼此勉励，内心都坚信在高考那一天一定能考出水平。尹老师也发现了我们在一起学习的"化学反应"，时常给予我们鼓励，相信我们能够成为两匹黑马，这也让我们备受鼓舞。我其实非常享受高三末期的学习时光，每天离开教室都是满载而归。最后高考的成绩也证明了我们的付出终究会得到回报。

其实，在整个高中成长过程中，尹老师对我的帮助极大。他总是能在适当的时候出现，和我进行适当的交流、对我进行适当的提点，使我既能自我学习调整、得到锻炼，又避免迷失方向。我们常常调侃同为佛山人的"乡土情结"、在海航班专用区域吃饭、占用年级小会议室促膝长谈，这些都使我更好地认识自己，并最终能做好自己。我也会珍惜这些精神宝藏，在未来的人生中再接再厉，活出自己的精彩。

(三) 自我设想：高三，我以什么样的姿态来应对

1. 要强化自信，翻篇，不管成绩拔尖还是跟别人有一定差距，千万别忘了每天都带着信心起床。怕字当头，万事难做。与其先被害怕削了半片锐气，不如积极应对，管他春风秋雨，我自笑傲山行。

2. 不要后悔，或者说不要只是后悔。悟已往之不谏，知来者之可追。

3. 放下浮躁，放下急迫，潜心在平时的每一步。

4. 要学会自我减压，尤其是在大考之前，以怎样的心态对待复习与考试，对进入最佳状态影响很大。把复习与考试看成一种挑战，会使自己很快进入状态；把复习与考试看成一种锻炼，会使自己以平和的心态投入；把复习与考试看成一次机会，会使自己以积极的心态迎接。

5. 尽量在假期也保持一个规律的生活状态，学会适当放松自己。"一张一弛，文武之道。"懂得在关键的时刻调整自己的人，才是永远不可战胜的。

高三：自觉兴华　强国有我

主题班会一　梦想起航：舞动青春，赢在高三

一、班会设计及思考

高三，来了！学生带着紧张、激动的心情和美好的愿望走进了高三。

高三会是怎样的？高三，"我"应该怎么度过？"我"的目标是什么？面对一系列的问题，作为老师，特别是班主任，我们应该给高三学生一个真实的高三：(心态与行动)紧张有序，有条不紊；(理想与精神)目标坚定，意志坚强；(人际关系与奋斗目标)同舟共济，共创辉煌。

高三成功的公式：$A=J+R+S+X+Y+Z$，其中 A 代表成功，J 代表严格的纪律，R 代表和谐的人际关系，S 代表强健的身体，X 代表艰苦的努力，Y 代表方法正确，Z 代表少说废话。

我们必须让高三学生意识到：高三是他们精彩青春中展示自我的一次机会！

为了上好这堂班会课，我觉得要做以下几件事情：

1. 良好的开端是成功的一半。此次班会课一定要强调"人品与学识"和"激情与励志"两种关系的重要性。

2. 提前布置以"舞动青春，赢在高三——高三，我来了！"为话题的作文，提醒学生思考：赢在高三，凭什么？在未来的一年，我打算怎么度过？我的目标是什么？……首先让学生从思想上重视并认真思考自己未来一年的事情，进而引导他们实现思想上的升华。

3. 学生参与班会课很重要，但是他们以什么样的方式参与，需要我们认真思考。我觉得学生以演讲的方式参与会更好，因为演讲，既可以营造气氛，激发情感，又能够升华思想。

4. 教师指导性的语言很重要。教师指导性的语言既要煽情也要实用。我觉得教师指导应该包括以下几个方面：(1)高三的精神是什么；(2)高三的目标是什么；(3)在学习和思想上要注意什么；(4)以怎样的心态面对高三。

二、班会适用时间

高三开学初期。

三、班会内容及过程

(一)故事导入，激情励志

教师导入："奋斗"不只是挂在嘴边的豪言壮语，更是融汇了血与汗的艰难跋涉！——

高三是一种"煎熬"，正是在这样的"煎熬"中，我们逐渐学会坚韧，学会顽强，学会不轻言放弃。走过高三，未来的路上一定还有崎岖，但又有多少能与高三时的比高低？可以说高三是我们人生历程中极为重要的一课。

有些人在高三的困难面前放弃了努力，有些人在几经挫折后失去了信心，有些人因害怕压力而选择逃避，这些人都不懂得高三的人生价值。

我们身处高三，最应该发扬的是一种精神——高三精神。下面请听陈泽辉同学谈谈他对高三的理解和认识：

回望·展望

——新高三(5)班班会主题发言

陈泽辉

提纲：

1. 我暑假做了什么？

2. 我有什么新的思考？

3. 我对高三有什么认识？

自评暑假：充实。

劳：有序复习，保持练习。

逸：运动，设计，陪妹妹玩，阅读。

生活：做家务，与初中同学吃饭，回老家。

不足：没有写周记，阅读较少。

我对高三主要任务的认识是这样的：

```
            语文      数学
        英语                物理

    化学    追    优秀的我    梦    生物

            优秀老师    优秀学校

        优秀家长            优秀同学
```

我的高三规划是这样的：

首先要紧跟老师的节奏！

在 9 月之前稳定理化生成绩，11 月之前完成自己的数学思维复习并争取将失分控制在 14 分以内；语文、英语的阅读、作文作为长期训练的项目。若有机会，9 月继续参加全国高中数学联合竞赛，不参与其他学科比赛；在稳定课内成绩的前提下，适当自学课外内容，作为思维锻炼及学习模式调节。

8 月至次年 1 月进行第一轮复习，将大大小小的知识点进行详细的复习与整理归纳，重点在于补齐知识短板，力争不遗漏任何一个可能考到的点，即保基础。

2 月至 4 月进行第二轮复习，各科都进行专题复习与重难点突破，即冲难题。

5 月进行套题训练及三模后的临门一脚的复习，主要涉及考前事项、考场心理等，即稳状态。

高三各次大考时间安排如下：

高三上学期·历次月考

次年1月·四校联考

3月·一模

4月·二模

5月·三模

6月·高考

思考：这是我们最后一个暑假了？

暑假是属于孩子的，高三成人之后，"暑假"将不再与平日不同。

这意味着改变与成长，我们将承担新的责任。

愿同学们迎接高三，体验高三，挑战高三；

愿附中首届强基班继续大放异彩。

我对高三生活的期待是这样的：

学习——经历必胜的持久战；

运动——释放青春活力；

和同学们一起——感受集体能量；

取得进步高兴，一时失意平稳——积淀、成长。

(二)高三温馨提示

教师导入：舞动青春，赢在高三！我们应该注意什么？

1. 高三了，时间紧迫，所以请珍惜时间。

2. 高三了，学习紧张，请注意身体的健康。请每天坚持跑步！跑步不仅仅是强身健体的最佳方式，还是强化思想、锤炼意志的有效途径。

3. 高三了，请努力，可能在平时的考试中，没有获得理想的成绩，这个时候，要告诉自己：不是我没有进步，只是我还需要努力！

4. 高三了，学习时既要埋头拉车，也要抬头看路。我们要注意方法，劳逸结合。

5. 高三了，看到曾经比自己差的同学都在迅速地腾飞，这个时候，难免焦虑，但，请记住：多关注自己。

6. 高三了，由于紧张的学习，你可能忘记了世界的存在，如忘记了与他人和谐相处，这时，请你知道：你和身边的人是朋友不是敌人。你应该记住：和谐的同伴关系是双赢的基础。

7. 高三了，紧张的学习之余，也请你坚持每周和父母、老师或同学聊一次天，或畅谈人生，或倾诉心声，或关心问候他人……

8. 高三了，坚持写写日记，记下你激情燃烧的岁月，这是你人生中宝贵的财富。

9. 高三了，你可能觉得需要资料或是需要补习，请你根据实际情况或老师指导来做，不要盲目进行。

10. 高三了，学习内容增多，考试频繁，所以请注意安排好各科的学习时间，并拟订每周或每月的学习计划(见表 2-3)。

表 2-3　第__周学习生活计划一览表

时间	学习生活内容择要记录	备注
周一		
周二		
周三		
周四		
周五		
周六		
周日		

(三)青春的宣言，赢在高三——学生演讲会

走进高三

吴佰峻

年华似水，转眼我已踏进了高三的大门，开始了我盼望已久的沧海之旅。品味酸甜苦辣，挑战人生极限，高三，我来了。

走进高三，怀抱激情与理想。前方有彩虹，前方有鲜花。尽管路途遥远，尽管海浪汹涌，我仍带着青春的激情与美好的理想，扬帆起航。"书山有路勤为径，学海无涯苦作舟。"孤舟之于沧海的确显得渺小，但只要有拼搏的精神，掌舵扬帆时谨慎小心，从不对目标有丝毫的怀疑，必能够将"欲将光阴寸寸情，不忍年华白白逝"的心志，树立成一面迎风飘扬的旗帜。

走进高三，坦然接受人生的挑战。人生并非一条平坦的道路，鲜花总是和荆棘相伴的，沧海自有沧海的壮观，沧海也自有沧海的凶险。还记得《老人与海》的故事吗？或许有人会说，是的，还记得。圣地亚哥老人在凶险的大海中险些丧命，最终还是没能把那条大马哈鱼给带回家。故事的结局是这样的，的确令人感慨。这是一个带有悲壮色彩的故事，但也是一部挑战命运、追求卓越的壮丽史诗。既然有挑战，就必然要面对未知的凶险与困难，人活着，就应该像老人所说的那样——"人不是为失败而生的。一个人可以被毁灭，但不能被打败"。我将带着老人这句至理名言走进高三，坦然接受人生的挑战。

走进高三，我将迎来自己灿烂的笑容。挫折和失败并不可畏，那些只能让一个真正的男儿愈发勇敢。风雨肆虐，并不能代表阳光从此就不再明媚；风雨肆虐，只会让勇敢的弄潮儿更添几分豪气！我不知道哥伦布在到达美洲大陆之前，是如何面对那些阴风怒号、恶浪肆虐、危机四伏的日子的。但是我相信，他一定是一个敢于傲立潮头、高声放歌的真汉子，一个以挑战和成功证明自己的好男儿。那段历程，那片海域，那个大陆，永远记住了他的名字。走进高三，在几多悲痛几多欢喜中，我将把自己灿烂的笑容，涂抹成一个亮丽的青春。历经风雨，那片波光粼粼的海域，将会对我成功的微笑作出最好的诠释！

青春，就应该胸怀壮志；青春，就应该把豪情写在脸上。让挑战与成功诠释生命的内涵！沧海横渡，高三，我来了！

（四）教师宣言：我和你们一起

甘瓜抱苦蒂

——谨以此文献给踏上征程的勇士

尹军成

没有破茧而出的痛苦，哪有化蝶的喜悦？没有涅槃的悲壮，哪有新生的美丽？没有蚌含泥沙的痛苦，哪有泥沙成珠的绚丽？

舞蹈《千手观音》是听障女孩邰丽华领着 20 位听障演员排练出来的。邰丽华曾以表演舞蹈《雀之灵》被广大观众熟知，她也是中国唯一一个进入两大世界顶级艺术殿堂——美国卡内基音乐厅和意大利斯卡拉歌剧院进行表演的舞蹈演员。

面对《千手观音》表演者优美的舞姿焕发出的绚丽光彩，我们除了赞叹和惊美外，还有震撼与感动！

沐浴那无瑕之美、至善之光，有观众说，"那是震撼人心灵的艺术"。当邰丽华用手语与观众交流时，我们终于理解了冰心的小诗——："成功的花，人们只惊慕她现时的明艳！然而当初她的芽儿，浸透了奋斗的泪泉，洒遍了牺牲的血雨。"

据介绍，为了有更好的表现，他们在排练厅门口挂上了2004年春节晚会倒计时的牌子，还贴上标语："秒秒精彩、分秒必争！"他们每天早上6点起来跑步，风雨无阻，一直到彩排的那天，还在跑步。许多演员在排练过程中不敢喝水，怕上厕所影响大家的排练，一整天下来常常口干舌燥。

尽管《千手观音》已经练了千遍万遍，但因为要上春节晚会，邰丽华和队友还是每天几十遍地从早练到晚，终于将节目诠释得无懈可击。

宝剑锋从磨砺出，梅花香自苦寒来。他们成功了！甘瓜抱苦蒂，美枣生荆棘！他们为世人树立了榜样——吃得苦中苦，方成今日"星"！

在为勾践灭吴拍手称快时，我们可能忘记了他忍辱负重，卧薪尝胆，奋发图强的艰辛与耻辱；在为《红楼梦》拍案叫绝时，我们往往忽视了"字字看来皆是血，十年辛苦不寻常"的哀叹和悲愤。

不经一番寒彻骨，怎得梅花扑鼻香。

俗话说得好，吃得苦中苦，方为人上人。

撇开味觉领域中的"苦"来探索苦的内涵，我们发现，"苦"字还蕴蓄着激励人们奋进的因子。

在人生奋进的征程中，我们必须牢记，苦尽甘来，先苦后甜，奋斗不是挂在嘴边的豪言壮语，它是渗透着血汗与泪水的长途跋涉！

甘瓜抱苦蒂，美枣生荆棘。不朽华章，皆从苦中来。吃得苦中苦，方为人上人。

主题班会二　回望昨天：
为了今天更精彩，明天更辉煌

一、班会设计及思考

学生进入高三，学习节奏加快，紧张情绪加剧，心理负担加重，如何引导学生释放情感、提高学习效率，值得教师思考。我主要通过观察、交流和调查逐步掌握了学生的学习状态：一味埋头拉车而忘记了抬头看路；一心只顾学习而忽视了心态的调整和身体的锻炼。鉴于此，我就学习与生活的关系对学生做了一次引导。

二、班会适用时间

开学一个月后。

三、班会内容及过程

(一)视频导入

同学们，紧事慢为，以平和的心态往前走。余生很长，莫要慌张，以梦为马，不负韶华。这句话的意思是：我们还有很长的一生，不要因为短暂的困难而张皇失措。我们应该把梦想当作马匹，不断向前，不断追求，不负我们年轻时的美好时光。它也提醒我们要珍惜青春年华，不要荒废岁月，要活出精彩的人生。

(二)学习与生活情况反馈

开学一个月，请注意以下的情况：

1. 学习节奏加快：教师讲课快，试卷多，时间紧。

2. 容易疲倦，容易焦虑，容易烦躁，容易懈怠。

3. 同学变了，教师变了，考试变了，评价变了。

4. 容易忘记锻炼，容易忘记交流，容易忘记看看风景。

5. 喜欢看分数，喜欢教师一上来就讲得分秘籍，喜欢考试试卷一发下来就是满意的分数。

余生很长，莫要心慌

张予欢

开始

随着考试频率的不断提高，压力也接踵而至，犹如质量不断增加的石头压在心上，压得人喘不过气。

我对高三的压力早有耳闻，也自以为做好了充足的心理准备，可当它如潮水般涌来的时候，还是令我手足无措。一个月的高三生活也许可以让我们逐步适应紧张和焦虑的情绪，但疲倦甚至麻木却仍然难以避免。

考试、作业、讲评……生活几乎被学习填满。一成不变的日子似乎还有很多，我们却因焦虑而感到时间不够用。我有时也会通过听歌、跑步等方式释放情绪，让自己短暂地逃离紧张焦虑的泥潭。这似乎是一种卓有成效的放松方法，但总免不了回到枯燥无味的学习中。看来，学会苦中作乐，学习从学习中找到乐趣才是最好的解决方法。

前方的路还很漫长，也希望我在高三征途中找到一个可供心灵休息的地方。

自习课

新生将要入学，老师必须开会，我们也因此有了整整两天的自习课。

如果说之前的高考假有换地方学习的意味，本次的自习课则是直接下达了就地学习的命令。虽说是自习，但在这小教室中只是坐着看一点学习资料，就如同参观景点却被禁止走动，选择不少，自由度却低。

上次连续两天自习是在暴雨红色预警下，还对将来而未来的雨有些期待，心情也有些不平静。这次却是"毫无希望"，同学们只是在教室里默默自习。怀着某种"希望落空"的心情，我也默默自习。

自习了一整天，我倒也不觉得无聊，只是总期盼着什么事情发生，可能是下场暴雨吧。

……

写到这里，颇感释怀。本想抱怨高三强烈的"时不我待"之感，日日陷于被作业和考试"追杀"的惶恐之中。然而，何曾想到，现在的生活何其幸福！因为我可以选择以何种精神状态来面对每一天。当我抱着强烈的热情与目标感投入一天的学习时，效率自然不知不觉地提高。况且，一天之中还有多少零碎时间是我没有安排好、利用好的！手握的时光其实不少，关键在于如何不让它悄悄溜走。追风赶月，笃行不怠，时光终不负有心人！

(三)下一阶段指导
牢记野马效应，谨防心中野马

在非洲草原上，有一种蝙蝠专门趴在野马屁股上吸血。有些野马不以为然，有些则暴躁不已，最终那些愤怒的野马在高声嘶吼和相互踢打中死去。

经专家研究发现，蝙蝠的吸血量根本不足以致死。野马真正的死因，是失控的情绪。生活中，我们难免遇到不如意的事，若是不管控情绪，就像暴躁的野马一般，最终买单的是自己。正如作家刘娜所说："情绪是一把枪，当我们扣动情绪的扳机，枪口其实是对准了自己。"

教师指导，注意事项：

1. 学习节奏加快：教师讲课快，试卷多，时间紧。

注意：调整适应，及时预习和复习，学会利用周六日进行梳理。

2. 容易疲倦，容易焦虑，容易烦躁，容易懈怠。

注意：注意休整，特别是作息时间要合理，加强锻炼，适当地做自己喜欢的事情，如听听音乐，翻看曾经的日记，发现成长的痕迹。

3. 同学变了，教师变了，考试变了，评价变了。

注意：大家都在变，同学变得淡定、自信、勤奋，教师变得严肃、呆板、严格；而考试变"难"是暴露你的弱点，评价变"严"是对你提出更高的要求！

4. 容易忘记锻炼，容易忘记交流，容易忘记看看风景。

注意：面对"容易忘记"的事，你一定要强化自我的问题意识、恒心毅力和自我拯救的方式。

5. 喜欢看分数，喜欢教师一上来就讲得分秘籍，喜欢考试试卷一发下来就是满意的分数。

注意：分数固然重要，但现在过分看重分数，会影响你的整体状态和长远战略；喜欢教师一上来就讲得分秘籍，会加重你的焦虑情绪并且局限你的思维；喜欢"满意的分数"容易让你在满足中自我松懈。当然，高的分数固然是可喜的，但是这个分数毕竟是暂时的，因此你关注的除了分数外还应该有知识点的对错和对知识的梳理。

四、情感释放：为精彩绽放储蓄能量

行到水穷处，坐看云起时
——我的高中三年回顾
李 睿

随着高考录取结果的公布，高中生活终于画下了圆满的句号。回顾我奋斗与成长的历程，以及与同学师长的情谊，我思前想后，概括出几个关键词：机遇、环境、心态、挑战。

由于中考失利，高一时我没能进入大先班。或许是初中时在理科方面打下了扎实的基础，在众多社团活动与课余娱乐的陪伴下，我仍然能在班级中保持总分前三的位置，也是因为如此，我没有更高的追求，高一的一整年，我的年级排名在 100 到 150 之间浮动。念完高一后的暑假，机遇出现了——我进入了年级的强基班。我当即警醒过来，这是一次机遇，也是一次挑战。

进入高二，首先摆在我面前的问题是适应全新的环境，其次便是猛增的学习压力。庆幸的是，我遇上了班主任尹军成老师。我仍然记得他在高二开学第一天时对我的问候：

尹老师：李睿，你好吗？

我：……啊？老师，我挺好的。

尹老师：那就好。你若安好，便是晴天。（笑）

不仅如此，在得知我高一担任班里的体委后，尹老师立刻将（5）班的体委兼领操员的重任交给了我。每次做操时，他都会跟我说："你把这两年操做下来，你以后必成大器！"每每听到此话，我心里其实有些不认同。但不可否认的是，尹老师的这个安排使我这个新人，在最短的时间内获得了大家的认可。

回到学习方面。面对高二开学后接二连三的考试，一开始我几乎次次倒数。在退出所有社团以后，我的学习时间相比高一也大幅增加，尽管如此，与同班同学的差距似乎仍在不停地拉大：数学课上，同学们一道题能讲出五六种解法，我却只能听懂其中一种；英语课上，老师全英文授课，同学们对答如流，我却连老师在讲哪一页都不知道……聊以慰藉的是，我的数学每逢大考总能奇迹般地保持班级前十。在稳住数学成绩的前提下，我一方面将精力更多腾挪到其他科目上，逐渐取得各科相对平衡的发展，从而使总分排名持续攀升；另一方面我的数学成绩得到了老师与同学的认可，一些同学偶尔会来请教数学问题，同学之间的互相帮助，使我感受到了（5）班这个集体的温暖和力量，也使我更好地融入了这个新班级。

我自认为是一个比较脆弱的人，但我始终有一颗不甘于落后的心。来到强基班的第一学期，期末考试，我严重失利。因此，第二个学期一开始，我便认真学习：每一科作业都认真完成，有不懂的知识点就缠着老师问，也会自己去买教辅并有针对性地做题。其间，好几次坚持不下去了，便找到尹老师谈心。尹老师每次都会耐心地开导我，"针针见血"地为我指出下一步该怎么走。

于是，高二第二学期的期中考试，我考出了令自己都惊讶的年级第17名，前进了190名次。这也是我第一次进入（5）班的班级前10名。那之后虽然文科依旧是我的相对短板，但凭借数学成绩的一骑绝尘和其他科目成绩的相对稳定，我几乎没有掉出过年级前30名。现在回想起来，这主要归功于家人、同学、师长，尤其是尹老师的鼓励和支持，次要归功于那让我遇强则强的好胜心。巨大的进步，使我曾经濒临崩溃的心态回归稳定。

高三大一轮复习时，每个科目复习的进度之快与下发资料的数目之多让我们每个人都感到喘不过气。大约是无处发泄的压力急于找寻一个出口，我的娱乐时间不减反增，随之而来便是熬夜、失眠等问题，我的心理防线似乎又一次被击溃。

大约从一轮中期开始，我的请假频率到达了一周至少两次的水平，作业越来越无法完成，持续提升的考试频率让我无法适从，最终，二模前那个晚上的严重失眠让我放弃了参加二模，我选择待在家中度过了整整三个难熬的日夜。

二模结束，我收到了尹老师的信息，以下是原话："睿哥，我想你啦！我知道你头痛已好，我很高兴！回来吧！奔跑吧！"据说，尹老师还在语文课上将这段信息念了一遍，以至于我回到学校时许多同学向我一字不差地又复述了一遍，我忍俊不禁，焦虑的情绪也因此得到了缓释。

在那之后，我们正式进入最后的冲刺阶段。尽管学习压力依旧很大，但得益于班级中良好的学习氛围，紧凑而不过分紧张的教学节奏，以及老师们始终的鼓励、支持与陪伴，我们的心态不再有太大的波动，哪怕考砸了也能付之一笑。

高考前的最后几天，没有考试，也没有课程，只有数不尽、做不完的各科练习题。我进入了机械而高效的学习模式中：每天早上回到教室，整理新发的资料，全部带到图书馆中，写到放学便去饭堂吃饭，下午时又开启相同的循环。当时心中只想着，这个时候了，能提高一分是一分吧。就这样迎来了高考，漫长的三年，凝结为短暂的三天。

站在这样一个视点回顾我的高中生涯，其实我最想感谢我所处的环境。感谢我能搭上"末班车"来到（5）班，让我能屡受打击，知耻而后勇；感谢我有这么一群靠谱而幽默的同学，能与我共同探讨复杂的问题，也能用恰合时宜的段子令我捧腹大笑；感谢我有如此平易近人且情智双高的老师，能够始终如一地宽容和接纳我脆弱的心态；也感谢我自己最终没有辜负这份呵护，在高考中取得了理想的成绩。然而，我明白不是每个人都能够拥有这般幸运，能够身处在这种环境里，可即便身处糟糕的环境中又有何妨？莲能够出淤泥而不染，是因为中通外直，不蔓不枝，我们倘若拥有坚定、积极的心态，必然也能直面生活和学习中的挑战，逆流而上。如果能够不懈坚持到高考的最后一秒，我坚信最后取得的成绩，一定无愧于三年以来所有的汗水和努力。

我在本文中并没有过多地提及学习方法，因为我认为只要有积极上进的心态和不畏艰难险阻而踔厉奋发的勇气，每个人都能找到属于自己的最佳学习方法。十年磨剑放光芒，今朝实现好梦想。愿师弟师妹们都能在高三的学习生活中迎难而上，在追求理想的道路上扬帆远航，书写了无遗憾的青春华章。

主题班会三　静水流深：拥有平常心，坦然向前行①

一、班会设计及思考

高三，学生因为高考的压力而产生烦恼。为消除学生烦恼，我们必须让学生明白：不应坐以待毙，而要奋勇向前！害怕隐含着失败，冲锋意味着成功！机遇与挑战并存，压力与动力同在！

其实，学生的忧虑、紧张甚至害怕等情绪，在某种程度上来说，是成熟的一种表现，也是学生对人生思考的开始。问题出现了，暂时的恐慌后要引导学生保持冷静！我们应该拥有平常心，坦然向前行！因为——

理智克制不了情感，涌出的往往是悲剧。

你安静，世界也就安静；你纯洁，世界也就纯洁。

万物静观皆自得。

此次班会课，我采用"同学对话，问题讨论"的方式，我觉得可以达到以下几个目的。

1. 增强学生自信心：加强学生间的互动交流，使其感受班级温馨气氛，从而提升班级凝聚力。

2. 走进学生的心灵深处：进一步了解学生真实心理，为做好学生的心理健康教育与指导工作提供依据和明确方向。

3. 提升学生水平，培养学生能力：引导学生展示自我，战胜自我，超越自我。

二、班会适用时间

期中考试前。

---

① 该课例获市一等奖，因课堂效果好，不仅为我校的兄弟学校如清远市第一中学等学校上过示范课，后来还被《羊城晚报》报道。

三、班会内容及过程

(一)情境设置：展示学生来信

在黑暗中寻找阳光

高三烦恼者

我喜欢上学，但我害怕考试；我喜欢放假，但我害怕回家；我想念父母，但我又害怕见到他们……大大小小的矛盾交织在我心里，将我的心死死地缠住，让我无法挣脱。上学就要考试，考试就有成绩，放假就要回家，回家就要见父母，见父母就要交成绩单，交了成绩单就要面对……

所以我害怕，害怕每一次成绩下滑，我忘不了每次要交成绩单时我那双颤抖的手，我忘不了每次父母看了我的成绩单后不同的言语，我不敢抬头看他们的表情，不愿听他们的表扬，更不愿听他们的批评。好像这种模式总是固定的，成绩上升表扬两句，成绩下降严厉批评。难道他们就不能换一种方式吗？他们可以少看重一点成绩，多注意一点我的心理感受吗？他们可以多和我沟通一下吗？两代人，毕竟是两代人呀，我们之间始终有着一条不可逾越的鸿沟。多少次我试图慢慢填平这鸿沟，但我失败了，我发现这不可能。

我寻求，我期盼：给我一点阳光吧！让阳光照在我身上，我需要温暖，让阳光照在我心里，我需要理解，让阳光照在我脸上，以晒干我的眼泪。

（教师语）也许你和上面的这位同学一样，需要更多的人来关心，让更多的人了解你，理解你。情感是互动的，只要你把自己的烦恼、苦闷、忧愁和困惑说出来，温暖、友谊就会出现在你身边！那么，请说出你的烦恼吧！

你的烦恼是什么？一直困扰着你的是什么？

架起沟通的桥梁，创造展示的舞台，提供倾诉的机会！你有烦恼，请把你的烦恼留下，你今天的表现就是展示自我、战胜自我、超越自我的提升！

(二)学生思考与互动

1. 写出心声：放下包袱，开动机器，奋勇前行！

写出自己的烦恼，让大家为你出谋划策，排忧解难，因为我们是一个温暖的集体。

2.(教师语)你因什么而烦恼？烦恼产生后，你是如何排遣和消除的？现在把你认为最需要解决的问题读出来，让大家给予帮助。

3. 调查问题展示并讨论。

①我付出了很多，可是，成绩依然停滞不前！

②我取得了好的成绩，但是我担心下一次的考试成绩会不理想。

③他人在学习，可是我为看不进去书而烦躁不安。

④觉得时间不够，为自己完成不了计划、达不到目标而焦虑。

⑤想到高考我就怕，因为我担心高考失败。

⑥压力大，我怕辜负了父母、老师、亲朋好友的期望。

⑦无法忘记过去的考试成绩，沉浸在过去的阴影之中。

…………

(三)故事导入兼小结

加压——给自己加满水

有一位经验非常丰富的老船长，当他的货轮卸货后在浩瀚的大海上返航时，突然遇到了可怕的风暴。水手们惊慌失措，船长果断地下令打开货舱，往里面灌水。"船长是不是疯了，往货舱里灌水只会增加船的压力，使船下沉，这不是自寻死路吗？"看着船长严厉的脸色，水手们还是照做了。随着货舱里的水位越升越高，随着船一寸一寸地下沉，依旧猛烈的狂风巨浪对船的威胁却在一点一点地减少，货轮渐渐平稳了。船长望着松了一口气的水手们说："百万吨的巨轮很少有被打翻的，被打翻的常常是根基轻的小船。船在负重的时候，是最安全的；空船时，则是最危险的。"

这就是压力效应，那些胸怀大志、肩上有沉甸甸的责任的人，才能从岁月和历史的风雨中坚定地走过"鬼谷"，而那些得过且过、没有一点压力、做一天和尚撞一天钟的人，就像风暴中没有载货的船，往往一场人生的狂风巨浪便会把他们打翻。

机遇与挑战并存，压力与动力同在！害怕隐含着失败，冲锋意味着成功！与其坐以待毙，不如背水一战，孤注一掷！

要明白你的忧虑、紧张甚至害怕等情绪，在某种程度上来说，其实是成熟的一种表现，也是你对人生思考的开始。问题出现了，暂时的恐慌后，请保持冷静！

——"静则生慧"；

——"静中求活"；

——"静水流深"；

——静以养身，俭以养德，淡泊明志，宁静致远；

——知止而后有定，定而后能静，静而后能安，安而后能虑，虑而后能得。物有本末，事有始终，知所先后，则近道矣。

表面是：波浪不兴，宠辱不惊，不以物喜，不以己悲。

当然不是：麻木不仁，放任自流，自甘堕落，人云亦云。

应该是：养精蓄锐，蓄势待发！

我们应该：拥有平常心，坦然向前行！

（四）播放歌曲，升华情感

播放相关主题的歌曲，升华情感。

主题班会四　身心健康：做一个健康的高三学生

一、班会设计及思考

　　一般来说，知识技能的学习与提高要经历四个阶段：学习阶段、提高阶段、学习高原期、克服高原期阶段。其中，学习高原期即学习高原现象是一些学生在学习过程中迟早要面临的。高三学生复习到 4 月底或 5 月初时，就有可能出现高原现象。进入高原期，学生如能认真诊断，找出症结所在，对症下药，往往就能跃上新台阶，取得新成绩，反之则可能徘徊不前，难以行进。

　　高三的大多数同学会遇到学习高原现象，教师应该从心态、心理及学法等方面给予指导。

二、班会适用时间

　　高三第 4 周。

三、班会内容及过程

(一)说说你的"烦恼"

操作方式：学生讨论并以不记名的方式发送到"老师提问箱"。

(二)整理典型问题，提出解决方法

不要放大痛苦——不是你一个人的问题，是一个群体的问题！

1. 焦虑心理。

这种心理表现在一些考试和平时的行为里。如考试答题时，总觉得时间

主题班会

不够用，担心答错题，就是题目简单的时候也会有这些担心；吃饭时，匆匆忙忙、囫囵吞枣；走路时，紧紧张张，老是害怕浪费一丁点时间；担心考试不理想，甚至常生出"万一高考失败，我怎么办"之类的念头；有时觉得睡觉都是在浪费时间；等等。

推荐方法一：音乐疗法。

这也好操作，即在你感到身心疲惫时，先停下来，坐在椅子或平躺于床上，选择一首自己平常喜欢的、轻松的、能够引人向上的音乐，让自己的不快思绪静静地随音乐飘散，使自己快乐起来。

推荐方法二：知音倾诉法。

我们每个人都或多或少有三五知己。"一个好汉三个帮"，有了朋友的帮助，郁闷压抑的你也会很快快乐起来。觉得自己憋闷时，找一知己，诉说一下，关键是对方不需要为你出任何主意或办法，只要能对你说"听你说"就够了。对着对方一口气把委屈和苦闷全部说出来，这样，你的心情就会好很多。

针对焦虑的心理压力，可用三个暗语提示自己，即"停""看""选择"。"停"就是在你感到焦虑、惶恐时，暗示自己：停一下！慢下来！给自己一点时间察觉；"看"就是"看"究竟是什么让你这么焦虑，对自己进行深入的了解，看清问题的本质；"选择"：是要维持原样——依旧匆忙呢，还是进行新的选择——温柔地呵护自己？

2. 夜不成眠。

夜晚睡不能寐，白天食之无味，上课昏昏欲睡，似乎是一些高三学生学习生活的生动写照。这是典型的因压力而出现的失眠症状，需要学生及时调整。

推荐方法：自我暗示法。

这是专门给失眠的学生的良方，即在临睡前进行潜意识的自我暗示，以达到良好睡眠的效果。具体的做法是：

第一步：上床后，先放松身体，以面朝上的平躺姿势为佳；

第二步：深深地吸气，吸到肚皮贴着后背似的，在吸的过程里，将意识放在你的呼吸上，然后再慢慢地呼出来，呼气时将意识放在你的双肩，感受双肩的松垮度。连续深吸慢呼三至五遍，让你的"心"充分地安静下来；

第三步：在你的心中"臆"想，可以想象自己是一只正在沐浴阳光的懒猫，尽量想象懒猫在日光下是多么地舒服……

第四步：安静地熟睡。

3. 人际关系紧张，与人沟通困难。

有些学生说，升入高三后，随着学习强度的增加，不知怎么的，人际关系主要是和同学的关系，似乎越来越差了，如动不动就爱跟同学发脾气，甚至最后变得根本没法沟通，原有的良好关系破裂了。其实，这也是心理有压力的一种表征。

推荐方法：请求原谅法。

当你心烦意乱、说话带"刺"、与同学伤了和气时，坦诚是化解尴尬和冲突的有效措施。例如，可以跟对方讲："这段时间我的心理压力很大，所以心情也不太好，假如我的话有让你觉得不舒服的地方，请你原谅。"大多数同学只要听了这肺腑之言，一定会理解并原谅你。

4. 神经衰弱、记忆力减退。

这是较普遍的现象。高三这一年，听到孩子说精神不好，记不住东西，家长们纷纷使出浑身解数……

推荐方法：最佳绩效法。

有的同学出现精神衰弱、记忆力下降的现象，这可能是用脑不健康使然。长期以固定姿势看书、没有放松大脑的习惯、不当的学习模式等，均会对身心健康埋下隐患。改正策略是，找出你一天里最佳的"效率时间"，也就是专家们所说的"品质时间"来学习，在这个时段里"产出"将会是最大的。在高三阶段，学生还容易出现"躯体疲劳症状"——自己很有斗志，也不怎么觉得累，但无论怎么看书都学不进去，头脑呆滞。这个时候就是你的大脑给你发出警告信号了，说明你应该休息了。学会休息，对提高大脑的记忆绩效有很好的帮助，而最有益的休息就是进行适当的体育锻炼了。

5. 郁郁寡欢，缺少激情。

这主要表现为干任何事都觉得没意义，无聊、乏味，没了激情，生命也失去了光彩。

推荐方法一：坚持锻炼法。

　　研究人员发现，在经过一段时间的锻炼后，被测试者的压力水平下降了25％。快走 30 分钟，或者在学习的间隙进行一些伸展练习都行。

　　推荐方法二：彻底放松法。

　　读一篇小说，听听音乐，散散步，或者干脆什么也不干，闭目养神坐一坐。这时候，关键是你内心的体味，体味一种宁静，一种放松。

　　6. 自我评价低下。

　　有时，做错了或做砸了一件事，我们会感到自己一无是处，生出自怨自艾的情绪来，而这种情绪，往往长久挥之不去，如影随形。这是人本身的自卑心理在作怪。自卑心理使人们对自身缺少正面、积极的肯定，也使人们在紧张、压力下变得格外敏感。

　　推荐方法一：优点确认法。

　　一旦觉得自己不够好时，就会产生自卑感，这时，改变这种状况的一个有效的方法就是"优点确认法"。可回溯自己的成长历程，找出一系列可以肯定的地方及事实，如某次考试全班第一，同学们都喜欢你的某个优点，发表过的一篇文章，等等。当你想到这些事时，自信、温暖的感觉就会油然而生，只要让那份自信长存于你的心里，带着你一起面对现在的挑战，拦路虎对你来说也就不足为惧了。

　　自信可以推动人走向成功，可以让人保持轻松愉快的心情。一个人的心理力量就源于自己曾经的成功，因此，多回想自己的成功过去有利于身心健康。

　　推荐方法二：日记法。

　　每天坚持在日记本上罗列一下生活中的喜怒哀乐。

　　写日记，或与朋友一起谈一谈，至少你不会感觉孤独而且无助。

　　著名心理学家张怡筠说，心里不开心，动笔写下来，是个漂亮的疏通方法。因为"写"这个动作，本身具有觉察及统整思绪的功用。"写"，能将情绪能量从虚无的"下意识"，提升到"意识"的层次，也就是说，由原先感觉"我心中波涛汹涌"到"我知道怎么回事了"，焦虑下降，也就启动情绪疗愈。写心灵日记，会让你有意外的收获，如 2001 年四川考生王海桐在《北大是我美丽羞涩的梦》一文中是这样说的："周记，虽然最初是源于老师的作业要求，但后来它却成为我生活中最漂亮的一页。因为，在周记里没有'是'与'非'，它永远是'本我'的世界，'美'的世界。我只想表达纯粹的自我感受而不在乎别人的评论。即使我笔触稚嫩又如何呢？我十七岁，稚嫩是我的权利，也是我的生命特质。十七岁的激情与冲动是一生只能拥有一次的机遇，我不希望十七岁的自己少年老成，就像我不希望十七岁的自己还一派少女天真烂漫。昨夜躺在我耳边给我的美梦带来清香的黄桷兰，今晨已成了干枯的残片，一碰就碎了。所以，我在高考前宁愿'牺牲'一整天时间去享受这种自由表达的快乐，我一直觉得很多事情如果不赶快去做，就真的来不及了。"

(三)克服学习高原现象的策略、方法和途径

1. 情感渗透法。

及时就学生的心理进行疏导并给予情感的关心和思想的指引。语言表扬是必需的，但是过多的表扬会让学生略显"羞涩"或"不自然"，毕竟，相处的时间不久，根据学生的心理特征和"新新人类"的表现，我发现文字表达会更有效果，于是，我发挥"善写"的优势，通过 QQ、微信或是纸条来写一段话表达我对学生的认识、肯定和鼓励，并不经意地提出我的希望和要求。

2. 文化浸润法。

向学生推荐具有正能量和启发学生思维的文字来净化学生的思想和激活学生的学习动力。我在班级设置了图书角，利用班会和语文课的课前演讲开展"好书荐读""读书分享会""越读越精彩"等活动，并根据学生心理特质和语文课标推荐阅读书目，我重点推荐了两类书：一是与青春成长相关的文学作品，如《平凡的世界》《大卫·科波菲尔》《约翰·克利斯朵夫》等书；二是人物传记类的书籍，如《毛泽东自传》《袁隆平传》。

3. 视觉冲击法。

运用具有正能量的视频来激发学生的思维并提升其学习兴趣。

正能量一词源于英国心理学家理查德·怀斯曼所著的《正能量》一书。正能量指的是一种健康乐观、积极向上的动力和情感。为了减少高三紧张备考可能对学生造成的心理困扰，我利用微信公众号和课前 5 分钟推荐系列传递正能量的视频，帮助学生塑造阳光的心态，完善其人格，从而更好地帮助他

们度过学习高原期。

4. 学法指导法。

运用"闭环思维"来提升学习效率。

所谓闭环思维是指对于学习任务都能认真完成，并且在规定时间内进行反馈，做到有始有终，形成一个闭环。这一过程包括五个步骤：启动、计划、执行、控制、收尾。凡事有交代的背后，是一组严密的执行步骤。我们计划做一个项目，从目标到过程再到结果，都要积极进行反馈。记住：做人靠谱，做事闭环。久而久之，让靠谱成为习惯，让自身具备闭环思维。习惯的力量自会引领你成长，助力你提升，使你在高手中也能脱颖而出。

四、教师观察

2023 年 8 月 16 日　星期三

今晚，看到穿梭在办公室的同学或满面愁容或嬉笑打骂，我觉得不正常！

我觉得不正常，理由有二：

一是刚刚考完语文、数学，还未结束全部考试，就过来探讨试卷的难与易，吐槽考试的好与坏，或是来寻求安慰等。一次考试，况且只是一次非正式的大型考试就表现得如此浮躁或脆弱，这不正常！

二是明天还有考试，本应该心平气和地学习和复习，抑或冷静的时候，却没有一如既往地学习、复习或冷静，这不值得警惕吗？这是一种或心浮气躁或心理脆弱的表现！

我不是不支持学生来办公室问问题或寻求帮助，而是更支持学生理性地看待问题和寻求帮助！而一次考试就让学生如此浮躁、焦虑，或者放松，这种现象正常吗？与华附优秀学生的优秀品质相匹配吗？与华附的办学理念——自主成长、自我赋能、自觉兴华相符吗？

这不仅反映了学生的问题，也暴露了我们的引导教育存在不足，还需要改进。

一是我们的引导，特别是开学班会的引导应该发挥真正的教育引导功能。作为教师，特别是班主任，在开学第一次班会课上，我们必须告诉学生，未来一年有可能会遇到什么问题，应该如何面对"学业重""考试多""心里烦"等问题，并提供解决问题的办法。

针对考试后学生有可能出现浮躁、焦虑，或者放松等的现象，建议学生，考完试后，可以拿一本喜欢的书静静地看看，来抚平躁动的心；可以拿出周记本写写自己的喜怒哀乐；或自己一个人去操场上跑跑步，实在解决不了问题，再寻求帮助！而不是动不动就来办公室吐槽、求安慰、做"吃瓜群众"！

二是我们的教师需要改进教育的方式方法。看到学生成群结队来办公室探讨与刚刚结束的考试科目相关的问题，甚至是与学习无关的问题时，我们应该采用正面的、积极的方式和明确的态度，严肃而不失艺术地告诉学生要保持一种应有的态度来交流！

其实，我们不要把学生想得太脆弱，学生暴露了问题，我们就应该面对问题，解决问题，还要就未来的种种"可能问题"进行思考，并努力思考解决问题的策略。凡事豫则立，不豫则废！尽量把问题想在前面，可能比问题来了再思考会好一点。我们应该了解学生的不良心理，果断选择正面管教的方式告诉学生要做什么，以怎样的方式方法来做，而不是在那里陪着他说些无关紧要的话题。这样不仅不能解决学生的问题，反而还会助长学生的依赖心理和从众心理。

在对待学生的学业学习、成才成功这个问题上，我们要永远记住并遵循如下原则：成长比成人重要，成人比成才重要，成才比成绩重要！从教以来，我一直把学生当成"读书人"来培养，而不是把他们当成"考试人"来看待。我力求做一个身心健康、人格完善、人性丰富、人品高尚的人。因此，我力求把学生培养成身心健康、人格完善、人性丰富、人品高尚的人。

主题班会五　乘胜追击："成功是成功之母"

一、班会设计及思考

展示自我风采，实现自我价值。成功教育是挖掘学生潜能的教育，是帮助学生树立自尊、自信、自立、自强信念的教育……"失败是成功之母"这句至理名言，作为安慰人的话语，无可厚非，但是根据人性的特点和心理学的研究，我觉得，我们更应该提倡"成功是成功之母"的理念。与其让学生从失败、批评中吸取经验教训，不如让学生从荣誉、鼓励中获得自信。在快乐中学习更有效！基于这一思想，我要求我的学生在周记本上写出"喜欢自己的十大理由"，接着向学生展示有关的激励人心的文字，引导学生认识自我，完善自我。

二、班会适用时间

期中或期末考试前两周。

三、班会内容及过程

(一)故事导入

与学生分享身边人或名人的故事，与学生聊聊"成功是成功之母"的话题。

成功之后，个体增强了对新方法尝试的信心，从而敢于挑战未来，挑战极限。成功、积极的情绪体验能够鼓励个体超越自己，战胜自己！

成功之后得到的不仅仅是荣耀，更有宝贵的经验。通过分析成功的过程，得出有效的经验，在今后的道路上就能获得更多的成功。

当然推崇"成功是成功之母"的前提，是遏制成功之后骄傲自满的情绪，毕竟一切辉煌都已成为过去，往事已随风，"好汉不提当年勇"。戒骄戒躁，继续努力才是"成功是成功之母"的关键。

(二)听听故事，看看自己，说说"我"的优点(学生自由发言)

学生讨论并展示一：

喜欢自己的十大理由
李 霞

理由一：自己当然喜欢自己了，我有独特的个性，是个令我满意的女孩！

理由二：我是爸爸妈妈的结晶，喜欢爸爸妈妈，当然要喜欢自己啦！

理由三：我人缘超好，别人都愿意跟我玩，我这么有魅力，当然喜欢自己啦！

理由四：我善解人意，不会跟别人起冲突，这样的我，哪能不喜欢自己呢？

理由五：我学习很好，各方面都在发展，经常得到老师表扬，我更加喜欢自己了！

理由六：我能歌善舞，被称为"小才女"，我不能不喜欢自己！

理由七：我兴趣广泛，琴棋书画，样样拿手！

理由八：虽然有缺点，但有错就改，人无完人嘛！

理由九：没有最好，只有更好！我可是一个"小强牛"哦！

理由十：我喜欢自己，喜欢酸酸甜甜的我！

学生讨论并展示二：

我的优点
钟展威

我是一个有主见的人。

我是一个感激父母、孝顺父母的好儿子。我永远也忘不了阳光、绿叶般伟大的母爱，有幸即将成为珍珠的我，有幸即将出人头地的我，必将尽我所能感谢母亲，孝顺母亲！

我是一个品学兼优、热爱班级的好学生。说起成绩，身处高手云集的班级，我的成绩当然也不逊色。在这里，我想提一点，成绩好不一定品行好，品行好不一定成绩好，品行好、成绩又拔尖的人才，那真是众人仰慕，惊艳一世！我认为，我应该努力做这种人！

我是一个艺术创造者。……前几年开始接触吉他这种乐器，头几个月觉得没什么兴趣，后来逐渐知道吉他的好，每一次拨动琴弦，都触动我的心，优美的旋律缭绕在我的心头，一种奇妙的感觉油然而生。艺术占据了我心中的大部分，我决心要成为一个艺术家。

(三)话题展示与讨论：怎么认识自我？

认识自我表达了人类与生俱来的内在要求和至高无上的思考命题。尼采说："聪明的人只要能认识自己，便什么也不会失去。"如今，随着社会的不断发展，人们对于自我的认识，也进入了一个突破性的新阶段，你是怎么认识自我的？请结合下文并进行思考。

我就是一座"金矿"
——认识自我

1. 自我的外在特征——包括出生年月、性别、年龄、身材、身体状况、出生地、语言、文化程度等；

2. 自我的知识、能力结构——是专业型的？还是综合型的？是 I 型（单一专业）的，还是 W 型（众多专业）的？是智慧的，还是平庸的，或是愚鲁的，笨拙的？

3. 自我的情感特点——是敏感的，还是迟钝的？是强烈的，还是温和的？是稳定的，还是波动的？是迅捷的，还是缓慢的？是固执的，还是变通的？是常常愉快的，还是常常不乐的？

4. 自我的意志特点——是主动的，还是被动的？是果断的，还是犹豫的？是耐受的，还是脆弱的？是自信的，还是灰心的？

5. 自我的思维特点——是形象思维占优势，还是抽象思维占优势？是灵活的，还是刻板的？是深刻的，还是肤浅的？是开阔的，还是闭塞的？是独立的，还是模仿的？它的直觉性如何？理论性如何？

6. 自我的个性特征——内心最强烈的欲望是什么？它们是不是合理的？兴趣爱好是什么？自我的理想与现实有多大距离？相信理想会实现吗？

7. 自我的心理动力结构——是否常常处于心理矛盾之中，感到焦虑不安？内心中是否有一个强大的超我在当警察，管制着自我的行为？能否平静地面对心中原始的内驱力？

8. 自我与社会的关系——人们是否喜欢我？我能为别人做点什么？在他们的眼里，我是怎样的人？我与他人的关系融洽吗？我乐于与人共事，还是愿意特立独行？

(四)教师小结

歌德说："人怎么能认识自己呢？通过观察是不可能的，必须通过行动。你去试验完成你的职责吧，你立刻就知道，你是怎样的人。"

一个非常自卑而没有信心的人，对自己的优点和长处常常是漠视、忽略的；一个非常自负而不懂谦逊的人，对自己的优点和长处常常是夸大、渲染的；一个过分自怜而显得沮丧的人，对自己的需求、动机实现的可能性缺乏合乎实际的认识，因而放弃了希望和努力；一个过分自尊而有些虚荣的人，对自己的形象太在意，不能放下不必要的架子。因此，只有认识自己，才能走向成功！

四、聆听智慧的宣言

1. 不断地奋斗，就是走上成功之路。——孙中山

2. 我成功，因为志在要成功，未尝踌躇。——拿破仑

3. 要成功不需要什么特别的才能，只要把你能做的小事做得好就行了。——维龙

4. 一个目标达到之后，马上立下另一个目标，这就是成功的人生模式。——卡耐基

5. 如果你问一个善于溜冰的人怎样获得成功时，他会告诉你："跌倒了，爬起来。"这就是成功。——牛顿

五、课后作业：填写《我的风采》等表格

《我的风采》学生用表如表 2-4 所示。

表 2-4 《我的风采》学生用表

		（贴一张自己最满意的个性化照片）
姓名		
性别		
出生年月		
籍贯		
民族		
原毕业学校		
最欣赏的人		
最喜欢的大学		
奋斗目标		
兴趣、爱好和特长		
座右铭		
我的名言		
我的优点		
我的缺点		
我的荣誉		

续表

我的自画像

主题班会六　未雨绸缪：为大演练、大方向、大数据做精心准备

一、班会设计及思考

每个地区都有为高三学生备考而举行的"模拟考试"，如素有高考"试金石"之称的"广州市普通高中毕业班综合测试（一）"（简称"广州一模"）就是广州地区为高三学生备考而设计的模拟考试。"广州一模"试题命制水平较高，题目的难度一般难于高考，且作为引领高考复习备考的风向标，"广州一模"每年都备受全省高三师生的高度关注，在省内已然形成很强的品牌效应。

2023年3月13日—15日，广州市将举行2023届一模考试，领导重视，教师关注，学生紧张。作为班主任，我们该怎么办？

高三备考进入白热化阶段，因内容多、课时紧、时间长、强度大，学生开始出现迷茫、烦躁、焦虑等不良情绪，特别是到了大型考试前夕，学生出现心浮气躁或是有劲使不上的疲软状态。缓解学生的不良情绪，需要语言的安抚，更需要切实可行的指导。我们指导应基于四个方面进行考虑：一是学情分析，如了解学生的情绪等；二是学法指导，如如何在考前做好知识点梳理；三是考试提醒，如参与大型考试必须遵循的各项规则及应急处理策略；四是考后心理和学习指导。

二、班会适用时间

"广州一模"之前。

三、班会过程及内容

(一)何谓"三大"

大演练：重视规则＋强化意志＋考试流程演练。

大方向：重点知识＋考查风向标＋查漏补缺。

大数据：考生多＋分析细＋排位具有科学性。

(二)如何面对大型考试？

1. 复习考试周"三重视"。

一是重视学习心态和学习环境、考试科目及时间、审题，特别是试题考查方向，重视答题技巧、细节。

二是重视学科考试复习及适应性训练：总结知识点，突破重难点，总结做题步骤及自我经验，牢记做题时间分配。

三是重视纪律、锻炼和心态的调整：越到大型活动或会战前，越要纪律严明，心态放松，情绪高昂和牢记方法。

2. 考试前注意。

重视的事情说三遍：心理上藐视它，战术上重视它。

高考成功的公式：高考成功＝心态＋知识梳理＋按部就班＋应变能力。

生活上：严格遵守个人的作息和饮食规律，不要参与过激的活动。

学习上：重视语、数、英三科的策略性安排——重要科目重点强化，重点知识重点学习；回归课本，整理资料，重视梳理；强化记忆，强化训练。

心理上：树立"舍我其谁"的必胜信念；培养"我都不会还有谁会"的乐观心态；牢记"遇事紧张，成绩抛光；做题有干劲，考试有成绩；做题稳打稳冲，高考必定成功"的忠告。

3. 考试期间，正常学习。

(1)带好学习资料和用具，并提前 5 分钟到达教室；

(2)记住值日；晚修务必安静，考完务必安静：写写文字、看看书，不要聊天闲逛！

4. 考完后回归日常。

整理桌椅，打扫教室卫生，开展反思、总结、规划、阅读、欣赏等静心、净心活动，做考后最好的自己：详细、细致、细心。

保证学习氛围：教室安静、整洁。

保证准时到达：教室、自习室。

保证个人形象：言谈举止良好，不拖拉、不粗鲁、不躁动、不违规。

结束与开始："广州一模"是开始，不是结束——雄关漫道真如铁，而今迈步从头越！

驻足与前行：埋头拉车与抬头看路。驻足观看是调整心态，奋力前行是放下包袱，开动机器。

放下和拿起：放下考试中不开心的事，拿起书本继续往前冲。

(三) 温馨提示

"广州一模"是开始，不是结束

各位优秀同学：

下午好！

1. "广州一模"考试结束了，现在不是狂欢、悲伤的时候，而是休整、反思的最佳时间！

2. 今天，我看到了最让我惊喜的"背影"，我相信今晚巡视的领导、值班的教师和其他班级的同学会看到华附首届强基班高三(5)班最美的姿态：劳动的、做题的、阅读的、书写的、跑步的、总结的。

3. "广州一模"是开始不是结束：驻足，稍作休息；静静，继续前行！

4. 考试结束，教室桌椅、两台等复原，卫生一定要拿第一！如果连可以拿第一的都拿不到第一，这不是能力的问题，是态度、责任心的问题！给黄韬和杨欣烨减轻负担，就是给自己树立形象！给班级贴金！

祝好！

扪心自问

1. 考试结束，书桌、书籍、资料整理好了吗？

2. 早读时是否及时进入教室并且能够投入学习中？

3. 是否就考试进行过思考、总结并写下了些许策略？

4. 课堂上还能一如既往地学习、思考吗？课后还能按部就班地学习、复习吗？

5. 还能坚持去操场跑步、去游泳池游泳吗？

策略·方法·途径

1. 放下包袱，开动机器！时间不会因为你的失意而停止！他人不会因为你躁动不安而停止学习！

2. 抛开烦恼和不安，越烦躁焦虑，学习效果越差！

3. 集中精力，克服浮躁，投入学习，高效学习！

4. 按部就班，按照规则做事。戴着镣铐跳舞还能跳出精彩，是一种能力，一种境界！

5. 现在拼的是体力、心态、实力！现在强调的是纪律、规则、拼搏！

6. 你的学习目标不是高考前的分数和排位，而是高考分数和排位！但是你必须明白：现在的努力、情绪、心态是高考分数和排位的基础！现在请务必安静、冷静！努力！努力！再努力！

7. 非特殊情况，不要去寻找一个寂静的地方学习，尽量"逼"自己在大环境之中学习！因为高考的场所是"特定的环境"，因此你一定要形成在特定环境中学习、考试的习惯！

8. 现在你最应该感谢两种人：鼓励你的人！狠狠批评你的人！他们才是最在乎、最想你成功的人！

9. 现在你真的要"克制自己""逼迫自己""强化自己"，不逼一逼、试一试，你怎么知道自己潜力无穷？你怎么知道自己比他人强？

主题班会七 审时度势：迈好人生关键一步

一、班会设计及思考

到了高考前的关键两周，教师(班主任应该与科任老师沟通好)应该要紧紧把握"四个给予"——在方法上给予指导；在情感上给予鼓励；在行动上给予引导；在(学习)内容上给予强化。记住：多一些关心，多一些鼓励，多一些支持，多一些辅助，多一些耐心。一次好的指导，胜过一百次的说教！

二、班会适用时间

高考前两周。

三、班会内容及过程

(一)学法指导：合理安排复习内容

在这几天的时间里，应每天抽出 7~8 小时复习考试内容。

应重点复习以记忆为主的科目或其他科目中需记忆的内容。

与以前的复习不一样，考前一周的复习属于回忆性、浏览式的复习，不再要求将某些问题钻研得很深、很透，更侧重基础知识的记忆，如理科的定理、定义、公式等，书中的典型的例题，基础知识部分、重点、难点，等等。

此外，最好不要抠难题、偏题，因为这样可能会削弱自信心，影响考前情绪；可以找错，最好是在家长的帮助下，把自模拟考试以来各科答错的内容再看一看，分析一下做错的原因。

语文——构建语文知识体系和试题结构体系。

　　语文知识体系包括语音，字形，标点，词语（重点虚词、成语、熟语），句子（病句类型），修辞，阅读，作文。试题结构体系如表2-5所示。

表2-5　语文试题结构体系

试卷板块		题型	分值	具体内容
基础知识		选择题	9分	共3小题
科技文阅读		选择题、简答题	15分	选择题6分，简答题9分
古诗文阅读		选择题、翻译题、鉴赏题、默写题	33分	文言文选择题12分（实词、虚词、人物品行和主题思想理解），翻译9分，诗歌鉴赏6分，默写6分
选做题目	文学作品阅读	简答题等	15分	散文和小说
	实用文阅读	简答题等	15分	新闻、访谈、传记等
语言表达题		多种题型	15分	3道小题，关注生活应用型
作文		话题作文、材料作文	60分	思辨性、文化性

　　最后一周的复习应该是这样的：梳理课文知识（重点篇目中的重点字词句及段落，还要注意文学常识），强化记忆重点知识和典型题例，强化记忆默写篇目（千万不要因为错别字而前功尽弃），朗读一些有激情、有文采的文章（作为考试激情的迸发点），适当地收集作文素材和做适当的审题构思训练。

　　数学——最后一周就做一件事，树立自信心。此时必须"自以为是"，而不是"自以为非"，应把书翻一遍，熟记书中的定理、定义、公式等。

　　英语——最后一周应该把高考词汇表里的单词重点记一下，重点检查一下这些单词的特殊部分，即书本之外、大纲以内的这部分内容。练练书面表达，翻翻以前的卷子，重点看错题，争取降低错误率。一句话，最后一周同学们应该轻轻松松翻卷子，查错！

　　化学——看一看教科书，有可能发现"漏网之鱼"；浏览式地过一下做过的卷子，侧重错题、生题等。

···········

（二）生活指导：考试期间的复习和作息，保持临战状态，调整兴奋点

1. 考前过渡期。

重要考试前的三天左右，高考前的前一周左右，要做好两件事：

降低复习强度，增加睡眠时间，一定不要开夜车，严格遵守作息制度；调整作息时间，使之与考试时间同步。

特别提醒：

很多考生在整个复习阶段已经养成了开夜车的习惯，因而在 8 点到 10 点间，大脑处于昏昏沉沉的状态，而高考时，这段时间正是最紧张的考试时间，因此考前在家复习阶段一定要注意调整自己的生物钟，可在相应的时间里复习相关的科目，力争使自己的兴奋点与考试时间相对应。

成功之言：尤其在最后一周，你一定要调整自己的生物钟，因为高考是 9 点到 11 点，然后下午 3 点开始到 5 点结束，所以在那个时间段我会强迫自己打起精神，然后让自己习惯这种状态。

研究掌握应考策略，努力发挥正常水平。

高考如打仗，讲究战略战术。战略上藐视敌人，战术上重视敌人。上场平心静气，审题认真仔细，答题旁若无人，做题一鼓作气。"基础题，全做对；一般题，一分不浪费；尽力冲击较难题，能拿则拿不后悔。"只要能发挥正常水平，展示自己的实力和风采，胜利就一定会如期到来。

2. 科学用脑。

具体做法如下：

——每段复习时间一小时左右较好。两段复习之间，要安排 5～10 分钟的休息时间；

——各科复习内容一天之内最好交叉变换，让大脑不同功能区得到"轮休"。

3. 生活指导。

①重视饮食卫生；

②不宜吃过甜过咸的食物；

③避免饮食过于饱胀；

④晚上不要饮用有兴奋功能的饮料；

⑤进考场前，要适当控制饮水量。

(三)复习技巧指导：多拿 1 分

高考复习已经进入冲刺阶段，如何最大可能地提高分数？现总结出一套"增分高招"，希望能给大家提供帮助。

增分基本公式：

扎实基础＋纯熟技能＋良好身心＋正确策略＝增分高招。

第一招：目标不宜过高，从多拿 1 分做起。

在最后这个阶段，如果要求考生突飞猛进，一般来讲不太可能，但是多拿 1 分却容易做到。千万不要小看卷面上的 1 分，上线与不上线，高分与低分，有时就是 1 分之差。

很多考生意识不到"1 分"的重要性，结果定的目标太高，而实现不了，还打击了自信心。其实只要每科努力提高 1 分，总成绩就会是一个大的进步。

如何才能多拿 1 分？

①要养成清算应得而未得的分数的习惯；

②要改掉屡犯重复错误的毛病；

③克服答题不规范的弊端；

④改正审题不清、题义理解不准确的错误；

⑤留意粗心大意出错的地方；

⑥加强识记，保证记忆题得分；

⑦训练答题的速度，学会合理分配答题时间；

⑧提高书写、填涂答题卡的质量；

⑨注意答题步骤的清晰性和周密性；

⑩严格遵守题目的要求。

做到以上几点，多拿 1 分就不是难事了。

第二招：重复做题没有错，善于记录得高分。

一些学生认为，重复做题没有意义，这种观点其实是片面的。有些题目对自己的薄弱环节有针对性，有些题目涉及的知识点非常关键，而这些题目都有必要重复去做。

另外，上课时记录教师的启迪，做题时记录实战的心得，评改时记录教师的订正，这些都是非常重要的提高成绩的方法。

第三招：学了、知了、做了，还要"拿了"。

不少学生"学了"（学了知识），"知了"（知道了知识），"做了"（做了习题），但考试时就是拿不到分。为什么会出现这种情况呢？这是因为，任何知识从学习到应用再到转化为能力都有一个过程，在这个过程中个体需要不断练习和巩固。学生不要以为"学了""知了""做了"就一定能"拿了"，"学了""知了""做了"只是量的积累，而"拿了"才是质的提升。因此，学生不要仅仅满足于前面的付出，还要重视后面的收获。

解决"付出却无回报"的问题，考生要找出自己拿不到分的具体原因，究竟是掌握概念出了问题、理解原理出了问题、答题规范出了问题，还是运用过程中出了问题？然后对症下药，如此才能有所收获。

一般来说，存在这样问题的学生都有一定的知识基础，只要突破运用这个"瓶颈"，成绩就会提高一个档次。

第四招：知识系统化，完善复习结构。

对于高三学生来说，结构化的知识、系统化的复习和综合化的训练是最为重要的。考生应当在熟记考纲结构的基础上，学会分析试卷结构，并以此完善自己的复习结构。

首先，学会把零散知识变成结构化知识。要注意分辨、归类并总结同类知识的特点和内在规律。例如，针对语文考试中字的读音这一考点，学生就可以按音序将常考的字分类整理，方便记忆。

其次，学会把考点知识变成题型知识。考点知识是很抽象的，要具体通过题目才能得以体现。例如，语文学科考点"理解含义深刻的句子"，但到底何为"含义深刻"呢？考什么？怎么考？这些内容只有通过看题、做题才能准确地把握。

最后，学会把缺漏知识变成新增知识，把残缺知识变成系统知识，也就是查缺补漏，综合运用。

第五招：做好基础题，把握得分主战场。

高考有三大战场：基础题、中等难度题和高难度题，比例是 2∶6∶2。基础题对大部分考生来说都应该是稳拿分的，但过往许多考生将精力消耗在攻克难题上，基础题反而没做好。高考难题通过率每年都保持在 20％～30％，目的就是拉大考生之间的差距。学有余力的考生可以适当练习难题，而成绩中等以下的学生应该在保证基础题正确率的基础上加大中等难度题的训练，而不要为高难度题浪费太多时间。

第六招：吃好"正餐"，恰当选择资料。

这里的"正餐"指的就是"正课""正题"。所谓"正课"是针对目前许多学生存在的上课内容与目标错位现象而言的。例如，学生在语文课上做数学试卷，不但课没有上好，做题也没有达到预期效果，白白浪费时间。

所谓"正题"是指适合考生的"好题"。教师会按照教学计划或者所掌握的最新情况为学生编写参考资料和考题，这些考题是教师教学经验的总结，比学生自己找的其他题目更有价值。另外，考生也不要随便使用不符合本地区考题特色的资料。

主题班会八　亮剑高考：2023 年高考嘱咐和祝福

一、班会设计及思考

以微笑面对学生，告诉学生需要注意的事项；激发学生对于考试的热情；用真情给学生最好的祝福——信心很重要，信心比黄金还重要！为了鼓励学生，我不仅在战略战术上给予引导，还在心态上给予重视，如给学生制订个性化的复习计划，设计个性化的资料；给学生写壮行语，列举学生的优势；等等。种种举措，无形之中让学生信心大增！

二、班会适用时间

高考前三天。

三、班会内容及过程

(一)牢记"规矩与规则"：注重细节，注重规范，注重效率

请注意：

①纪律意识：严格遵守学校、年级和班级的规章制度，用行动强化个人的考试、学习和生活的意识和素养。

②时间意识：千万不要踩着时间点来，要提前 10 分钟，给自己一个缓冲的时间和留白的空间。走读生留意天气状况，集中后考勤员用花名册点名。手机等电子产品留大本营，不能带上楼。

③班级意识：记住"大本营"是我们的"阵地""港湾"，提供座位、学习资料和学习文具！

④身份意识：记住"穿校服"，校服是我们身份的象征。

⑤往返意识：请牢记来回的路线——状元桥，一定要给自己鼓劲！为自己呐喊！为自己庆贺！

⑥证件意识：进入考试区域前，检查准考证、身份证、衣物及相关资料。

⑦平和意识：考试中要淡定、平和；注意规则、套路及变化；如有问题及时举手！

⑧卫生意识：离开"大本营"、宿舍及公共场所时，带走垃圾。

⑨应变意识：一是考试时一定要遵守规则；二是做题时既要遵守规则也要善于变化——审题！！！

⑩感恩意识：向教师说一声谢谢，把感恩刻在心中！

高考过程：规范、细心、淡定。

谨记：按照考场指令做事，请勿提前答题和推迟停笔(交卷)。

①候考：安静看资料，检查二证、文具等。

②入考场：带齐文具、水壶，接受安检，检查二证，刷身份证、刷脸。

③入座位：对号入座，检查书桌抽屉，水壶放在脚边，文具、二证放在桌角。

④发答题卡、条形码：检查是否缺漏、有误，答题卡正确填写姓名、考场号、座位号，贴好条形码。

⑤发试卷：检查是否缺漏、有误，确认 A、B 卷，在答题卡左上角填涂 A/B 卷(A/B 一般在桌角座位号会标)，填完信息把笔放下。

⑥开考：听开考铃声，动笔作答。

⑦有情况：考试过程中，如有合理的需求先举手，被允许后再提出来。

特别提醒：做完客观题先涂卡，留意时间。

⑧考试终了：听到结束铃声，马上停笔。按要求整理答题卡、试卷、草稿纸。所有答题卡、试卷、草稿纸都要回收。带走自己的所有物品。

(二)考试总原则

调好心态，充满自信；掌握节奏，审清题干；慎重落笔，规范答题；认真书写，卷面美观。

(三)心态秘诀

平心静气，深呼吸三次。相信自己，凡是自己会的，就能拿到全部分数，自己是最棒的。

(四)考前 15 分钟，"我"做什么？

①检查答题卡、条形码、试卷。

②填涂姓名、考场号、座位号，贴好条形码。

③迅速浏览试题内容，不管题目是否熟悉都要保持镇定。

④完成以上内容，借深呼吸来"平定"心情。

⑤用"脑"来完成"选择"题目(用手指打钩)。

⑥记住：先易后难，暂时不会做的，要先"放手"。

(五)高考应试的几点基本技巧

1. 遵守规则，避免失分。

每年高考总有个别学生视要求而不见，不守规则，最终追悔莫及。例如，涂卡不规范、书写不规范、不在规定区域答题等。电子阅卷时，教师看到的只是自己负责的那道题，如果不在规定区域答题，阅卷教师看不到，即便所答内容是另一道题完全正确的答案，教师也没有权力同情你。

2. 通览全卷，沉着应战。

拿到试卷，不要匆忙提笔，而应先将试卷通览一遍，了解试卷的分量、试题的类型、所考的内容、试题的难易等，做到心中有数，沉着应战。对于题多、量大、题型新、题目难的试卷，更要注意这一点。

3. 缜密审题，扣题作答。

每做一道题，特别是做问答题。首先要全面、正确地理解题意，弄清题目要求和解答范围，抓住重点，然后再认真作答，这样才不会答非所问。以往有些考生不注意仔细审题，结果不是离题太远，就是泛泛而答，从而造成失误。

(六)考后注意事项

①不要和同学对答案，心平气和地迎接下一场考试。

②不要沉浸在"好与坏"的矛盾思想中。

③不要受同学情绪的影响。

④相信坚持到最后就是最大的胜利。

(七)全班激情歌唱

迈向考场①

带着叮咛，带着希望，我们就要奔赴考场。面对挑战，从容不迫，我们自信地挺起胸膛。迈向考场，那是人生特殊的殿堂。迈向考场，美好就在不远的前方。

带着信念，带着梦想，我们就要展翅飞翔。沉着冷静，不畏难关，我们勇敢地搏击风浪。实现梦想，谱写人生奋斗的乐章。实现梦想，祖国明天更加辉煌。

(八)衷心祝福

剑客
贾岛

十年磨一剑，霜刃未曾试。

今日把示君，谁有不平事？

《剑客》是一首五绝。前两句说，剑客用十年工夫精心磨成一剑，此剑刃白如霜，闪烁着寒光，是一把锋利无比却还没有试过锋芒的宝剑。后两句"今日把示君，谁有不平事？"一种急欲施展才能、干一番事业的壮志豪情，跃然纸上。全诗感情奔放，气势充沛。

---

① 词、曲作者均为辽宁省实验中学团委书记李蓬。乐曲为 2/4 拍、大调曲式，节奏分明，富有朝气。全曲结构规整，分两个乐段，第一段平稳、刚健，第二段高亢、嘹亮，表达出"迈向考场"与"实现梦想"的坚定信念。

主题班会九　追求卓越：
塑造个人完美形象　留下完美印记

一、班会设计的思考

高考是结束也是开始，是高中学业的结束，是人生另一新阶段的开始。我们很多学校、很多教师都有一个"共识"：学生学业结束了，我们的教育也结束了。我们很少对学生考试结束后的言谈举止进行引导，即使有也只是一个象征性的祝福。正因为如此，我们的个别学生在学业结束后表现出的冲动行为令我们吃惊。考试结束后，个别学生从教学楼上向下抛试卷、丢书籍，在宿舍丢不要的生活用品……真是满目狼藉甚至可以用触目惊心一词形容。

虽然我的学生没有出现这种情况，但是为了做到防患于未然，我利用班会课就"高考结束后我们应该注意什么？"这一问题对学生进行了教育，收效良好，学生的表现赢得了众多教师的称赞。

二、班会适用时间

高考前一周。

三、班会内容及过程

(一)教师旗帜鲜明的态度

让试卷飞，凸显了教育缺失

一年一度的高考已经结束，但是与高考相关的话题还会继续升温。

有媒体报道，有学生为庆祝高考结束而把书籍和试卷抛上天空、撒向天台。这一事件在社会上是否引起反响我不知道，但是在校园里还是引起了热议。

我一直在想：释放压力、庆祝考试结束的方式多种多样，为什么非要采用这种疯狂的形式呢？这与我们的教育初衷是否相违背？

我们一直教育学生以平常的心态对待生活中的一切，可是，我们的教育思想和方式不仅没有引导学生回归平静和稳重，反而激发着学生走向躁动和轻浮。我们知道，保持一颗平常心，意味着不骄不躁，以出世之心，做入世之事；保持一颗平常心，意味着即使在紧张的学习生活中，仍有心情去感受那份宠辱不惊，闲看庭前花开花落，去留无意，漫随天外云卷云舒的自在！

教育是潜移默化的影响、润物无声的滋润、耳濡目染的熏陶，而静谧的校园却无法引导学生把浮躁、焦虑的心归于平静、安定，这是教育的悲哀！

我们的一些教育者也许会说，我们要让"90后"的学生以"张扬个性"的方式来宣泄或表达，才更为符合他们的年龄特征。但我要说的是，我们的个别教育者打着"张扬学生个性"的旗帜而进行着"放任自流"的"毒害"——把对学生的纵容当成是对学生的宽容！这种张扬个性的方式不仅没有让学生完全释放或完全表达，反而催生了他们的浮躁心态和极端性格。

现在，高中的学业刚刚结束，大学生活将要开始，在这短暂的结束与开始之间，我们的学生就表现得如此疯狂而高调，他们的将来会不会走向偏激，甚至极端？

我们知道，当教育引导缺少正确的舆论导向的时候，学生会产生一种盲目的冲动，而这种冲动之后，涌出的往往是悲剧！

(二)我们应该注意什么

1. 高考结束后，也要站好最后一班岗，做好最后一件事，让自己无憾地离开母校。

2. 高考结束后，摆好桌椅，清理讲台，打扫地面、走廊、关闭灯光，自觉地处理好班级杂物。

3. 高考结束后，清理书籍，把可以循环使用的教材或资料捐献给学校团委，把不能再利用的资源处理掉。

4. 高考结束后，可以在黑板上写些感谢老师、学校的话语，表达自己的感激之心。

5. 高考结束后，可以去办公室向老师说句"谢谢您"，或是鞠躬表达谢意，抑或是拍照以做留念。

6. 高考结束后，建议全班用统一的纸张写一段感谢老师的话语，或者说说我们的高中故事，由班长装订成册送给老师。

(三)回顾·祝福

1. 我不要求你的成绩永远第一，但是我希望你做人能够赢得别人的称赞！在竞争激烈的社会里，我要求你永远保持一颗拼搏奋斗的心！

2. 班干部以身作则，全班同学牢记"言谈举止树形象，竭尽全力铸班魂"的要求。

3. 用最后的行动给"学生欢心、教师舒心、家长放心、他人关心"的品牌班级增光添彩。

4. 理智克制不了情感，涌出的往往是悲剧。

5. 做一个这样的人："一个高尚的人，一个纯粹的人，一个有道德的人，一个脱离了低级趣味的人，一个有益于人民的人。"

6. 十年、二十年后，仍然可以自豪地说："我是华南师范大学附属中学的优秀学生，我是华南师范大学附属中学高三(5)班的优秀学生！"

(四)教师最诚挚的祝福

不管怎样，要把你最好的东西拿给这个世界
——致敬我的优秀学生

华附首届强基班高三(5)班各位优秀同学：

你们好！

千言万语，不知从何说起。今天，就三年、两年、一年的相处，只想说：感动！感谢！感恩！我会记得华附首届强基班高三(5)班的每一名同学！

分别之际，请用行动维护华附首届强基班高三(5)班的荣誉和个人形象！

1. 考试结束后，请来大本营把所有的东西清理好！用最干净、最整洁的环境来映衬我们纯洁干净的心灵！特别提醒：每个人都是第一责任人！不要

给优秀班干部杨欣烨、陈悦华和龚健翔等人压力！要发扬集体主义精神！

2. 回到宿舍和出入校内，请住宿生一定要遵守三个原则：一是要尊重宿管人员并按照宿舍要求做好一切事务；二是要把最干净的宿舍留给宿管人员，让他们在往后的日子里天天把你们挂在嘴上记在心里：华附首届强基班高三(5)班的孩子多优秀啊——自觉自律自强！三是一定要引导好父母遵守学校的一切规章制度并配合父母快速高效完成清点任务！

3. 回到家里，特别是外市的同学，一定要发条消息给我，不要让我担心！一定要代我感谢优秀的家长，你们的优秀父母！他们不是一般的辛苦，而是真的非常辛苦！高考成绩出来后，一定要记得把你的成绩告诉我——记住，我曾经说过的一句话：我从来不以成绩、颜值、能力、家庭来评价学生，在我心中，我所教的每个学生都是最优秀的！请依然保持应有的素养。

4. 记住：和你相处的日子里，也许因为方式不当，无意间伤害了你或让你感到了不适！但是，请记住：我一直很关心你、爱护你——也许只是表达方式不同！我冷酷的外表下有一颗火热、善良的心！我会想念你的！也会一如既往地关注、关心你！

5. 做好你觉得应该做好的事情！

分别在即，借助泰戈尔的《用生命影响生命》来表达我对你们的祝福和期盼：

把自己活成一道光

因为你不知道谁会借着你的光走出了黑暗

请保持心中的善良

因为你不知道谁会借着你的善良走出了绝望

请保持你心中的信仰

因为你不知道谁会借着你的信仰走出了迷茫

请相信自己的力量

因为你不知道谁会因为相信你开始相信了自己……

愿我们每个人都能活成一束光

绽放着所有美好

主题班会

家校共育

JIA XIAO GONGYU

家校共建，师生互通。

方法指引，授之以渔。

班级建设既要重视"道"的传承，也要重视"术"的传授。为此我做了两件事：一是编写了《优秀学生成长手册》，其中一系列的"成长指导"让学生对未来三年乃至以后有一个清晰的认识；二是每学期开学之初写一封信给学生，告诉学生未来的学习和生活要做好规划和设想，并就学期任务及行为规范进行具体的指导。

这种做法，收到了事半功倍的效果。

精神的引领不会让思想偏航，"导航"模式的开启能让前进的步伐加速。

作为心理尚未成熟的学生，他们既需要思想引领、情感净化，也需要方法指引和实操指导。

高一：自主成长　自我赋能

致高一新生的一封信　热烈欢迎，我的优秀学生！

亲爱的同学们：

大家好。

青春的梦想是未来真实的投影。

首先，祝贺你梦想成真——你可以每天自豪地踏入华南师范大学附属中学的大门。

这所学校，承载了广东基础教育的太多荣光，培养出的学生也都是佼佼者。华附学子有骄傲的资本，但是，优秀的你，不会因为头上的光环和自身的优越而变得骄傲。

作为引领时代潮流的华附人，应该清晰地认识自我，牢记"没有最好只有更好"的忠告，冷静地思考"作为优秀学生，未来，我会成为什么样的人？"这一朴素的问题。

姚训琪校长说：华附学生应当是德智体美劳全面发展、具有远大理想和领袖气质、既能保留传统的自信和坚毅品质又能站在时代潮头上创新的现代人。

作为华附人，请你记住"十六字箴言"：志远担当，求真致知，创新尚美，自信坚毅。希望你以坚韧、刚毅、豁达的品质秉承华附人"进德修业，格物致知"的求知精神；凭学识、智慧、境界的精气神铸就"追求一流，崇尚卓越"的敢为人先的魂魄。

同学们，跨入华附大门，是一种荣耀；踏进华附的教室，是一种挑战。

机遇与挑战并存，压力与动力同在。面对高手如云的学习环境，你想好了应对的策略了吗？你有明确的目标吗？立足今天，畅想未来，漫长而短暂的三年，你准备好了吗？

良好的开端是成功的一半。如果把高一阶段看作高中生涯的开端，那么怎样才能拥有这"成功的一半"呢？在这里，我们给你的建议，也许能够帮助你更好、更快地适应华附的学习和生活，也会让你顺利地成为华附舞台上的主角。

一、未学先立志，带着理想远航

树立人生理想，不断激发潜能。老一辈无产阶级革命家陶铸说，生活在我们这样伟大的社会主义国家的青少年，没有崇高的理想，是可悲的。一个没有崇高的共产主义理想的人，好像迷失了路途一样，不但不知道明天走到哪里，做什么，就是连今天做什么，为什么要这样做都弄不清楚。

"今天我以华附为骄傲，明天华附为我而自豪。"一句很普通的话语激励着我们一代又一代的华附人为之奋斗。华附英才辈出，享誉海内外。如"共和国勋章"获得者钟南山院士等知名人士是万千学子的杰出代表。作为华附人，我们应该有"为中华之崛起而读书"的抱负，有"为有牺牲多壮志，敢教日月换新天"的气概。作为21世纪的中学生，我们更应该有"未学先立志"的意识，有报效祖国的理想。

同学们，带着理想远航，虽然波涛汹涌，我们也能够乘风破浪，扬帆前行。带着理想踏上征程，即使道路坎坷崎岖，我们也可以从容自信，健步如飞，顺利到达。

二、言谈举止树形象，身体力行守规矩

"不以规矩，不能成方圆。"无论是社会制度也好，校园规则也罢，只有

合理的规章制度的约束才能使我们健康、快乐、自由地成长。

同学之间之所以能够和谐共处，是因为有合理制度的约束。作为中学生，校规校纪就是我们言谈举止应该注意的那根"线"，没有它，我们就难以正常地学习和生活。有了这根"线"，我们才可以整齐划一、有条不紊，才可以展翅高飞；有了这根"线"，我们的班级才会出现和谐的局面：师生融洽，同学和睦。

同学们，创造和谐的局面，需要你们的参与。你的参与，可以唤醒同学的热情；你的热情，可以温暖同学的心灵；你的心灵，可以净化同学的思想。你的付出可以换来班级的荣誉，你的思想也可以改变班级的面貌。

三、迅速融入校园生活，积极参与校风建设

百年名校焕发着青春的魅力，谱写着时代的篇章。近百年来历史文化的积淀，华附人秉承"进德修业，格物致知"的校训，经过百年淬炼，铸造了"敢为人先，追求一流，崇尚卓越"的精神，形成了"开放自由，严格自律"的学风。今天，教师潜心教育，躬行育德，精心育人；学生爱校尊师，勤奋团结，立志成才。师生的共同努力不断地为华附校风、学风注入新的思想、新的理念、新的内容。今天，成了华附真正主人的我们要继承华附的优良传统，发扬时代的精神，创造和谐的环境，奏响时代的音符。

在华附这块肥沃的土地上，你可以茁壮地成长。

德才兼备、品学兼优、与时俱进、锐意创新是时代的要求，也是华附人应该具备的素质。

为了实现华附人共同的理想，为了华附今天和明天的辉煌，我们要把美好发挥到极致，让最美丽的青春之花在华附的校园中绽放。

四、惜时如金求进取，讲究策略圆梦想

高中学习是苦趣也是乐趣。课程增多、知识加深、任务加重，是苦，伏案攻读、挑灯夜战，是苦，而迎难而上，奋勇前行，我们尝到的苦尽甘来的滋味，是乐。

攻取知识的堡垒，需要的不仅仅是时间，还有坚强的毅力和良好的方法。因此，在时间的运用方面，我们要牢记：一寸光阴一寸金，寸金难买寸光阴。

既要惜时如金，也要灵活多变。

法国著名生理学家贝尔纳曾深有体会地说道："良好的方法能使我们更好地发挥天赋的才能，而拙劣的方法则可能阻碍才能的发挥。"

法国哲学家、数学家、物理学家笛卡儿说："最有价值的知识是关于方法的知识。"现代社会知识剧增，更新加速，时代对我们提出了越来越严格、越来越多样化的学习要求，只凭铁杵磨绣针，功到自然成的方式进行学习，肯定无法适应。在今天和明天的学习中，学习的成败绝不仅仅取决于勤奋、刻苦、耐力，也不单纯跟花费的时间、精力成正比，更主要的是要有学习效率。

荀子说："君子博学而日参省乎己。"一个珍惜时间的人应该是一个善于反省的人。人，应该在反省中获得进步。一个讲究策略的人应该是一个有良好生活、学习习惯的人。人，应该在"习惯"中获得成功。著名教育家叶圣陶先生说："什么是教育，简单一句话，就是要培养良好的习惯。"播种计划，收获行动；播种行动，收获习惯；播种习惯，收获性格；播种性格，收获命运。

五、心平气和入宿舍，同心同德建家园

踏进华附的校园，你将会沐浴爱的阳光；进入华附的宿舍，你将会与他人的思想产生碰撞。学会严于律己，宽以待人。如果说，个人的空间让你享

受到宁静的话，那么大众的世界会让你在思考中迅速成熟。把宿舍当成家，你会赢得同学的喜爱；视同学为家人，你能受到舍友的尊重。请记住：你的大度是营造良好气氛的润滑剂；你的热情是创造和谐人际关系的催化剂。希望你能够用行动来诠释华附人德才兼备、品学兼优的含义。

同学们，宿舍无小事。只要把宿舍当作家，我们就能够做好每一件事。"一屋不扫何以扫天下？""勿以善小而不为，勿以恶小而为之。"

用行动营造良好的环境，用理解创造和谐的关系，用真诚共筑温馨家园。

同学们，光阴是无限的，人们爱说时光匆匆，实际上不是时光飞逝，而是我们在时间的通道中穿行消逝。青春一去不回，三年更将飞奔而去，希望同学们能珍惜如金岁月，高中三年学有所成。

最后，借用一个故事，与大家共勉：

在静谧的非洲大草原上，羚羊每天从梦中醒来时，它的脑海里闪现的第一个念头就是：我必须跑得比最快的狮子还快，不然我就会被狮子吃掉！与此同时，狮子也从梦中醒来，它的脑海里闪现的第一个念头就是：我必须赶上最慢的羚羊，不然我就会被饿死。于是，几乎在同一时刻，狮子和羚羊都腾空而起，朝着朝阳奔去。这就是生活——无论你是羚羊，还是狮子，你都必须在太阳升起的时候，毫不犹豫地向前飞奔。

祝你不断超越自我。

尹军成

2020 年 7 月 26 日

致高一家长的一封信　优秀家长，您好！

尊敬的家长：

您好！

首先祝贺您和您的孩子心想事成。为了我们共同的心愿——孩子茁壮成长，健康成人，我觉得我们很有必要在思想和行动上达成共识。

一、一种荣耀，一种挑战

跨入华附大门，是一种荣耀；踏进华附的教室，是一种挑战。机遇与挑战并存，压力与动力同在。您的孩子在华附三年首先遇到的是成绩和排位问题。作为家长，我们应该理性看待这一问题。我们知道，在高考竞争日益激烈的日子里，每一次的成绩和排位都会牵动家长和学生的每一根神经。但是，您必须明白的是，在华附高手云集、藏龙卧虎的班级，我们必须正确引导孩子看待成绩和排位。也许，您的孩子的成绩暂时没有达到理想的状态，但是，在整个大环境中，他依然是佼佼者。作为家长和老师，我们应该在鼓励中给予压力，而不是在压力中给予压力。高三前，我们要重视成绩，但是，我们更应该重视对孩子学习习惯、学习态度及健康人格的培养。只有具备良好的素养，孩子在高三备考和高考时才能力挫群雄、脱颖而出。因为，高考成功需要的不仅是知识，还有强健的体魄和健康的心灵。根据我多年的高三教学经验和有关媒体的报道，我们发现，很多学生高考失利，不是因为知识不足，而是因为心理素质太差。

二、新的学校，新的要求

也许，学校的现状或是学校的规章制度与您的想象有一定的差距。但是，作为一个能够培养高素质人才的家长，您也明白，我们的规章制度针对的不是个体而是群体。请您理解"国有国法，家有家规"的说法。不以规矩，不能成方圆。况且，学校的宗旨是：一切为了学生，为了一切学生，为了学生一切。

三、育英才，乐作为 ，求真知，守初心

您要相信华附的教师，牢记华附的教育箴言："育英才，乐作为，求真知，守初心。"孩子的生活和学习占据了我们生活的全部，他们的成功似乎成为我们生活中最大的希望。教师对学生像对自己的孩子一样。作为班主任，我会严格践行我的育人理念——"学识与人品齐进，激情和理智同行"和我的管理理念——"求同存异展个性，兼容并包育英才"。

也许，现在，您觉得言过其实，但是，请您相信，"路遥知马力，日久见人心"。我们会用行动来播撒爱心，用爱心来滋润孩子的成长。

学校是社会的一个缩影。有人的地方肯定有矛盾，而高中生作为一个不太成熟的群体，在交往和相处的过程中，他们之间的磕磕碰碰、遭受这样或那样的委屈是难免的，我希望家长不要以偏激的行为和言行来"交涉"，甚至指责对方或教师。我们应该以平和的心态来处理。林语堂说："一个人举止有礼，有度量、有耐心、有教养，这些都是在家庭中养成的。"您是孩子的榜样，孩子则是您的一面镜子。更何况，爱，是一把双刃剑，它既可以滋润孩子的成长，也可以助长孩子的陋习。

四、今日的辛苦，他日的幸福

为了生活，您可能整天东奔西跑，您今日的辛苦无非就是为了孩子他日的幸福。美国作家诺埃尔说："作为一个现代的父母，我很清楚重要的不是你给了孩子们多少物质的东西，而是你倾注在他们身上的关心和爱。"我想，

家校共育

很多时候，我们关注了孩子的物质需求，而忽视了孩子的心灵期盼。我建议，孩子每次回到家里，我们都应该主动询问孩子的情况，并用心倾听发生在他身边的事情。很多时候，您的一句话就能够抚慰他紧张的心，您的一个高兴的表情就可以激发他的斗志……毕竟，父母的爱就是孩子成长的催化剂。

五、架起沟通的桥梁，共创和谐的局面

我希望，家长能够主动和教师沟通交流。当然，我也会积极主动与各位家长沟通交流。面对班级众多学生的学习和生活，很多时候，我会因工作繁忙或考虑不周而忽视一些细节。在此，敬请各位家长给予理解和支持。我向各位家长郑重承诺，只要是家长的来访或来电，我都会给予热情的接待或答复。由于课堂纪律，我不能及时接听电话时，一般情况下，我下课后会回电。我希望，我们都能够积极主动地架起沟通的桥梁。只有沟通顺畅，我们才会产生共鸣，我们的孩子才有可能健康地成长。

尊敬的家长，您的理解就是对我工作的支持，您的热情就是我工作的动力。为了孩子的未来，让我们同心同德，共创美好。

祝您和家人身体健康，生活如意。

尹军成

2020 年 7 月 26 日

致高一家长的一封信　节假日，我们与孩子共"舞"

尊敬的家长：

　　您好。

　　新年快乐，万事如意。经过一个学期的交流和沟通，班主任和学生建立了一种"荣辱与共"的关系，科任教师和学生开创了一种力争上游的局面，教师和家长建立了一种相互信任、相互理解的和谐关系。寒假即将来临，为了更好地开展工作，更快地把学生的优势发挥到极致，现在，我把即将开展的工作向你们汇报，请你们提点和指正。

一、探亲访友，学会感恩

　　我们要培养孩子的感恩之心，就必须让他亲身感受亲情的深厚和友情的珍贵。常回家看看，是我们成人的行为，也应该是孩子的行动。很多时候，亲人的关心、朋友的询问，就能激发孩子奋斗的激情。遗憾的是，我们有的一些家长认为，逢年过节，探亲访友是成人处理人情世故的一种方式，却忘记了借这种机会来告诉孩子，他也生活在一个充满深情厚谊的环境里。因此，"我"活着，不能以"我"为中心。个人的生活应该是社会生活的一个部分，而只有进行人际交往，思想才会在交往中成熟。

　　感恩，是一种美德，是一种境界。感恩，不是为求得心理平衡的喧闹的片刻答谢，而是发自内心的无言的永恒回报。学会感恩，应该是学会做人的一条最基本的标准。

　　当然，在各位家长面前提这个话题也许不太合适，因为，你们已经在进行着良好的教育，但是，请大家理解，很多时候，我都在重复着一些常见的工作。在现实生活中，个别孩子心安理得地挥霍父母的血汗钱，偶尔不如意，就给父母施以脸色，甚至以出走、自杀相威胁。尊敬的家长，请在为提高孩子智商而努力的同时，注意培养孩子的情商，让孩子学会感动，学会感

家校共育

恩，学会爱与被爱，只有这样，孩子的心才会更善，情才会更真。

二、读万卷书，行万里路

寻找生活的踪迹，倾听生活的声音。我们既要读万卷书，也要行万里路。课外的天地是无穷的，应让孩子读万卷书的同时，行万里路，即投入五彩缤纷、五光十色的社会生活之中。社会是一所没有围墙的大学，我们应该告诉孩子要充分利用校外世界的教育资源，来丰厚自己的文化底蕴和社会经验。稍有经验的人都知道，人生阅历的积累，不但需要知识的沉淀，而且需要长久经验的总结升华。

中华大地，山川秀美。走遍大江南北，阅尽中华景色。民风民俗、南腔北调，需要我们感受；千年古刹、秦汉遗迹，值得我们瞻仰；五岳竞秀，巍巍昆仑，呼唤我们攀登；高峡平湖，鄱阳泛舟，让我们向往……只有走过万水千山，见过惊涛骇浪，才能尽享生命之美。

各处走走，到处看看，是开阔眼界的好方法。一个人的心胸有多广，他的世界就有多大。我们也可以说，一个人的眼界有多宽，他的事业也就有多大。因此，我们鼓励学生借假期投身社会，感受体验生活，毕竟"纸上得来终觉浅，绝知此事要躬行"。

学习的外延就等于生活，智慧的家长总是让孩子用一双善于观察的眼睛来寻找一切学习的机会。改变封闭的学习环境，拓展学习的空间，在生活——这取之不尽的教育资源、得天独厚的身边环境中去学习，将会事半功倍。

三、潜心研究，专心治学

客观来说，随着高考竞争日益激烈，我们的学生确实辛苦，一个学期的忙碌使师生深感疲惫。如何趁这个假期做到休养身心、养精蓄锐，值得我们思考。

有人把节假日当作加油站，有人把空闲日当作狂欢节，这都无可非议。但是，作为学生，我们必须知道，把节假日当作加油站的人，前进的速度会更快；把空闲日当作狂欢节的人，失足的次数会更多。

古有董遇"三余"勤读之说——"人有从学者，遇不肯教，而云：'必当先读百遍。'言：'读书百遍，其义自见。'从学者云：'苦渴无日。'遇言：'当以"三余"。'或问'三余'之意。遇言：'冬者岁之余，夜者日之余，阴雨者时之余也。'"

聪明者，养精蓄锐、蓄势待发；糊涂者，昏庸度日，碌碌无为。

我们为何不把假期当作一个思考问题、规划人生、构建蓝图的最佳时机呢？

在人生的战场上，不要觉得自己已经拼了命，也不要抱怨环境对你的要求苛刻。应该想的是自己的对手是否更拼命，别人的环境会不会要求得更苛刻。

同学们，我们都知道"士别三日，刮目相看"的故事。从故事里我们可以得到一些启示：第一，三日后能被人刮目相看的必须是"士"，也就是有志气、有志向的人；第二，士要被人刮目相看必须别"三日"，这里的三日当然不是指三天，而是指一段时间；第三，时间可以改变一切，量的积累会带来质的变化。

同学们，你能够成为第二个吕蒙吗？

我觉得，学生在假期休息之余，应该"往后看"和"向前看"。

"往后看"就是要学会反思和总结。记住：前进是需要反思的。"向前看"就是利用这个假期预习下学期的知识。俗话说，笨鸟先飞，而现实却不是这样，先飞的不是笨鸟，而是聪明鸟。还记得我给你的提醒吗？——

不要羡慕他人今日的辉煌，先问问自己："我是否像别人一样付出了？"别羡慕他人，你知道他们为了成绩、为了自己的前途，付出了多少吗？

他们在暑假期间就已经进行了高中的适应性学习：节假日里，你和他人酣眠时，他们已经在学习了；自习课上，你和他人高谈阔论时，他们正在埋头苦读；宿舍里，你磨蹭或嬉笑时，他们正在默记单词或古文……

家校共育

请问，你看到这些，你还要喊苦喊累喊冤枉吗？

尊敬的家长，亲爱的同学，以上是个人之见。如有不当或考虑不周之处，敬请谅解并请给予帮助。谢谢。

尹军成

2021 年 2 月 2 日

附：

寒假亲子互动指南

各位优秀家长：

早上好！

现就寒假的相关事项交流如下：

1. 亲子互动，情感释放

请记住，紧事慢为。2021 年 1 月 29 日—31 日是放假适应日和缓冲期，给孩子一个释放的机会，请注意与孩子交流的内容、方式和技巧等。

2. 和谐共建，规划假期

节假日不是狂欢日，而是"三省吾身"的反思时机。请与孩子做好感恩亲情、居家学习、社会实践和自我规划等展示自我和完善自我的计划。

3. 培育家园情、鸿鹄志

华附优秀校友钟南山院士的一句"欣逢盛世当不负盛世"，发人深省，催人奋进。古人有"风声雨声读书声声声入耳，家事国事天下事事事关心"的感喟，新时代的青年更应该有"欣逢盛世当不负盛世"的气概和使命担当！作为一个优秀学生，请牢记：现在是优秀的学生，未来是社会的栋梁！无论是居家学习还是参与社会活动，都应有"欣逢盛世当不负盛世"的使命担当意识。家长要培育孩子的家园情怀、鸿鹄志向，引导孩子用行动践行"学识与人品齐进，激情与理智同行"的为人处世之道。

4. 关爱他人，分享共荣

关心亲朋好友，关注他人，引导孩子"与人为善"与"合作共赢"。作为新时代青年，我们要关注时代发展，要有"雪山崩塌之时，没有一片雪花是无辜的"之忧患意识，要有"我为人人，人人为我"之奉献精神。节假日之际，记住以文字的形式问候师长和朋友同学，以示尊重和素养。

5. 重视理科训练，加强文科阅读

寒假来临，应该对数理化等科目进行一次全面的总结和未来学习的规划，并在做好总结规划的基础上进行有针对性的训练；对于文科，特别是语文，要加强阅读，建议阅读原著，在熟读原著的基础上再去看别人撰写的文章，坚决反对"熟记""名著导读"之类的资料，那些被嚼过的文字不仅无益而且有害！有人说，部编版语文教材"专治"不读书的人，这不是危言耸听。请记住：读书可以养性，可以培养定力！一个人的阅读史就是他的精神成长史。

6. 文如其人，字如其人

文如其人，字如其人有两层意思：一是指文章或书写风格与撰写者的道德品质相一致，风格是道德的外显；二是指文章或书写风格与撰写者的性格、气质、才情、学识、情感等相联系。话说回来，文如其人，字如其人既有其合理性，也有其局限性。在这里，我们不做过多探讨。我只希望我的学生文章具有思想，书写体现素养——端正、大气，足矣！请家长引导孩子在假期认真读好书，写好字！

高二：自昭明德　柔进上行

致学生和家长的一封信
未来已来，请保持平和的心态

各位优秀家长、优秀学生：

你们好！

我是优秀班主任尹军成！优秀者具有共同的品质——"识大体、顾大局，弘扬正气，传递正能量"，我希望我们能够把这种优秀品质发挥到极致！

还未分班，就有家长打我电话、加我微信、通过熟人打招呼，甚至还有"不经意"地在某个地方、某些场合碰到……对于这些，我表示理解，作为凡夫俗子，难免人情世故——因此，我也给予了客气、礼貌的回应。但是，理解归理解，交流归交流，我始终保持一种应有的"矜持和尊重"，不是怕别的，只是觉得我的职业、我的角色、我的个性和人品，使我有必要维护个人的形象和教育者的尊严。

我对教育的热爱是一种对理想信念的追求，我对学生的关爱是一种职业的素养和责任的体现！既然把它作为理想信念，就应当保持一种操守和素质；既然是一种职业，就应该做好做扎实！有人会问：不要扮清高，难道你就没有和家长有人情上的来往？问得好！实话实说，我和家长有来往，仅限于工作，我没有和任何家长有人情上的交往，特别是来广州后，唯一的一次和家长吃饭还是作为朋友间的交往。

我真的不喜欢有的人过于热情，不分场合、不分时间、不分地点地表现热情——晚上10点还发短信询问非必要的事务、休息日还不停地打电话交流情感、动不动就向你探听学校和别人家孩子的事情等等。你想想，这样的人，你不应该警惕吗？对于这种热情我始终抱有警惕之心——现在，他有多热情，未来，他就会有多麻烦！你想想，一个人，不考虑别人的心情、时间和家庭生活，动不动就打电话，提要求，你还乞求他能够有多尊重你？动不动就说三道四、评头论足、指手画脚，你想想，他能够有平和之态、尊重之心吗？这种人，一旦不能满足他的心愿，他就会原形毕露！因此，对于这种人，我见怪不怪，但是绝对不能与"怪"相处，不能与"怪"共舞！

我真的不喜欢有的人过于功利，面对孩子分数下滑，立刻就心急如焚；看到孩子没有获奖或是没有评上某种荣誉，立刻就"追根溯源""直言不讳"。白天一个电话，深夜一个短信，冷不丁还找个人过来聊聊，甚至还出其不意来到学校面聊。实话实说，现在，你接受不了孩子三年成绩的波动；未来，你的孩子就接受不了人生的起伏。当然，每个人都希望未来一帆风顺，希望未来都是晴空万里，可是，生活不可能永远风和日丽，甚至有时还会出现暴风骤雨。古人常说，人生不如意事十之八九。现在，你太在乎孩子的荣誉；未来，孩子可能就因为太过于维护荣誉而颜面大跌。有荣誉固然是好事，但是没有荣誉也不必过于失落、恐慌，毕竟，人生很多时候不是一个称号、一张奖状、一份荣誉就能够评价的！很多时候，荣誉需要的不仅是分数、票数，还要以能力和人品来支撑，以人格、境界、情怀来诠释。

各位优秀家长，优秀同学，请记住：

不要因为我们的观点不同或是因为我的语言无意间伤害了你，你就耿耿于怀。也许我们的个性、风格不同，也许我们的视野、境界不同，从而使我们意见有分歧，但是，请注意，我们有共同的目标、共同的话题、共同的追求，因此请你保持平和、冷静和理智，不要动不动就暴跳如雷或是铭记终生。毕竟，我们知道，很多时候，我不赞同你的观点，但是我维护你说话的权利。

不要因为我的一次不如意的表现，你就全盘否定了我的能力、品质和形象。人性的光辉就是对世界充满了关注和关心，对生活充满了热情和追求，对他人充满了尊重和感动，能够理性看待生活；人性的弱点就是对世界稍有不如意就表现出心灰意冷，对生活稍有不顺心就开始怨天尤人，对他人稍有不满意就开始满腹牢骚甚至全盘否定。请记住，人生不如意事十之八九，人非圣贤孰能无过？世界不是以你的意志为转移的……我们面对一张具有黑点的白纸，不要总是聚焦于黑点，这样，既可以缓解内心的焦虑，也能够愉悦自己的人生、生活。

不要因为过于熟悉而缺少应有的尊重、敬畏。熟悉了校园，你可以到处逛逛，但是请注意时间；熟悉了制度，你可以驾轻就熟，但是请注意约束自我；熟悉了教师或同学，你可以谈笑自若，但是请注意尊重；熟悉了课本，你可以轻松自如、心生窃喜，但是请注意，不是熟悉就可获得生活的真谛和知识的奥妙。记住：熟悉的地方没有风景，熟悉只是基础，钻研才可以升华……所以，我提醒你，面对熟悉熟知，不要过于随意率性，还是一句话，保持个性的时候一定要遵守共性，提升自我的时候一定要尊重他人！具体一点：遵守学校的规章制度，如不要因为不想参与而缺勤，不要因为坐电梯而与值日生、保安发生冲突，不要因为学习而忘记了运动或打扫卫生……当然，"不要的东西"还很多！限于时间和篇幅，我在此就不再唠唠叨叨，啰啰唆唆！我相信优秀的你们会比我想得多，做得好！未来，在优秀的你们的齐心协力下，一个优秀的集体一定会让世人为之惊叹！

祝好！

尹军成

2021 年 7 月 29 日

致高二家长的一封信
高二了，家长应该关注什么

尊敬的各位家长：

你好！

感谢你在百忙之中抽时间阅读此信，首先我对各位家长的配合、关注和理解表示衷心的感谢。

我们知道，高二年级的学生学习相对轻松、情感相对开放、思想特别活跃、个性非常突出……家长和教师都有同感：高一冲动，高二躁动，高三激动。高二年级的学生不好管！面对这个不好管的群体，教师应该怎么做？家长应该怎么做？做什么？这些都成为家长和教师交流沟通的热门话题。作为教育者，我觉得，我们家长应该注意以下几点。

一、关注班级管理

积极主动与班主任、科任教师沟通，不仅能够及时了解孩子在学校的思想动态、行为表现和学习成绩，而且能够参与家校合作、为正确教育孩子做铺垫。家长可以以电话、短信、QQ和微信等方式向班主任和科任教师了解孩子的情况，而不是等教师向自己汇报！我们应该把孩子回家后的表现或情绪波动及时反馈给班主任……我希望，家长能够主动与教师沟通交流，当然，我也会积极主动与各位家长沟通交流。我希望，我们都能够积极主动地架起沟通的桥梁，只有沟通顺畅，我们才会产生共鸣，我们的孩子才能够健康地成长。

二、关注孩子的身体素质

为了全面增强学生身体素质，我们将在每天放学后进行跑步锻炼。说句实话，我们学生的身体素质需要提高。我们知道，高考不仅包括文化知识的竞争，还包括身体和心理素质的竞争。我们一直重视学生的锻炼，但是，我们觉得靠体育课和课间操的锻炼还是不够的，为了增强学生体质，我们觉得很有必要进行跑步锻炼。我们需要家长与我们一起关注孩子的身体锻炼方式、方法！在家里，我们需要家长在节假日里督促孩子外出活动。很多家长打电话说，能不能让孩子带跳绳来学校进行锻炼，我们听到后，觉得非常好，跳绳既方便又能够起到锻炼身体的作用，我们提倡并欢迎。

另据媒体报道，从今年开始，清华北大等高校自主招生时将进行体能测试。这一消息一经报道，或将会成为中国高校招生的一个风向标。请家长提醒孩子积极主动地进行锻炼，毕竟身体是革命的本钱。

三、关注孩子的情感动态

我们特别要注意早恋的现象。早恋不说完全影响学习，起码会在一定程度上扰乱学生的思想。我建议家长多花点时间来关注孩子的成长和他的内心世界。据我了解，现在早恋的学生多数是家长关注过少的学生，或者说是在物质方面太过丰富、精神层面太过贫乏的学生。略举一例，有的家长提供给孩子的手机上万元，总是以物质的奖励来解决孩子存在的问题，结果是孩子得到的物质的奖励不是成为学习的工具，而是成为炫耀的资本。物质的奖励还会引发一系列问题：炫耀、攀比、玩游戏、上网，以及手机等贵重物品丢失后的烦恼等。

四、关注孩子的个性发展

我们对孩子的个性要关注并要正确引导。例如，有的孩子在学习上非常有主见，而且对学科学习表现出一种痴迷或是执着，我们希望也鼓励学生有这种求知精神，毕竟求学是需要一种个性化的理解的。但是，如果学生总是穿奇装异服，与人交往也表现出狂妄无知，或是对教师的管理、学校的制度产生逆反情绪，我觉得，这时就需要家长进行引导了。我们知道，在某种程度上，我们只有遵守了共性才能够展现个性。如果一味地讲个性，受到伤害的不仅仅是与你相处的人，更重要的是还有自己。到时候，我们会成为群体中的异类。

进入高二后，有个别学生我行我素，把怪异、另类当成个性来展示自己，完全放松了自我管理；有个别学生没有明确的奋斗目标，以追求物质享受和感官刺激为乐。这主要是因为进入高二，有些学生熟悉了环境，摸清了教师的性格，对教师、同学以及学校的规章制度缺少了陌生感和敬畏感。面对孩子出现的浮躁情绪，我们除了引导，还需要批评！毕竟，适度的批评可以唤醒学生或麻木或堕落的情感！

五、关注孩子的学习成绩

孩子的学习成绩需要家长正确对待。考试结束后，你要了解孩子是"没有学好"还是"没有考好"。如果是没有学好，作为家长，我们应该立即想办法和教师沟通，并引导孩子查漏补缺。如果是没有考好，那么我们应该鼓励孩子正确对待考试，并注意掌握考试技巧。

分班后，为什么有的学生在学习上开始冒尖了而有的学生却落伍了？原因是多方面的，但是，最主要的我觉得是学生的思想和方法存在差异。分班后能够立即融入新的班级的学生，成绩就会突飞猛进；而还沉浸在对昨天的留恋、今天的幻想中的学生，成绩就会滑坡……

尊敬的家长，如果您的孩子到了高二还在浑浑噩噩地过日子，到高三，

家校共育

他可能会步履艰难。希望各位家长对孩子的变化引起重视。我们也希望各位家长等家长会结束后可以去我们年级的三、四、五楼看看，宣传栏上有我们学生的成绩表扬和作业以及作品展示。从这些作业和作品中，我们可以看得出学生的进步。

六、关注高校以及有关高考的媒体报道

我个人觉得，家长可以不和孩子过多地交谈有关高考的问题，但是要在孩子填报高考志愿的时候，做到心中有数，毕竟孩子学习和志愿的填报是需要引导的。我曾经的学生高考成功，很大程度上是家长引导有法，处理有度。希望家长从今天开始就关注高校及其专业设置等情况。

以上建议如有不当，敬请批评指正！欢迎在座的各位献计献策！谢谢各位家长。

祝各位家长身体健康，生活如意！

尹军成

2021 年 8 月 26 日

致高二学生的一封信　认真过好节假日的每一天

亲爱的同学：

你好！

短暂的假期即将来临，你应该为自己的学习和生活做好一切准备。

一、和父母沟通，与同学聊天

理解父母的艰辛，尊重父母的情感。趁这个假期，可以为父母做以下事情：

①陪父母聊天，就自己的思想、学习和人生目标与父母做一次深入的交流和沟通。

②去父母的单位或工厂做一个调查，了解父母的工作情况，观察父母工作时候的情境，你的心态或许会发生变化。

③陪父母做一件事情，如逛街、做家务、走亲访友等，体会父母的生活。

…………

除了和父母沟通之外，你还可以和同学就自己的学习、思想、学业以及学校的生活情况做一些交流。

二、去书城走一走，感受一下书香的氛围，你会有意外的收获

我喜欢那种坐拥书城、书香四溢的氛围；我喜欢那种思接千载、视通万里的感觉；我喜欢那种宁静淡泊、勤奋好学的生活；我喜欢那种接近真实、触摸灵魂的体验。穿梭于书城的书架之间，你会自觉或不自觉地染上书卷气，表现出儒雅风。

在书城，看见那些或席地而坐或倚架而立的读书人，除感动、欣赏之外，还会心生羡慕，羡慕他们能安安静静地读自己想读的书；羡慕他们能在书城一隅为自己开一扇窗，敞一道门；羡慕他们远离浮躁，远离诱惑，能在书城之中给自己找到价值定位……

《颜氏家训》有云："积财千万，不如薄伎在身。伎之易习而可贵者，无过读书也。"贾平凹在《读书示小妹十八生日书》中说："书却会使咱们位低而人品不微，贫困而志向不贱。"有读书的心境时，无论在什么地方都可以读，更何况书城是个勤为径、苦作舟的好去处呢。

也许来书城读书的人并不富有，但换个角度，他们又是富有的。有什么比能与古今中外作家进行心灵沟通更令人向往呢？有什么比内在充实、视野开阔、思想活跃、精神富足更宝贵、更有价值呢？也许他们都是默默无闻的小人物，但换种思维，你会觉得：能为书折腰的人，能用书铺垫理想和灵魂的人，虽然看似简单，甚至有些平常，却是低调的智者。"腹有诗书气自华"，你会感觉"大道至简"说得精辟。你会感叹，书这东西很神奇，能让人沉潜下来，甚至废寝忘食。

去书城，你能够走进美丽的新世界！

三、拟订一个计划，确定一个目标

一年之计在于春，一日之计在于晨。老一辈无产阶级革命家陶铸说，生活在我们这样伟大的社会主义国家的青少年，没有崇高的理想，是可悲的。一个没有崇高的共产主义理想的人，好像迷失了路途一样，不但不知道明天走到哪里，做什么，就是连今天做什么，为什么要这样做都弄不清楚。

遗憾的是，进入高二，熟悉了环境，摸清了教师的性格，对教师和同学以及学校的规章制度缺少了陌生感和敬畏感，我们的个别学生表现出浮躁的情绪。更为可怕的是我们的思想开始出现松懈、激情慢慢消退、目标逐渐模糊……这个时候，我们需要强化目标！

拟订计划，调整方向，确定目标。世界上那些成功的人，都是对准了奋斗目标，在努力的过程中不断深造的，极少有人是在等自己具备了足够精深的知识后再去创造和奋斗的。

四、看一部自己最喜欢的文学作品或影视作品，寻找到一种精神寄托

朱永新教授谈到黑龙江青年阿穆尔写的一篇文章给他留下了深刻的印象。下面，我们一起领略、品味这篇文章：

我在少年时期读了一本苏联小说《明天到海洋去》。这本小说叙述的是一所中学的学生假期到黑海上航行的故事。读后久久不能平静，幻想着有朝一日到远方，到世界的每一个地方漫游。长大后，我特别钟情于旅游，游览过不少名胜古迹，名山大川。是《明天到海洋去》点燃了我投入大自然怀抱的热情和激情。

后来，我做过汽车搬运工、更夫，烧过锅炉，卖过烧饼，还当过编辑、秘书、代课教师，进过机关工作；我在乌苏里江边承包过土地，在俄罗斯当过倒爷，在北京做过小报记者。现在，我成了一名自由撰稿、自食其力的劳动者，我为此感到骄傲：是书给我提供了生活基础，它是我的衣食父母。1996 年，我在北大荒承包土地时，白天干活，晚上点起蜡烛，读随身带着的帕斯捷尔纳克的《日瓦戈医生》。2000 年，我在北京漂泊时，一边忙着记者工作，一边忙里偷闲读《李普曼传》。……书能改变人的一生，性格、爱好、禀赋、气质、思想和观念，以及对生活的理解。

学无止境，行者无疆，是书陪伴着阿穆尔成长，也祈愿它能一生伴随你我左右。

五、潜心研究，专心治学

客观来说，随着高考竞争日益激烈，我们的学生确实辛苦，一个学期的忙碌也让教师深感疲惫，如何趁这个短暂假期做到休养身心、养精蓄锐，值

家校共育

得思考。

有人把节假日当作加油站，有人把空闲日当作狂欢节。这都无可厚非。但是，我们必须知道，把节假日当作加油站的人，前进的速度会更快；把空闲日当作狂欢节的人，失足的次数可能更多。

聪明者，养精蓄锐、蓄势待发；糊涂者，昏庸度日，碌碌无为。

我们为何不把假期当作一个思考问题、规划人生、构建蓝图的最佳时机？

当然，我们提倡劳逸结合，提倡科学用脑，提倡按规律办事。但是，一些学生为了光明的前途表现出的勤奋值得我们深思。

同学们，我们都知道，现在苦，是为了将来不苦；现在累，是为了以后不累。金钱易得，光阴难再。珍惜今天，把握明天，创造未来，才是实现人生价值的根本。

亲爱的同学，无数的学子都在为自己的前途规划着、奋斗着。有的学生早早步入了复习的行列，有的则刚刚起步；有的学生信心百倍、踌躇满志，有的却举棋不定……但是，我想说，既然选择了高考这条路，就勿要再彷徨，只要坚持走下去，你就会发现无论成功与否，拥有这段经历就已经足够了。

最后，借用一个故事，与大家共勉：

一切皆有可能

在非洲中部地区干旱的大草原上，有一种体形肥胖臃肿的巨蜂。巨蜂的翅膀非常小，脖子也很粗短。但是这种蜂在非洲大草原上能够连续飞行250千米，飞行高度也是一般蜂类所不能及的。它们非常聪明，平时藏在岩石缝隙或者草丛里，一旦有了食物便立即振翅飞起；尤其是当它们发现这一地区即将面临极度干旱的时候，它们就会成群结队地迅速逃离，向着水草丰美的地方飞行。

这种强健的蜂被科学家称为"非洲蜂"。科学家们对这种蜂充满了好奇。因为根据生物学的理论，这种蜂体形肥胖臃肿而翅膀却非常短小，在能够飞行的物种当中，它们的飞行条件是最差的，从飞行的先天条件来说，它们甚至连鸡、鸭都不如；从流体力学来分析，它们的身体和翅膀的比例根本是不能够起飞的；即使人们用力把它们扔到天空去，它们的翅膀也不可能产生承载肥胖身体的浮力，会立刻掉下来摔死。

但事实却是，非洲蜂不仅能飞，而且是飞行队伍里最为强健、最有耐力、飞得最远的物种之一。

哲学家们对此给出了合理的解释：非洲蜂天资低劣，但它们必须生存，而且只有学会长途飞行的本领，才能够在气候恶劣的非洲大草原活下去。简单地说，若是非洲蜂不能飞行，它就只有死路一条。

什么叫置之死地而后生，非洲蜂给了我们最好的回答。非洲蜂更让我们相信，对一个执着顽强的生命而言，没有什么不可能。

生命本身就是神奇的，每一个人的身上都蕴藏着无数的奇迹。只要用心去做，没有什么不可能！

祝你不断超越自我。

尹军成

2022 年 1 月 16 日

家校共育

高三：自我赋能　自觉兴华

致家长的一封信　"亲子关系"共成长的
三个关键词：平和、淡定、鼓励

尊敬的优秀家长：

新学年好！

高三是孩子离梦想最近的一年，高三是孩子成长、成熟、成才最为关键的一年，高三也是您备受煎熬和倍感幸福的一年！这一年，具有历史意义！

为了让孩子平稳度过关键的一年，请您保持平和、淡定的心态，并做到时常鼓励自己的孩子。俗话说，家有高三生，心有一根针！内心能安定，梦想可成真！为了让我们的优秀学生更快、更好、更顺利地成长、成熟和成才，现就高三的家长心态、情绪和思想谈谈我的个人见解。

一、平和

（一）平和对待学校的安排

进入高三，学校、年级及班级会根据教育教学规律、学生身心特点和班级个性化建设精心设计各项工作。也许某些设计或某种活动安排与您的想象或孩子的个性有些许的"冲突"，请您理解并"相信专业的力量"——毕竟，学校的安排是基于大众特质和班级实情的，如有特殊情况，学校也会根据实际情况特事特办。无论怎样，面对不如意的事情，请您先保持冷静和平和！毕竟，作为优秀团队或群体中的一员，我们面对学校的安排首先是理解、尊重，其次就是遵守、适应和改进！只要家校抱着"为学生好"的态度，我相信未来都会朝着积极正确的方向发展！实话实说，您对学校的安排能够以平和的心态对待，无异于为孩子的成长做了一个很好的示范，孩子也会因为您的引领而学会如何面对生活中的规则并以积极心态遵守规则。

(二)平和对待孩子的生活和学习

高三一年，时间紧、任务重、压力大，学生难免会表现出情绪上的波动或分数上的起伏！此时此刻，您要做的是细心引导、耐心等待。不要因为孩子情绪波动和成绩起伏而表现出或喜或悲的情绪！只有您本身"波澜不惊"，才能培养孩子"泰山崩于前而色不变，麋鹿兴于左而目不瞬"。很多家长，面对孩子表现出的情绪波动和分数起伏，不是比较，就是唠叨；不是打电话给孩子同学家长，就是不停地发短信给教师，唯独忘记了解铃还须系铃人——孩子才是主角！我们知道，正常的沟通是必需的，过度的交流总会让孩子发现您言谈举止间表现出的焦虑情绪。青春期的孩子本来就敏感，一旦发现您的过度关注、过分关心，他可能会反感并且想方设法地避开您的关注。结果就是孩子与同龄人保持距离，对家长和教师保持警惕，交流的大门因为您的紧张而被关闭。

(三)平和对待生活和工作

生活不容易，我们都在用力活着。你的乐观豁达也会对孩子产生潜移默化的影响。您对工作的投入状态，也会影响孩子的学习状态。孩子的思想会日益成熟，其心理会逐渐强大。然而，如果您天天围着他转，"热爱"带来的强度会烧灼他的心灵。您要知道，适度的关爱才能滋润孩子的心灵，才能成为他前进之路上的精神养分。

家校共育

二、淡定

在孩子情绪波动或分数起伏的时候，一定要保持淡定！

《大学》有言：知止而后有定，定而后能静，静而后能安，安而后能虑，虑而后能得。接手高二(5)班的时候，我就开始着手培养孩子们的淡定心态和抗压抗挫能力！作为华附首届强基班的学生，他们都是优秀者中的优秀者！来华附之前，他们是小池塘里的大鱼，万众瞩目；来到华附后，他们是大池塘里的小鱼，似乎被关注、被呵护得越来越少，他们也随着成长而变得越来越理性。经历一次次精神的洗礼和思想的蜕变！现在，他们身上的光环渐渐退却，曾经的光彩似乎逐渐变得暗淡，有时，自信在生活的考验中变得不堪一击！作为过来人，好不容易站稳了脚跟，接踵而来的又是一次大洗牌！因此，能够进入高二(5)班不仅仅是能力的体现，更是自信心的满足。为了维护尊严，他们不用扬鞭自奋蹄！因此，我不担心他们学习不用力，而是担心他们学习用力过猛！现实告诉我们，人一旦付出了全部而没有达到理想的状态，他们或多或少会表现出失落甚至失望！此时此刻，情绪的起伏和情感的失态是必然的！作为家长，我们该怎么办？一个词：淡定！不要因为孩子情绪的波动或分数的起伏而大惊失色，甚至惊慌失措，抑或陷入教育情感的旋涡！现实告诉我们，在孩子成长的过程中，家长的表现很重要！此时此刻，静观动态比好言相劝更重要！淡定出入比陪伴守候更有效！作为家长，为撑起家门而努力工作，告诉孩子——生活不容易，我们都努力；作为孩子，即将成年的孩子，他应该明白——学习重要，但是身心健康、人格健全更重要。优秀的孩子不给父母惹麻烦，不让父母担心，是孝心，也是责任；是成长，也是成熟。

喜剧大师卓别林说，用特写的镜头看生活，生活是一个悲剧；但是用长镜头看生活，生活就是一个喜剧。给孩子讲讲道理，说说故事，何尝不是一种方法！化解孩子的烦恼和痛苦，有时候需要说教，更多时候需要言传身教。家长表现出的淡定对孩子个性和品行的养成起着潜移默化的作用。

用先贤或哲人的话语引导也是一种方法。例如，莫泊桑在《一生》里写道："生活不可能像你想象得那么好，但也不会像你想象得那么糟。我觉得人的脆弱和坚强都超乎自己的想象。有时，我可能脆弱得一句话就泪流满面；有时，也发现自己咬着牙走了很长的路。"

三、鼓励

鼓励是孩子前进的动力！在鼓励中给孩子动力，不要在批评中给孩子压力。

鼓励的方式不唯一，可以是言语的激励，也可以是故事的引导，还可以是物质的奖励。在众多的鼓励方式中，我觉得故事引导较好。因此，我喜欢给未成年的学生讲讲具有激励意义的故事。遗憾的是，个别家长或学生往往把这些具有正面教育的文字故事当作"心灵鸡汤"！殊不知，对于未成年的学生来说，现在看的每一篇"心灵鸡汤"都可能化作其成长路上的精神养分！曾经多少学生因为听我讲了三年的故事而变得心态平和、意志坚定和目标明确！下面是两位已毕业学生的来信：

老师，我很想念您及您讲的那些故事，有人调侃他们是"心灵鸡汤"，其实，正是那些"心灵鸡汤"让我的心灵日渐丰盈，情绪日渐高涨！当时面对三次自主招生失败的打击，我除了跑步就是看我整理的"故事"！现在想想，正是这些故事给我受伤的心灵以抚慰！（孙倩敏）

老师，看到这个拗口的名字，就会想起调皮的我吧！现在我在华工读工科，很少看书和报纸！但是写日记的习惯还是保留了下来！很怀念那些提升我人文素养的语文课！很想念那些激励人心的故事！（邵勺华）

从教二十多年，与学生交流可知，若干年后，让学生铭记的不是考试的分数，而是我在他流泪的时候递过去的一张纸巾，在他沮丧的时候写给他的一段文字，或是与他们交流时讲过的一个故事……

2002 年的诺贝尔文学奖获得者匈牙利作家凯尔泰斯·伊姆雷在回忆录里讲了一个引人深思的故事：

12 岁时，他做了一个梦，梦到有位国王给他颁奖，因为他的作品获得诺贝尔文学奖了。当时，他很想把这个梦告诉别人，但又怕别人嘲笑自己，最后，他只告诉了妈妈。

妈妈说："假如这真是你的梦，那你就有出息了！我曾听说，当上帝把一个不可能的梦放在谁的心中时，就是真心想帮助谁实现这个梦想的。"

男孩从来没有听说过梦想和上帝会有什么关系，但既然妈妈这么说，他也就信以为真了。他想，自己真是天下最幸福的人！世界那么大，上帝却一下子选中了自己。为了不辜负上帝的期望，从此他真的喜欢上了写作。

"倘若我经得起考验，上帝自然会来帮助我的！"他怀着这样的信念，开始了他的写作生涯。三年过去了，上帝没有来；又三年过去了，上帝还是没有来。

就在他期盼上帝前来帮助他的时候，希特勒的部队却先来了。他作为犹太人，被送进了集中营，在那里，数百万人失去了生命，而他却靠着"生命就是顺从"的信念活了下来。

"我又可以从事我梦想的职业了！"他怀着这种心情，走出奥斯维辛集中营。

1965年，他终于写出了第一部小说《无法选择的命运》；1975年，他又写出另一部小说《退稿》。接着，他又写出一系列作品。

就在他不再关心上帝是否会帮助他时，瑞典皇家文学院宣布：把2002年的诺贝尔文学奖授予匈牙利作家凯泰斯·伊姆雷。他听到后，不禁大吃一惊，因为这正是他的名字。

各位优秀家长，以上的话语只是一孔之见，因为水平有限，也许失之偏颇，但是，如果把它放在一个特殊的时间段和特定的环境下，我所说的道理是可以成立的！

今天的文字，不是为了说服您，只是想提醒您，并且希望您在未来一年能够更好地运用您的智慧，以开启更好的育人模式！让我们一起走向未来，共创美好明天！

祝好！

尹军成

2022 年 7 月 25 日

写给高三优秀的你 "高三优秀学生"
成长关键词：拼搏、规则、反思

各位优秀同学：

未来已来，你肯定有些激动，有些紧张，还有些担心——未来的一年，我能很好地展示自我并且达成自己的心愿吗？

实话实说，激动，紧张，担心，都是正常表现！你想想，作为一个有思想、有追求、有才华的人，谁不会对自我有严格的要求和过高的期盼呢？但是这种情况，一旦出现，个人要迅速调整心态并积极寻求解决的办法。

为了让大家在未来的日子里，少走弯路，早做准备，我觉得很有必要谈谈高三一年应该注意的些许问题，下面我用"拼搏""规则""反省"三个词来概括并进行阐述。

一、拼搏

高三一年，不仅是知识增多，还是思想成长、身心成熟、处事成功的关键时期。高考不仅考知识，还考心态和体能。因此，高三一年，我们要用行动来强化意志，用知识来厚实思想，用拼搏来铸就未来。高三一年，无论是学习时间的长度还是学习内容的难度抑或是学习的强度等，都会比以前大，因此你要有充分的思想准备。做好"努力到无能为力，拼搏到感动自己"的准备！师生要发扬"特别能吃苦、特别能战斗、特别能攻关、特别能奉献"的载人航天精神，用行动诠释"不抛弃、不放弃"的精神内涵。

航天员杨利伟是这样形容航天员大队生活的："有一种生活，你没有经历过就不知其中的艰辛；有一种艰辛，你没体会过就不知其中的快乐；有一种快乐，你没拥有过就不知其中的真谛。"高三生活何尝不是这样？高三，首先是一种精神，一种状态。什么是高三精神？我曾经告诉学生，高三就是特别能吃苦，特别能忍耐，特别有信心，特别有志气，特别有作为。若干年后，面对回忆或与他人聊天时，你会因今天奋斗的你而骄傲与自豪！

一名拼过高三而终于跨入理想大学的学子在他一篇名为《梦回高三》的文章中深情地谈道："唯有经历大苦，方能感受大乐，高三乃是大苦与大乐的结合，高三促成了真正意义上的长大，无论是身体，还是思想，都有了一个飞跃，失去了高三，生命就失去了一份成熟，而把握住了高三，就把握住了整个的人生。"

二、规则

规则意识是未成年人的保护伞，懂得遵守规则的人才算真正的"自由人"。

我们提倡"人文与科技并举，个性与规范共存，人品与学识齐进，激情与理智同行"。不以规矩，不能成方圆。何谓规矩？通俗地说，规矩就是规则、规范、纪律、制度等。曾经有人说，优秀的学生不缺智慧、才气和个性，但是缺规矩，缺纪律意识，缺合作精神。在此，我想起刘墉的一篇小文章：

吃鱼的时候，小刺要比大刺麻烦，因为大刺很容易发现，小刺则必须下很大的功夫才能清除。

做人，小毛病要比大毛病难于改正，因为大的差错，很容易见到，小缺点却必须格外留意才会发现。

虽然有小刺的鱼，经常肉都特别细腻而鲜美，但是许多人就因为怕小刺，而不愿意吃那种鱼。

虽然脾气怪异、不拘小节的人，常有特殊的才华，但是许多人就因为讨厌小毛病，而不愿用那些人才。

经过一年的了解，我发现有的同学"不拘小节""不重细节"，如做事拖拉、做人懒散，表现为出操慢慢悠悠、集合时东倒西歪、写作业龙飞凤舞、上课随意迟到、集体活动逃避……殊不知，正是这些看似微不足道的小事正在影响着你做事的效果、做人的形象。毕竟，高考，是严格按照要求开展的——特定的环境、特定的要求、特定的任务、特定的考核！因此，你要想完成这些"特定的"条条框框，就必须按照特定的规则开展学习和生活。遵守规则是一个人素养的体现，维护制度是一个人品质的升华。

三、反思

前进是需要反思的。

苏格拉底说："未经反省的人生是不值得过的。"

曾子曰："吾日三省吾身，为人谋而不忠乎？与朋友交而不信乎？传不习乎？"

反思是一面镜子，它能将我们的优劣清清楚楚地照出来，使我们有改正的机会。哲人喜欢叫"反省"，企业人士喜欢叫"复盘"，不管是反省还是复盘，本质是没有变的：就是对自我有认识，对生活有了解，对过程有反思，对工作有总结！反省是我们应该掌握的人生技能之一，它不仅可以帮助我们认清问题的本质，提升自己，还可以帮助我们改正错误，认清事情的规律，从而更好地前进。

一个善于反思的人才是一个善于超越自我的人。反思，不仅是一种思考，更是一种修炼。一次反思就是对我们灵魂和行为的剖析和检阅。不断反思的过程就是不断消除人性中的痼疾的过程。及时地反思，会使我们的人生及时地受益。

老子曰："上士闻道，勤而行之；中士闻道，若存若亡；下士闻道，大笑之。不笑不足以为道。"老子的智慧之言，会不会激发你的思考——我是优秀学生，面对"道与术"的传授，我们应该以什么样的姿态来应对？

各位优秀同学，以上文字，仁者见仁，智者见智，是提醒也是要求；看似是闲言碎语，其实是制胜法宝。

当然，我以上所说的是针对大众而言，毕竟不同个体的实际情况略有不同。但是，作为一个受教者，请你务必保持一种态度和品质：聆听是一种素养，汲取是一种智慧，践行是一种品质！

　　行文至此，思想已明，在本信结束之时，我想借用丘吉尔在二战时期的一篇演讲稿《热血、辛劳、汗水、眼泪》中的一段话，与大家共勉：

　　我所能奉献的，只有热血、辛劳、汗水与眼泪。我们还要经受极其严峻的考验，我们面临着漫长而艰苦卓绝的斗争。

　　…………

　　要问我们的目的是什么？我可以用两个字回答，那就是：胜利。不惜一切代价夺取胜利……不论道路多么漫长，多么崎岖，一定要夺取胜利！

　　我期待并相信我的优秀学生一定会胜利！

　　祝好！

班主任：尹军成

2022 年 7 月 25 日

寒假将至，致高三家长的一封信
携手并肩迎高考，齐心协力创辉煌

尊敬的家长：

您好，首先感谢您对高三(5)班工作的支持！

过去的一年里，在你们的关心与支持下，学校、班级的各项工作取得了优异成绩。在新春来临之际，祝您全家幸福，万事如意。寒假即将来临，为了更好地开展工作、更快地把学生的优势发挥到极致，现把我们即将开展的工作向您汇报，请您指正和提点。

一、树立安全防范意识，过一个平安假期

安全教育工作一直放在我们工作的首要位置，请家长提醒孩子假期里一定要做好安全防范工作，时时讲安全，事事讲安全，人人讲安全，保证人人都安全。

二、关注孩子的学习，更要重视孩子的身体

高三，我们要关注成绩，但是，我们更应该重视对孩子学习习惯、态度和情感及健康人格的培养。只有具备良好的素养，孩子才能够在高三备考和高考中力挫群雄、脱颖而出。高考需要的不仅仅是知识，还有强健的体魄和健康的心理。就这一点，我们建议家长利用寒假时间带孩子去医院按"高考体检"要求做一个全面的检查(我们称之为"高考身体预检")，体检的目的是对小孩的身体做一个详细和全面的了解，为2023年的高考填报志愿做准备。如果在体检过程中发现一些小问题，可以及时咨询医生，寻求解决的办法。

家校共育

三、创造一个和谐的家庭环境，为孩子营造一个良好的学习氛围

1989 年诺贝尔化学奖得主 S. 奥尔特曼说，"我的父母总是鼓励我学习，并培养我对学习的兴趣。他们认为：读书、接受教育和努力工作，是一个人取得成功的必由之路"。

家长要有爱孩子的方法和能力。福禄培尔说，国民的命运与其说操在掌权者手中，不如说是掌握在母亲手中。希望您能督促孩子有计划地学习，为孩子创造良好的学习环境。亲朋好友问起孩子的学习情况时，多说些孩子的进步；和孩子聊天时，多找些愉快的话题——在鼓励中给压力比在命令中给压力效果会更好。

督促孩子的学习，检查学习任务的完成情况，尤其要关心孩子的交友情况。告诉孩子，我们现在需要的是潜心研究、专心治学，不是呼朋引伴，嬉笑度日；我们现在需要的是养精蓄锐、蓄势待发，不是得过且过，原地踏步……其实，现在的沉默是为了将来的爆发。

说到这里，我想起我校 2006 届化学第一名区建恒在介绍自己学习经验时说的一番话(很值得我们思考)：

高三第一个学期考试后，我的成绩还是在班上 15 名左右徘徊。如何提升自己，超越他人，成了我思考的重点。于是，放假前我就想好了如何利用这短暂而宝贵的 8 天。放假前一天晚修，有的同学心潮起伏、东张西望或是窃窃私语、手舞足蹈，我却为我的学习进行思考和规划。现在想起来，那天晚上，应该是我成功的起点。因为我对我的假期安排是胸有成竹了。我拟好了学习计划，我列出了 8 天的学习时间(早读、早餐：6：30—7：35；上午学习：8：30—11：00；午餐、新闻：12：00—13：00；下午学习：14：30—16：30；锻炼：17：00—18：00；晚餐、新闻：18：30—19：30；晚上学习：20：00—23：30)，爸爸妈妈很少要求我去这儿去那儿，除了探望爷爷奶奶、锻炼外，我几乎是"足不出户"的。我在总结中反思，在反思中总结。利用短暂的 8 天时间，进行了认真的思考和分析后，开始了疯狂而理性地梳理一学期，不，应该是三年的知识脉络。天道酬勤，新学期开学后，我发现，我已经能够进入班级的前 5 名了，而且我的化学和数学成绩竟然还能

够进入重点班的前 5 名。更值得一提的是，我的弱项语文竟然考了 117 分，后来，语文一直没有低于 110 分。今天的成功，有赖于我昨天的思考和勤奋。

短暂的假期是自主学习的最佳时刻，我们应该引导孩子根据个人实际，合理利用假期来提升自己。总结反思，梳理知识，查漏补缺，强身健体……只有这样，孩子才有腾飞的可能。

四、不寻常的下学期，家长应倍加重视

2023 年是至关重要的一年。这一学期，我们主要进行高考第二轮复习教学，中间结合"广东名校联合检测"(2 月下旬)、"广州一模"(3 月下旬)、"广州二模"(4 月下旬)、"华附考前适应性训练"(5 月下旬)等重大考试进行分析和指导。孩子在繁多的考试中不断打磨自身，从中获取知识和进步，这就需要你们对孩子的全程关注，及时帮助他们，从学习、思想、饮食等方面配合我们，尽最大可能为孩子的发展服务。

尊敬的家长，作为老师，我们深感责任重大。因此，我们的教师常常会向您汇报孩子在学校的表现和学习情况(想必孩子回去也会同你们讲起在学校的情况)，不管是表扬还是批评，请您理解我们的做法。面对老师的鼓励或批评，我们都希望家长能够以平和的心态来对待。

尊敬的家长，为进一步优化育人环境，形成教育合力，希望您能理解学校，能积极配合学校，在寒假中，在学生迎考的日日夜夜里，关心孩子的学习、身体和心理，给予孩子最大的关怀和鼓励。我们欢迎您随时拨打我们的电话，希望您与我们多沟通，多交流。高考在即，您的心愿也是我们最大的心愿。让我们携起手来，共同为孩子打造一个美好的未来。

祝：

新年如意！

尹军成

2023 年 1 月 6 日

家校共育

致高三学生的一封信　新年祝福：祝你成功

亲爱的同学：

新年好。

2月6日，今天对高三学生来讲是一个不寻常的日子，120天后我们将进行高考的总决战。激情与紧张同在，斗志与严谨共存。用激情与紧张书写的青春一定能够彪炳史册，凭斗志与严谨演奏的交响乐一定能够响彻人间。

回首过去的一学期，我们充满自豪。我们做到了"言谈举止树形象，竭尽全力铸班魂"这一点。高三(5)班的形象在全体师生特别是同学们的努力下实现了。"学习标兵班""行为规范标兵班""体艺标兵班"等荣誉称号不仅满足了我们的"虚荣心"，还成为我们冲向成功的催化剂。

同学们，本学期非常短暂，一百多天屈指可数，但是这一学期又至关重要，多数学科将结束总复习的学习，所有大型考试即将来临。一百多天既是检验高中收获的时候，更是播种明天的希望、为我们的人生奠基的时节。这一百多天将最终决定我们高中三年的成果，将决定我们以什么样的姿态挥手告别高三，走向人生之路。三年的高中生活是骄傲，是愧疚；是欣喜，是遗憾；是成功，是失败，尽在这百日之间。过去的，我们永远无法改变，尽力也好，不如意也罢，但是这一百天是真真实实地摆在我们面前的，的的确确可以弥补过去的遗憾。把握，可以力挽狂澜；放弃，可能遗憾终生。

为了班级和年级的荣誉，为了自己和集体的尊严，为了父母和教师的期望，为了我们辉煌的明天，我要求大家在这一百天里做到如下五点。

一、发扬一种精神

我们每个同学都要敢于争先、不甘落后，无论哪个系列，无论哪个层次的同学，都应该相信事在人为，都应该知道，命运由自己掌握。有的人信心不足，这是没有道理的。要知道，自信是成功的第一秘诀。落后和挫折只是暂时的，只要你没有趴下，没有投降，你就没有真正失败，站起来，你就能扭转乾坤。苏炳添敢于争先，才有成为冠军的机会；苏炳添勇于争先，才有成为冠军的现实。海阔凭鱼跃，天高任鸟飞，华附就是你们的大舞台，高三(5)班就是你们的阵地，加油吧，同学们。

二、具有一种胸怀

爱是动力的源泉，爱是催人奋进的号角，爱是融化心头冰冻的良药。可是我们有的同学却不懂得爱，他们埋怨父母不理解自己的思想，埋怨老师的管理不合自己的心意，埋怨学校的制度太不近人情，埋怨同学之间缺少真情，埋怨高考太过残酷，埋怨高中生活过于单调辛苦，以致在怨天尤人中折磨着自己，虚度着光阴。

其实我们应该懂得珍惜和感恩。珍惜我们有健康的身体，珍惜我们有这样读书的环境，珍惜我们有令人羡慕的青春年华，珍惜我们有如此敬业的老师，珍惜我们有如此关爱自己的父母，珍惜我们有一个通过自己的努力奋斗改变人生命运的机会。珍惜才会感恩，感恩才会有爱，有爱才会有激情和拼搏。因此，请同学们热爱学习和生活，热爱我们的老师，热爱我们的学校，热爱我们的班级，热爱我们的父母。相信当大家相互包容和关爱的时候，我们会迎来更加蓬勃向上、充满锐气和朝气的我们。

三、磨炼一种品质

学习要争取时间，更要重视效率，一心一意地做事非常必要。

我认为学生就要专心致志地学习，要禁得住各种诱惑，耐得住自己的性子。不能左顾右盼，瞻前顾后，不能学数学的时候想着外语，玩的时候想着学，学的时候想着玩。人的精力是有限的，鱼与熊掌不可兼得，既想学好考好大学报答父母，又想多玩一会儿，看看闲书，干点杂事，甚至交个朋友，这是不可能的。因此，大家要善于判断主要矛盾和次要矛盾，要懂得轻重缓急，要养成一心一意做事的品质，这是我们成功必不可少的保证。

同时对于学校和年级出台的各项制度措施，大家也要一心一意地贯彻执行，记住我说的话："改变不了环境，就先改变自己。"这样，有利于保证我们拥有一个良好的学习环境，有利于保证我们拥有一个良好的学习心态。

四、给自己一个承诺

我们每个同学都要勇于承担责任，以集体兴衰为己任。班级是大家的，我们与之同呼吸共命运，班级进步我们欢笑，同学优秀我们自豪；班级受挫我们忧伤，同学落后我们难过。热爱我们的环境，建设我们的家园，因为大家知道只有在一支蓬勃向上、团结奋进的队伍当中，我们个人的力量才可以充分发挥。

给自己一个承诺：打造品牌班级，实现个人价值，是我的责任和义务。我应该确定自己的奋斗目标，要给自己、给集体一个承诺，并且要想方设法地努力兑现自己的承诺。

五、保持一种良好的心态

要具有健康的心态、健全的人格。此处不多讲，因为，我的教育理念就是先育人再教书。我也多次在不同的场合向大家灌输过这种思想，并坚持用行动来诠释我的这种理念。

同学们，古人说："十年寒窗。"一个"寒"字，饱含了太多的感情，充斥了太多的辛酸苦痛。但也正是这"十年寒窗"，让我们心智变得成熟、让我们个性得到张扬，让我们人生得以丰富。用心血写成的历史是通向成功之门的基石，用智慧合成时代的交响定会响彻云天，用勤奋奏出的凯歌必将令人瞩目。一个人的青年时代如果没有拼搏的记录，那他的人生也一定是苍白无力的。我们无法选择时代，无法选择先天的能力，而外部给予我们的机会也不是均等的。但是，我们可以选择后天的勤奋与努力，所以，我们必须拿出意纵蓝天、舍我其谁的胆气，超强度的自我约束力，令人敬佩的意志力，尽我们最大的努力，求最大的进步，考最理想的大学。

最后祝愿大家能够奋力拼搏、充实高效地走过一百天，为我们的高考奠定坚实的基础，为我们的明天插上腾飞的翅膀。

尹军成

2023 年 2 月 6 日

毕业之际，致敬我的优秀家长和优秀学生
不管怎样，要把你最好的东西拿给这个世界

华附首届强基班高三(5)班各位优秀同学：

你们好！千言万语，不知从何说起，今天，就三年、两年、一年的相处，只想说：感动！感谢！感恩！我会记得华附首届强基班高三(5)班的每一名同学！

分别之际，请用行动维护华附首届强基班高三(5)班的荣誉！

考试结束，请来大本营把所有的东西清理好！不仅要带走宝贵的资料，还要带走那损坏我们形象的垃圾！请用最整洁的环境来映衬我们最纯洁的心灵！特别提醒：每个人都是第一责任人！不要给班干部施加压力！要发扬集体主义精神！

回到宿舍和出入校园，请住宿生一定要遵循三个原则：一是尊重宿管人员并按照要求做好一切事务；二是要把最干净的宿舍留给宿管人员，让他们在往后的日子里把你们挂在嘴上、记在心里：华附首届强基班高三(5)班的孩子多优秀啊——自觉、自律、自强！三是一定要引导好父母遵守学校的一切规章制度，并配合父母快速高效完成清点任务！

回到家里，特别是外市的同学，一定要发消息给我，不要让我担心！一定代我感谢优秀家长，你们的优秀父母！他们不是一般的辛苦，而是真的非常辛苦！高考成绩出来后，一定要记得把你的成绩告诉我。记住：我从来不以成绩、颜值、能力、家庭来评价学生，在我心中，我所教的每个学生都是优秀的！

高考结束，也是开始：角色转化，请依然保持应有的素养！

和你相处的日子里，也许因为方式不当，我无意间伤害了你或让你感觉到了不适！但是，请记住：我一直很关心你、爱护你——也许只是表达方式不同！我冷酷的外表下有一颗火热、善良的心！我会想念你们的！也会一如既往地关注关心你！

尹军成

优秀学生
成长手册

YOUXIU XUESHENG
CHENGZHANG SHOUCE

尹军成/著

附赠资源

班主任
带班
育人
方略

北京师范大学出版集团
BEIJING NORMAL UNIVERSITY PUBLISHING GROUP
北京师范大学出版社

思想尚未成熟的学生，既需要潜移默化、润物细无声式的滋润，也需要振臂高呼、振聋发聩般的激励……

　　《优秀学生成长手册》是我的教育思想和管理理念的具体表述。我把在平常工作中的具体做法，如"分层培训""分人指导""扪心自问""情况播报"等内容，以文字的方式再现给读者，既是对以前工作的总结，也是对以后工作开展的思考。

　　有人说，学生的发展是基于学生作为一个社会人的终身发展来考虑的。要培养一个适合社会需求的人才，成长环境尤为重要。因此，我们既要着重于班级(学校)人文环境的创设，也要重视"以生为本"的"德性养成"教育，更需要身体力行、言传身教的指引……

　　因为篇幅，我只呈现部分内容，俗话说，见微知著，一叶窥秋，但愿呈现的文字，能够让您了解班级建设的真谛！

目 录 C O N T E N T S

第一章　优秀班团干部成长手册 / 001

第二章　重大活动实施方案模板 / 014

第三章　高三备考指导模板 / 028

第四章　温馨提示 + 班级情况播报 / 043

第一章　优秀班团干部成长手册

班团干部工作手册

温馨提示：做事注意方法，做人讲究原则。我们要做外圆内方、虚怀若谷、宽宏大量的君子，不做溜须拍马、阿谀奉承、见风使舵的小人。

今天你有能力改变班级的面貌，明天你将有实力推动社会的进步，而你今天培养的能力也将成为你明天推动社会的实力。

一、班团干部工作的关键词

积极、主动、热情、大度、自律、尽职尽责。

二、班团干部定位

现在是班主任的好助手，同学的组织者；未来是时代的先锋，时代的开创者。

三、班团干部必须明白

不要把班团干部的工作当作一种负担，而要将其当作展示自己才华的机会。因此，必须想方设法，积极主动投身于班级、级组和学校的管理工作中。

四、班团干部职责

言谈举止树形象，竭尽全力铸班魂。

五、班团干部必须参与的工作

(一)维持班级纪律，维护班级形象

班级纪律的管理，必须记住：良好的班风、学风是学习的保证。

班级卫生的监督，如教室、宿舍、公共区域的卫生，绝不能有任何的马虎。

创办班刊，建设班级文化，做一个有文化的思考者。

协调师生关系，架起师生沟通的桥梁。千万不要因个人喜好而搬弄是非，更加不能激发师生间的矛盾。

思考班级发展，制订班级计划。一个人的综合素质不仅体现在他的言谈举止中，更体现在他对宏伟蓝图的描绘中。

(二)工作细化

教师不在时，班团干部能够独当一面。

定期召开班团干部会议，商讨班级事务，解决班级问题，为班主任排忧解难。

重视"班级形象"，如重视早读纪律、班级卫生以及宿舍卫生等，特别要重视大型集合时的"快、准、齐、静、净"五字要求。

重视师生关系的融洽。例如，节假日时代表全班同学向教师发送表示问候、祝福和感谢的短信。

经常牢记：班级是我家，我用真情感动大家。

作为优秀学生，如果科任老师和班主任不在，在保证安全的前提下，学会"有为""善为"，即敢于批评或制止不良现象。

把每天看办公室黑板上的通知和文明班公布栏的信息的行为养成一种习惯。

随手关灯，最后离开的时候，认真地检查门窗和水电。

看到教师需要帮助时，积极主动地上前帮忙。

与同学和睦相处。

在集体活动时，首先想到的是教师是否需要帮助，如让座、拿东西等。

看到地上的垃圾，能够主动地捡起来，永远想着"班级是我家，建设靠大家"。

做一个知书达理的好学生，用你的良好品行来影响身边的同学。

六、学会做优秀的领导

懂得做人——品德高尚是成功之本。

心胸开阔，不要太计较小事——无度不丈夫。

有胆识承受压力，遇到挫折不气馁——挫折是进步的阶梯。

精力充沛，努力工作——迎着朝阳干活，以饱满的精神迎接每一天的到来。

有勇气解决棘手的问题——我想，我能行。

兴致勃勃、干劲十足、热心激励别人——让别人因为我的存在而深感幸福。

自制，不能控制自己，是无法控制别人的——理性是船，激情是帆。

明确的计划，迅速决策——凡事豫则立，不豫则废。

…………

班团干部职责手册

一、班长常规工作

每天关注班级的评比情况。

每天积极主动地到办公室看通知，和班主任沟通、交流并汇报班级情况。

大型集会时要和纪律委员、卫生委员积极配合体育科代表维护班级形象。要牢记：大型集会时一定要做到"快、准、齐、静、净"五字要求。

星期天晚上回学校，一定要清点班级人数并及时向班主任汇报人员到齐的情况。

轮到班级值周，一定要记住：准时、严肃、严谨、公正、公平。每一次值周都是班级良好形象展示的机会。

每天上课前和放学后都去公共区域走走，看看班级管理的区域是否干净。

每周二提醒同学读书、读报。

二、卫生委员常规工作

制定好"每人一职"。

每天提醒督促值日生搞好教室和公共区域卫生。

注意讲台、黑板是否干净。

看见垃圾及时处理。

大型集会时要维护好班级区域的卫生。

每天上课前和放学后都去公共区域走走，看看班级管理的区域是否干净。

组织一个保洁小组或是环保小组，为班级创设整洁、干净、温馨的环境。

想方设法唤醒同学们的保洁和环保意识，可以用扪心自问的方式：

你每天都能够认真履行你的职责吗？你知道吗？你的失职或疏忽，会影响同学们的情绪和班级的形象。

你有乱丢垃圾的坏习惯吗？你知道吗？你丢的不是一片纸屑，而是公德心。

你有把垃圾装在自备的袋子里的习惯吗？如果有，这就是一种高素质的体现。

你有"我丢垃圾没人看见"的侥幸心理吗？如果有，大家可能会轻视你。

三、纪律委员常规工作

每天把窗帘拉好。

维护纪律，特别是晚修期间。

大型集会时要维护好秩序。

每天上课前和放学后都去公共区域走走，看看班级管理的区域是否干净。

向班主任反映班级存在的一些问题，这不是打小报告，而是负责任的表现。

四、学习委员、科代表常规工作

做好常规工作，如督促同学交作业和预习，登记未交作业同学的名单，及时向科任老师和班主任汇报。

维护课堂纪律，特别是预备铃声后的课堂纪律，要求班级同学保持安静，等候教师上课。关注讲台的卫生，给科任老师创造一个干净的工作环境。

配合教师帮助同学解决学习上的问题。

语文、英语科代表要注意：每天早读要提前三分钟站在讲台上维持纪律并组织全班同学早读；要拟好早读的内容和计划。如果领读的语文或英语科代表没有及时赶到，另外一名语文或英语科代表要立刻自觉地承担起责任。如果语文、英语科代表都没有到，学习委员应及时站在讲台上。

单周周一交文科科代表工作记录簿(到班主任处)，双周周一交理科科代表工作记录簿(到班主任处)。

五、团委书记常规工作

读时事新闻：关注生活，追随时代的步伐。

美文推荐：读优美的散文包括考场作文；读试卷和资料中所选的优秀文段；读励志或哲理故事；读有关名胜古迹或人文景观的美文。

名著续读：向大家推荐自己喜欢的名著。

班级(全体)学生思想教育

"优秀学生特点"调查报告(节选)
——以广东 HF 学校和 FY 中学为例

特点一：健康、快乐、豁达。关注自我身心健康，不忘乎所以，不妄自菲薄，不玩物丧志，养成良好的生活习惯，如坚持锻炼和阅读等；保持心胸开阔，不斤斤计较，带着乐观、愉悦、健康的心态看待学习和生活。

特点二：孝心、爱心、善心。对长辈有关爱之心，说话、做事顾及长辈的感受；关注社会和关心他人，做任何事不要以"我"为中心，学会将心比心；与人为善，悲悯为怀，牢记"老吾老以及人之老，幼吾幼以及人之幼"的古训。

特点三：坚强、坚定、坚韧。苏轼云："古之立大事者，不惟有超世之才，亦必有坚忍不拔之志。"优秀学生做每件事时都有一种信念：竭尽全力而不是尽力而为。牢记毛泽东少年求学时所作的励志诗："孩儿立志出乡关，学不成名誓不还。"

特点四：自学、好学、善学。优秀学生求知欲强，而且往往是先自学。优秀学生对生活充满了激情，对知识充满了渴望。面对新事物、新学问，他们往往是抱着"捷足先登"和"我要想超越他人，必须先学会"的心态投入学习之中。

特点五：自信、自律、自强。优秀学生有一种"咬定青山不放松，立根原在破岩中"的精神。优秀学生自制力非常强，不会因为生活中的诱惑而忘记自己的目标，不会因为他人的影响而忘记前进的步伐，甚至放弃自己的理想。他们不需要提醒和督促，他们知道做好任何一件事情都能够体现自己的才能和素养。因此，优秀学生力求用言谈举止来树立自己的形象，用成功来证明自身存在的价值。

特点六：倾听、聆听、细听。善于接受不同的意见，但是不会被他人左右，牢记"兼听则明，偏听则暗""有则改之，无则加勉"的古语。在生活中通过"听"不同的声音来明辨是非、去伪存真。牢记"太山不让土壤，故能成其大；河海不择细流，故能就其深"的道理。

特点七：目标、计划、自省。凡事豫则立，不豫则废。做每件事之前都有目标、有计划和有行动，绝不是蛮干或是脚踩西瓜皮滑到哪里算哪里。"三省吾身"，完善不足，行有不得，反求诸己。做每件事时或事后，都要认真反思，因为优秀学生知道，前进是需要反思的。

特点八：欣赏、保存、收藏。优秀学生一般会有自己的摘抄本、错题本、计划本，这些本子不仅可以看出一个人的素养，而且能够记录一个人的成长轨迹。到了他成功的时候，这些本子不只是一笔财富，更是一种思想的再现。

特点九：完成、完善、完美。做事有信念：有竭尽全力的心态而不是尽力而为的心思；不仅求"完成"，还要求"完美"——要么不做，要做就做到最好。记住："先完成，再完善，最后再完美"——这是突破自我限制的关键。成长从来不是非黑即白的选择：完成不是放弃追求完美，而是给完美一个生长的土壤——就像一棵树，先扎根、抽枝，再慢慢长出繁茂的树叶。

特点十：慎言、善言、敢言。慎言，并非沉默寡言，而是深思熟虑后发声，不盲目，不跟风，不妄言，体现优秀学生的修养智慧；善言，是美德，也是智慧，优秀学生不人云亦云，不鹦鹉学舌；敢言，是勇气与担当，优秀学生敢于表达自己的观点，敢于承担责任——用勇敢的言语为时代发声，为国家贡献自己的力量！

二、优秀中学生赢得他人尊重的二十二种表现

①早读时，能够大声朗读，读出书卷气、儒雅风。

②上课时，不仅能够认真听讲，而且能够积极主动地与教师沟通交流。

③上课时，尽量调整自己以适应教师的教学节奏，而不是埋怨教师的教学方法，展现积极的学习态度和调整能力。

④下课后，不沉迷于与学习无关的娱乐活动，知道手机(电脑)是工具而不是玩具，专注于学习任务。

⑤做好自己不喜欢的事。

⑥能够用袋子装好垃圾并丢到垃圾桶，养成及时处理垃圾的良好习惯。

⑦对于校园中的垃圾，能够主动捡起来，永远想着"校园是我家，建设靠大家"，体现集体责任感与积极的社交示范作用。

⑧能够尽职尽责地完成自己的本职工作，如清洁卫生等。

⑨不在教室吃东西，特别是散发异味的东西，尊重公共空间环境与他人的感受。

⑩最后走的时候，能够认真地检查门窗和水电，有节能环保与安全意识。

⑪能够遵守学校规则，不随便乘坐教学专用电梯，爱护校园设施。

⑫不在宿舍或教室等公共场所喧哗、追逐打闹，维护良好的公共生活秩序。

⑬看到教师需要帮助时，积极主动上前帮忙，做到尊重师长。

⑭在集体活动时，关注他人需求，做到乐于助人。

⑮尊重学校里所有的工作人员。

⑯能够与同学和睦相处，营造良好的人际关系。

⑰在保证安全的前提下，敢于制止校园中的不良行为，为构建健康校园环境贡献力量。

⑱周末回家后，能够积极主动地与父母沟通交流，并且能够把在学校发生的趣事讲给父母听，以增进家庭关系与情感交流。

⑲节假日，积极、主动、热情地向亲朋好友表示问候和祝福，体现品德修养。

⑳永远能够记住：以班级为荣，以年级为荣，以学校为荣，以国家为荣。

㉑永远记得在适当的时候为自己的对手鼓掌喝彩。

㉒做一个知书达理的好学生，用你的良好品行来影响身边的同学。

三、优秀中学生灵魂对话——扪心自问六十条

①面对班级荣誉，你是以实际行动维护、真心呵护，还是明哲保身、漠

然处之、置之不理、熟视无睹？

②在班级中，你敢于抨击不正之风吗？面对他人表现出的正义感，你给予支持了吗？

③面对班级中的一些不良行为，你及时阻止或劝告了吗？

④一直以来，你尽到了班级主人翁的责任了吗？你的言谈举止体现了当代中学生的精神风貌了吗？

⑤面对学校"十优评选"活动的开展及"十优学生"的表现，你有何感想？是心潮起伏还是熟视无睹？或者，你觉得自己是旁观者还是当局者？

⑥面对他人在课堂上勇于展示自我风采，你是冷嘲热讽、不屑一顾，还是以此为榜样、奋起直追？

⑦你想过"我是否应该为改变班级现状而努力"这一问题吗？

⑧集会的时候，你能够保持安静吗？

⑨你想过个人形象和班级荣誉之间的关系吗？

⑩地面上有垃圾，你会顺手捡起来丢到垃圾桶里吗？

⑪作为班干部，你注意工作方法了吗？

⑫听到"上课""下课"之声后，你能迅速地按口令站起来吗？

⑬课堂上你会"不小心"就睡着了吗？

⑭在班级里，你肆无忌惮的言行，是否顾及了他人的感受以及你在众人心中的形象？

⑮当学校宣布放假时间后，你还能按住激动的心投入地学习吗？

⑯你坚持预习了吗？你知道预习的作用吗？

⑰早读，你大声读出了个人的精神和气势了吗？

⑱课堂上面对老师的提问你敢于站起来回答问题吗？

⑲课堂上留下的疑问，你主动请教老师或同学了吗？

⑳开课以来，你适应了科任老师的教学方式和方法了吗？如果没适应的话，你是以委婉的语气与老师沟通还是满腔怨气地抨击？

㉑试卷讲评之后，你认真反思、总结了吗？

㉒你严格按照老师的要求去完成作业了吗？

㉓在做作业的过程中你投机取巧了吗？你为你的这种行为感到内疚或反省了吗？

㉔读书看报，你有剪贴、收集资料的习惯吗？聆听精彩的演讲，你会"忙中偷闲"记下一些精彩的语言和感想吗？

㉕你能按学校作息时间来要求自己吗？

㉖周末你抽出时间回顾这周的学习状态了吗？

㉗你会经常整理自己的书桌及学习资料吗？

㉘测试期间，你会以"上厕所"为借口，慢条斯理地走出教室去呼吸新鲜空气吗？

㉙考试期间，你会与他人交头接耳吗？

㉚面对老师言谈举止中体现出的热心、爱心，你认真感悟了吗？

㉛面对老师的批评，你是先反思自己还是下意识地反驳？

㉜老师许下的诺言而又未付之于行动时，你是怨恨还是理解或是积极沟通？

㉝面对老师对你的误解，你会采取何种态度？

㉞对于老师的辛勤劳动，你真正珍惜了吗？

㉟老师推心置腹地与你交谈后，你是报以无所谓的态度还是心怀感激之情？

㊱学期末评价教师时，你是感情用事还是实事求是地给予中肯的评价？

㊲你有顶撞老师的"辉煌事迹"吗？

㊳你觉得老师会“记仇”吗？

㊴在与老师交往时，你注意自己的言谈举止了吗？

㊵节假日，你会给老师以真心的祝福和问候吗？

㊶你会想起老师的生日吗？

㊷面对同学的帮助，你发自内心地说谢谢了吗？

㊸面对同学的热情表现，你是无动于衷，还是心潮起伏？你是静观动态，还是积极投身热潮？

㊹你认真审视你所交的朋友了吗？

㊺当你口说或者心想“我很看不惯他”时，你是否想过“别人看得惯我吗？”

㊻合作学习或是集体活动时，你会留意同学的言谈举止吗？

㊼与同学交流时，你注意礼节了吗？

㊽你了解你父母的职业及他们工作中的辛苦吗？

㊾你帮家人做过家务吗？

㊿你知道父母的生日吗？

(51)周末回家后，你会向父母和家人介绍你在学校的有关情况吗？

(52)你的学习态度和奋斗精神与现代中学生的身份相符吗？

(53)在老师没有提醒你该做什么和不该做什么时，你会在观察中明白该做和不该做的事情吗？

(54)直到现在，你还需要父母、老师的监督，才能够静心学习吗？

(55)你想过“十年后，我会怎么样？”这个问题吗？

(56)你是准备在节假日这个短暂的休息时间来调整自己的思想态度，还是准备乘机外出“潇洒”？

(57)你真正坚守了“少说话，多做事”的诺言了吗？

(58)时至今日，你仍然保持了奋发向上、勇往直前、艰苦奋斗的优良作风吗？

(59)高中三年，面对有挑战的竞争，你会成为人生路上的逃兵吗？

(60)你会严肃对待学习中的每一件事吗？你能真正理解“勿以善小而不为，勿以恶小而为之”“千里之堤，溃于蚁穴”的含义吗？

第二章　重大活动实施方案模板

高一(5)班"一日研学"具体实施方案

一、研学意义(见研学手册)

2018年9月10日,习近平总书记出席全国教育大会,并发表重要讲话。他指出:"要努力构建德智体美劳全面培养的教育体系,形成更高水平的人才培养体系。要把立德树人融入思想道德教育、文化知识教育、社会实践教育各环节。"

积极推进研学旅行,是深入贯彻习近平总书记系列重要讲话精神,贯彻落实《教育部等11部门关于推进中小学生研学旅行的意见》,落实立德树人根本任务,帮助中小学生了解国情、热爱祖国、开阔眼界、增长知识,着力提高他们的社会责任感、创新精神和实践能力的重要举措。

中小学生研学旅行是由教育部门和学校有计划地组织安排,通过集体旅行、集中食宿方式开展的研究性学习和旅行体验相结合的校外教育活动,是学校教育和校外教育衔接的创新形式,是教育教学的重要内容,是综合实践育人的有效途径。

我校历来重视基于拓展学生能力的各类社会实践活动。多年来,我们开设了一系列的研学课程,并构建了完善的实践课程体系。这些课程包括"学农30年",旨在通过劳动教育,树时代新人;欧洲文学之旅,旨在引导学生感受文学的魅力;南极科学考察,旨在培养学生格物致知的探究精神……华附开设的各类研学旅行活动,极大地促进了素质教育的全面实施、学生核心素养的全面发展,提升了学生主动适应未来社会的意识和能力。

遨游课堂,学习知识,投身社会,提升能力。古人云,读万卷书,不如行万里路。我们提倡的是既要读万卷书,也要行万里路。

二、研学主题及时间

1. 研学主题：知行合一，格物致知，感受科技的魅力。

2. 班级主题：听说读写显素养，言谈举止展风采——华附高一(5)班综合素养汇报会。

3. 研学具体时间：××××年××月××日(7：20—17：00)。

三、领导小组及职责

1. 组长：2人。组长1(负责仪式、协调、联系、衔接工作)；

组长2(负责团员形象，做好年度优秀团员评选准备工作)。

2. 副组长：2人。副组长1(负责纪律、提醒、仪容仪表检查工作)；

副组长2(负责班级摄影、配合副组长1做好工作)。

3. 文化观察及报道：2人(负责做好通讯报道，拟推送到《中学生报》)。

4. 监察委：2人(负责协助纪律委员，具体参与纪律管理)。

5. 活动视频记录：4人(负责拍摄活动视频)。

6. 班级形象维护：3人。同学1(负责做好车辆、现场保洁等工作)；

同学2(负责协助同学1做好工作，重点是提醒同学)；

同学3(负责检查提醒同学是否有遗漏物品等，负责写班级形象检测总报告)。

四、具体实施过程

1. 集合时间及地点：周三7：20准时到德政楼正门阶梯处集合。(具体负责人：2人。1人整队，1人清点人数)。

2. 礼仪礼貌要求：打好招呼，待人有礼貌，接触有分寸，做事情有成效。(具体负责人：2人)。

3."暖心关爱"活动：为长辈准备一张凳子或一个位置(前三排)，为班级维护一种形象，为同学奉献一份爱心，为自己准备一种素养。(具体负责人：2人)。

4. 学习分组：分六组，组长总负责，每组分别设置正副组长及卫生员各一人；每组为自己的小组拟一个名字并说出名字的寓意；人人有一个研学总结。(具体负责人：2人)。

5. 研学大任务：了解一件事，观察一个人，思考一个问题，提出一个问题，写一份总结。(具体负责人：班主任；项目总负责人:2人)。

6. 班级"素养汇报检测项目"：①为班级研学活动写一个"标语"(简明、连贯、得体)；②抓拍一张体现同学精气神的照片，并写一段不超过90字的赞美词；③为班级研学活动写一则简讯。(具体负责人：班主任；总负责人：2人)。

7."感恩活动"：写一封感谢信给公司，以表谢意。如有机会，采访一名工作人员，根据你的了解，拟好采访提纲。(具体负责人：班主任；总负责人：3人，其中1人负责筛选文稿，拟推荐《中学生报》)。

8. 温馨提示：①带好干粮和水(午餐自行解决)；②带一本喜欢的书来驱逐浮躁、孤独、寂寞和无聊等不良情绪；③进出一定要注意声音、卫生、桌椅摆放及实验器具等物件的摆放。

校运会：展示精气神，用行动演绎强基班的风采

一、指导思想

遵循"安全、有序、高效"的原则，追求"更高、更快、更好"的目标，展示"文明、健康、阳光"的形象。用"华附自华教育思想"指导华附首届强基班高二(5)班的行动，以尽善尽美的行动展示华附高二(5)班的精气神。

二、活动目的

野蛮其体魄，文明其精神。展示(5)班精神，凸显个人风采，接受大众审视的目光，用行动交一份完美的答卷。

三、领导小组及职责

班长：负责撰写班级解说词，策划入场时的演出，设计班徽班服，出席领奖等公众活动。

副班长：负责后勤保障，如提供矿泉水，照顾运动员，等等，协助体育委员安排比赛活动。

副班长兼团委书记：负责宣传活动(拍摄、文字报道等)。

体育委员：负责组织报名、安排比赛等。

卫生委员：保障卫生等。

纪律委员：清点人数，维持纪律。

应急服务组：组长 1 人，组员 3 人。

生活服务组：组长 1 人，组员 8 人。

四、组织安排

1. 重视代表班级形象的"可视化"内容，如班徽、班服、班旗及演出。完成时间：10月24日。

2. 重视运动员的训练和照顾。合理安排训练时间，明确训练内容，提高训练效率。牢记：在有限时间内把繁重的工作、艰巨的任务高效完成。

3. 重视集体形象，突出班级形象。为自己喝彩，为他人鼓掌。给别人一个仰视的理由，驻守大本营，建设一个让他人佩服的班级，用完美的形象诠释华附首届强基班(5)班的形象！

4. 动静分明，劳逸结合。运动场中奋力拼搏，观望台上呐喊助威，大本营里修身养性，可以看书，可以交流谈心，但是不能大声喧哗。晚修时间不是狂欢时间，而是自我休整时间。

5. 注意时间点，重视快、准、齐、静、净。快速准时到位，有序干净离场。

6. 知书达理，彬彬有礼。本次活动有家委会成员参与，但他们不是来照顾我们的，而是来感受我们能文能武的风采的。牢记：叔叔阿姨好！谢谢！请坐！请喝水！……

7. 人人都是主角，个个都有精彩。老师、班干部没有想到，你想到的，只要有关班级荣誉与项目的，一旦有需要，要及时站出来！记住：蓄势待发，随时待命，为了班级荣誉，随时都要挺身而出。

山海情：感受山乡巨变，争当"学农"标兵

—— 2021 年高二(5)班"走进乡村看小康"活动实施方案

一、指导思想

我国是农业大国，重农固本是安民之基、治国之要。党的十九大提出实施乡村振兴战略。实施乡村振兴战略，开启了加快我国农业农村现代化的新征程。作为新时代的青年，我们应该将个人的成长主动融入包括"乡村振兴战略"在内的民族复兴的伟大实践中。

二、活动目的

感受乡村生活，了解民俗风情，体验山乡巨变，提升自豪感。德育育"心"、智育育"脑"、体育育"身"、美育育"神"、劳育育"魂"。活动的开展就是为了培养能承担民族复兴大任的社会公民的核心素养，培养具有世界担当的大国公民的关键能力和必备品格。

三、领导小组及职责

联络传递组：6 人，负责具体的联络传递工作。

安全保卫组：7 人，负责物资运送及车辆座位安排，组长每天按要求做好组织汇报工作。

宣传组：5 人，负责每天在群里报道活动动态，弘扬正气，传递正能量。

文娱组：1 人，负责组织文娱活动。

生活服务组：5 人，负责服务日常生活所需。

学习检查组：若干人，由学习委员和科代表组成，负责检查学习任务完成情况。

摄影组：1人，负责摄影。

四、具体活动内容及要求

1. 身份、光环：牢记强基班身份，每个都是"标兵"，必须勇争第一。

2. 团结互助，我为人人，人人为我。遵守纪律，牢记：安全、有序、高效、活泼、严谨；既分工合作，又独立自主。带好学习资料和生活用品。

3. 结合学习学农开展调研。上网查阅相关资料，向同学介绍学农的地方，鼓舞士气并激发学农热情。访谈，根据你查阅的相关资料，准备一份访谈提纲。访谈一个农户，了解新时代下的农村生活；为农户做一个推广农产品的广告；为华附学农做一个短评；通过学农了解中国脱贫攻坚的战果。学农回来之后，给学农的乡村写一封感谢信；学农意义深远，写一篇文章向学弟学妹讲讲学农的故事或学农的意义。

4. 牢记"四个一"，为生活留下精彩。每天一次拍摄，每人每天拍反映个人、集体和乡村等精气神的照片10张；每天一篇学农日记，可以记叙、抒情，也可以是访谈内容，还可以进行诗歌等文学创作；每天保证一次高效率的学习，做好学业安排，保证学习时间和学习质量等；每天一次打卡，即在群里报到。

附件

高二(5)班农村社会实践活动安排

【注：如有冲突，以学校安排为准】

一、学农落户安排表

序号	住户姓名	人数	联系方式	学生名单(第一、第二位分别为组长、副组长)	组长联系方式
1					

续表

序号	住户姓名	人数	联系方式	学生名单(第一、第二位分别为组长、副组长)	组长联系方式
2					
3					
4					
5					
6					
7					
8					
9					
10					

二、师生通讯录【略】

三、学农前期安排①

	(1)了解自己的落户分组情况,同户同学协商、沟通,共同准备课题、行李及相应的分工状况。
	(2)准备好课题的相关资料。
	(3)带学农社会实践手册和农村社会实践活动计划。
10月31日前需完成	(4)行李要求: 原则上以够用为好,不需要带太多东西,要能够自己独立搬运。大件行李(床上用品等)用结实的编织袋装好,绑结实,在显眼处写上班级、姓名。贵重物品,如相机、手机、钱财等放在随身携带的小书包中;水桶(也写上班级、姓名)里面不放东西,分组绑好。建议准备轻便小拖车(不携带贵重皮箱),建议准备稍厚的衣服防天冷;准备稍能防水的鞋子防雨天。

---

① 注:本表格内容由学校统一安排。

续表

11月1日安排	(1)早上 8：30 按时到校(绝对不能迟到)，将自己的行李搬到指定地点(待定)分类放好，统一安排行李。(上车 8：45 前完成)
	(2)用车及行李装车等工作安排(全班所有行李装　号车)： 全班共 48 人(待定)乘坐(　)号车，跟车老师：(　)； 行李统筹：7 人； 物资管理：3 人； 考勤负责人：4 人； 集合点名程序：每名同学到户长处报到，户长报告片长，片长将未到同学名单交考勤员联络。 摄影、视频拍摄：5 人。
	(3)9：00【注意时间的变化】到运动场集中，召开誓师大会。整队负责人：2 人主要负责，1 人协助。
	(4)9：30【注意时间的变化】上车，建议同户同学就近入座，户长确认本户同学是否到齐，考勤员清点总人数(同学 48 人，老师 1 人)
	(5)约 11：00【注意时间的变化】到达大布二。卸行李(负责人员同上)，分头进村入户。自行跟村干部进村找到自己的住户。约 11：30【注意时间的变化】到达目的地。
	(6)入户后户长收齐伙食费以及准备的礼物交给户主。主动听户主安排。在住户家门口等候老师了解各家农户安全、生活、劳动等情况。

四、学农期间安排

整个学农把握三个主题：
  一是安全(交通安全、外出安全、财务安全、劳动安全)；
  二是从"三同"中感悟"三农"(农村、农业、农民)；
  三是利用空余时间准备研究性学习。
一、纪律要求：
  1. 未经老师批准，不能离开村庄，不擅自到河流、池塘、水库等地游泳，不进游戏机室和卡拉 OK 室等场所；如果农户邀约打牌、打麻将，委婉推托；不参加当地赌博和迷信活动。

2. 重视交通安全，不要在公路、铁路上散步；外出劳动时注意用火安全，必须确认火种已灭方可离开；不准燃放烟花。

3. 不能随意乱逛，更不能私自到镇上去，若需要跟农户到镇上赶集，要征得户主同意并有成年人陪同，并告知老师。

4. 穿校服；万一与当地人发生矛盾，要及时报告老师妥善处理，不能擅作主张。

5. 注意饮食卫生。

6. 及时反映问题，到达住户后，检查门窗情况；若有发烧等生病的情况及时报告给老师，做好隔离工作。

7. 不能帮猫狗洗澡或喂食，不能恐吓狗，万一被狗咬了一定通知老师。

8. 除生活费和少量零用钱外，不要带过多的现金下乡，也不要带扑克牌等娱乐用品下乡，更不要带贵重物品下乡（如手提电脑、随身听、高档相机等），以免造成管理上的不便。

9. 尊重农户，尊重当地风俗习惯，积极主动地与三同户建立亲密的关系；在劳动中要积极主动（包括家务活），勇挑重担，要有意识地磨炼自己的意志，在本人所下农户的劳动任务完成之后，应主动支援农活较重、劳动力较少的农户（通知老师并征得户主同意），服从学校和村委的统一安排参加公益劳动；手要勤，嘴要甜！

10. 要注意生产劳动的安全，既要虚心向农民学习，听从指导，不要逞能、蛮干，又要在尊重农户的前提下，充分发挥主观能动性。

11. 生活上要勤俭朴素，不能到三同户以外的地方食宿，不要讨论对比食住条件，不能在生活上向三同户提出不合理要求。

12. 爱护集体，借东西要按时归还，损坏东西要主动赔偿，尽量开展一些力所能及的扶贫助困活动。

13. 要到邻居家串门者，必须事先与户主请假，结伴而行，且于晚上9点前返回（无特殊情况勿外出串门）；尊重户主的作息习惯，早睡早起。

14. 可适当开展文化下乡活动，但小组组织的活动必须经班主任同意才能开展。

15. 男女同学大方自然地相处，互相尊重，有困难时互相帮助。

16. 家长不要经常打电话到农户家，以免农户误解。

17. 第一天落户时准备礼物，离开住家时要搞好个人卫生，学农结束后有时间给农户写封感谢信。

凡严重违反以上要求和学校相关的规章制度者，学校将立即中止其学农活动，当即请家长到当地领回。

二、班集体活动安排

1. 等候老师来访、和农户沟通交流(10月31日晚)。

2. 班级聚会(负责人：4人，地点：待定，时间：11月1日晚)。

3. 拉练(集中出发前往飞来峡水利枢纽，11月1日上午，负责人：4人)。

4. 收集实践活动登记表(11月4日上午，组长负责)。

5. 联欢晚会(11月4日晚)。

三、支教(时间未定，上课内容可能有变动)

1. 请组长组织组员备好课、分好工，做到上课时能有序有效组织课堂。

2. 请每组安排好同学摄影拍照，每组需在支教后提交3～6张上课照片。

3. 请支教的同学明确支教纪律，上课不迟到，不带非支教组员去富勤小学，不在富勤小学校园内喧哗。

4. 全程注意上课班级学生安全及自身安全。

四、学农节目【积极上进】

负责人：3人

五、研究性学习

续表

六、收集资料

1. 每天撰写学农日记、保存学农的照片和视频。

2. 撰写学农总结（1000 字左右，直接写在《成长的足迹》上）。

3. 按要求填好《农村社会实践活动登记表》（含户主评语与签字）。其中"自我鉴定"部分主要写自己进行了哪些社会实践活动，以及有何感想与收获。11 月 4 日上午 12：00 之前一定交给各组，组长再交给老师。

4. 利用农余时间调查、访谈、研究完成自己的研究性课题。11 月 4 日统一交纸质文稿和电子文稿至学习委员处。

七、返回：2021-11-05 周五

1. 13：00 前整理行装，搞好卫生，归还农户的物品，等等。

2. 13：30 各班同学携带行李到指定地点集合；14：00 上车，启程返回广州（约 15：30 到达学校）。

考勤：每组组长报告给具体负责人。

行李装卸：5 人及组长。

八、总结

以户为单位提交总结、照片以及视频，由宣委负责挑选。

班级提交：

专题文章（多于 2 篇，800 字以上）；

班级小结（1 篇，500 字以上，附班级专栏的标题一个）；

其他文稿（如日记、散文、诗文创作等，多于 2 篇）；

班级活动照片（10 张以上）、集体照片（2 张）、配图照片（与文稿对应）；

高质量的摄影作品、各专题配图、各活动过程图（学农期间各班须有专人拍照，各活动须有摄影社同学跟进，摄影社安排各班专人全程跟进）。

五、活动每日安排表

注：全体学生需参与入户家庭的早餐、午餐和晚餐的准备工作

日期	活动安排		
	上午	下午	晚上
2021-10-31（周日）	1.9:00 开始行李装车。 2.9:30 召开誓师大会。 3.9:45 出发。	学生：1. 中午前入户，整理个人内务，协助做饭。 2. 在住户家里进行卫生清洁活动。 3. 根据农户安排进行劳作。 老师：跟随相应班级学生入村、入户、到田间巡视。	学生：1. 参与做晚饭。 2. 留在住户家里拉家常，尽早融入家庭。 3. 开展研究性学习课题。 老师：入户了解劳动情况、生活情况，关注各家任务量，向农户发放导师证书(拍照)。
2021-11-01（周一）	学生：1. 参与准备早饭、午饭。 2. 根据农户安排劳作。 老师：跟随相应班级学生入村、入户、到田间巡视。	学生：1. 根据农户安排劳作。 2. 部分学生进行支教或参与"双减"辅导。 老师：跟随相应班级学生入村、入户、到田间巡视。	学生：1. 参与做晚饭。 2. 开展研究性学习课题。 3. 各班可组织个性化活动。 老师：入户了解学生劳动情况、生活情况。
2021-11-02（周二）	学生：1. 参与准备早饭。 2. 提前准备干粮和拉练饮用水。 3. 拉练(村庄与飞来峡水利枢纽之间往返)。 老师：跟随相应班级学生参加活动。	学生：1. 部分学生进行支教或参与"双减"辅导。 2. 部分学生进行科普宣传及义务清洁劳动。 老师：跟随相应班级学生入村、入户、到田间巡视。	学生：1. 参与做晚饭。 2. 开展研究性学习课题。 3. 各班可组织个性化活动。 老师：入户了解学生劳动情况、生活情况。
2021-11-03（周三）	学生：1. 参与准备早饭、午饭。 2. 根据农户安排劳作。	学生：1. 根据农户安排劳作。 2. 部分学生进行支教或参与"双减"辅导。	学生：1. 参与做晚饭。 2. 开展研究性学习课题。

续表

日期	时间		
	上午	下午	晚上
	3. 部分学生进行支教活动。 4. 部分学生进行科普宣传及义务清洁劳动。 5. 开展户外课堂。 老师：跟随相应班级学生入村、入户、到田间巡视。	3. 部分学生进行科普宣传及义务清洁劳动。 4. 开展户外课堂。 5. 晚会彩排（分班分批进行）。 老师：跟随相应班级学生入村、入户、到田间巡视。	3. 各班可组织个性化活动。 老师：入户了解学生劳动情况、生活情况。
2021-11-04 （周四）	学生：1. 参与准备早饭、午饭。 2. 根据农户安排劳作。 3. 部分学生进行支教。 4. 部分学生进行科普宣传及义务清洁劳动。 5. 开展户外课堂。 6. 晚会彩排（分班分批进行）。 老师：跟随相应班级学生入村、入户、到田间巡视。	学生：1. 根据农户安排劳作。 2. 部分学生进行支教或参与"双减"辅导。 3. 部分学生进行科普宣传及义务清洁劳动。 4. 开展户外课堂。 5. 晚会彩排（分班分批进行）。 老师：跟随相应班级学生入村、入户、到田间巡视。	学生：1. 参与做晚饭。 2. 参加联欢晚会。 3. 整理学农总结。 4. 告别农户，赠送农户纪念品。 老师：入户了解学生劳动情况、生活情况。
2021-11-05 （周五）	学生：1. 参与准备早饭、午饭。 2. 整理好个人物品，搞好卫生。 3. 学农总结签名、盖章（教师）。 4. 有计划地准备撤离学农基地。 老师：年级教师会议、年级领导小组碰头会。	13：30 各班同学携带行李到指定地点集合，14：00 启程返回广州（约 15：30 到达学校）。	调休。

第三章　高三备考指导模板

高三(5)班暑假手册及"高考试题研究"示例

一、未雨绸缪：凡事豫则立，不豫则废

1. 清点自我，净化自我：放假三天，休整，和亲朋好友聊天，去自己喜欢的地方闲逛，看看、想想、静静；整理学习环境、学习资料，翻看自己的书籍、试卷、周记(日记)；看一部喜欢且励志的影视作品。

2. 规划"学思行"：请教师长，了解高三，走进高三，明白高三要做什么，要注意什么，要有攻坚克难的意识和准备。

3. 重点做好"培优扶弱"的规划：利用相对较长的暑假，做好"学科优劣势"的分析，尽量利用暑假购买学科资料并寻找"培优扶弱"的方法，想方设法完成"培优扶弱"的计划。

4. 准备"精神"养分：购买一本精美的 A4 笔记本并拟一个或具有文化，或具有思想，或具有诗意的名字，"精美笔记本"可以记录"灵感火花""心路历程""生活琐事"等；准备或具有思想，或具有文化，或具有文采的"三本书"。建议准备《古文观止》、"前四史"、哲理随笔，或加缪、培根、蒙田等正面人物传记，把它们作为高三学习的动力之源。

5. 做好"四个"坚持：每天坚持写一段日记，每天坚持看 15 分钟的书(建议把《红楼梦》《乡土中国》《复活》等教材要求的整本书重读)；每天坚持锻炼 1 小时，建议锻炼中加入跑步活动，以打卡的方式强化意志；每周坚持帮父母做一顿饭，与父母聊聊天。

6. 做好"5 年高考 3 年模拟"试卷的收集及研究工作：按照"高考试题＋考点解析＋答案详解"的方式进行研究；关注国内名校试题，关注省内地区试题。

7. 为"心仪"而坚持不懈：查阅心仪名校的资料，关注校训、知名校友

(最好概括下来)和专业，写下自己的梦想并且努力去实现。

8. 开启新的篇章：翻篇，不要再沉溺于过去，不要再自我纠结、纠缠！不要再精神内耗！但求耕耘，不问收获！只有内心没有了杂念，才能勇往直前。愿你在被打击时，记起你的珍贵，抵抗恶意；愿你在迷茫时，坚信你的珍贵，爱你所爱，行你所行，听从你心，无问西东。

9. 务必做好三个整理：一是整理成果，主要从学习、生活和锻炼等方面进行整理，做好开学时的"学思行"汇报；二是整理自己的学习资料和入校时的学习、生活必需品，不要给父母或他人留下麻烦；三是整理梦想和未来的奋斗思路，再次写一篇激励自我的文章，保留到高考结束甚至 20 年后。

10. 做好"非常态下"的思想准备和自我思想叮嘱与强化：世事无常终有定，人生有定却无常。命运的手总是翻云覆雨，你永远不知道迎接你的下一秒是惊喜还是意外。请不要被洪流席卷、被他人裹挟，不管发生什么事情，都要做到"咬定青山不放松！"

二、方法不对，事倍功半；方法得当，事半功倍

高三"试题研究"指导：以语文为例

知识板块	组长	组员	选文类型及出处	试题设计角度	考查知识点	答案详解	答题方法、规律、技巧总结	"我"的思考总结
论述类文本								
非连续文本								
散文								
小说								
文言文								
古诗词及默写								

续表

知识板块	组长	组员	选文类型及出处	试题设计角度	考查知识点	答案详解	答题方法、规律、技巧总结	"我"的思考总结
语用题								
作文								

三、注重"细"，天下大事必作于细：细节、细致、精细

"三细"关键词：意志、方法、规范、心态

(一)强化意志

1. 牢记"5 分钟原则"。做每一件事，必须提前"5 分钟"，利用这"5 分钟"整理情绪，做好进入最佳状态的准备。升旗、做操等大型活动不迟到，不拖拉。

2. 坚持"10 分钟阅读"。选一本或具有文学性、思想性、哲理性的大部头书陪伴自己，每天用"10 分钟阅读"此书，并注明阅读日期，以"打卡方式"来强化自己的意志，建议重读《论语》《道德经》，尝试在以前阅读的基础上读完"前四史"。

(二)调整方法

1. 坚持每天"15 分钟整理思绪"：无论如何忙碌，每天坚持用"15 分钟"写写"心灵日记"，进行扪心自问或自我赋能。

2. 坚持每周"20 分钟计划或总结"：清点自我，整理桌面，整理资料，翻看笔记、日记或学习资料。

3. 坚持每天"30 分钟锻炼"：跑步是最好的发泄，散步是最好的调整。坚持跑步，坚持每天抬头看看朝阳晚霞。

4. 坚持每月"60 分钟复盘"：前进是需要反思的，坚持在复习、回顾、

反思中及时调整计划或优化规划。

(三)规范行为

1. 强化"0 扣分"意识。不要因为仪容仪表不整、出入迟到、室内玩手机、值日不重视、宿舍违规等原因被扣分。

2. 坚持爬楼梯不乘电梯。把爬楼梯作为强化意志和锻炼身体的一种方式，不要因为乘电梯而与值日生、保安发生冲突。切记：尊重他人是一种素质也是一种品质！

3. 坚持和老师沟通交流。见到老师，热情打招呼，把最灿烂的笑容展示给同学和老师。用微笑来驱散生活中的阴霾！

4. 保持良好的精气神。做到在每天的课堂上展示一次自我，如回答问题或参与小组的发言，让紧张的学习心态在师生互动、生生互动中得到释放。

5. 坚持课间到办公室走走或到教室外看看天空。利用这个时间，或与教师沟通，或放松身心，保持头脑清晰。

6. 每周坚持和父母交流。作为高三备考的学生，日渐成熟的你，要学会用语言或行动安慰父母，不要让父母担心，即使再忙再累，也要坚持每周和父母交流一次。

7. 积极参加中学生涯的最后一次运动会。积极参与或为同学呐喊助威，每一次活动都是一次真情的表达、能力的体现及风采的展示！

(四)做好几种准备

1. 高三要发扬不怕苦不怕累的精神，理解并逐渐适应高强度的训练和磨炼：放假的次数越来越少，学习的时间越来越长，学习的内容越来越难，考试的次数越来越多，复习的资料越来越厚，同学之间的竞争越来越大，师长的唠叨越来越频繁，考试的压力越来越大。

2. 高三需要拼搏，更需要学会自我调整：释放压力或缓解情绪的方法有很多种，可以与同学谈心，可以向师长倾诉，可以跑步，可以听音乐，或是阅读书籍，写心灵日记，甚至是强压愤怒郁闷刷题。

3. 高三要坚持埋头拉车，更要抬头看路：注意"几个时间段"的几种表现——2022 年 8 月至 10 月，热情，激情，豪情，意气风发，志得意满，踌躇满志；2022 年 11 月至 2023 年 2 月，开始进入自我怀疑阶段，否定，伤心，焦躁，容易出现"躺平和摆烂"的松懈心态；2023 年 3 月至 4 月开始出现疲惫感、无力感、麻木感，遇到"学习高原期"，出现"有劲使不上"的焦躁感；2023 年 5 月至 6 月，高考临近，开始感到紧张、害怕、焦虑或是感到冲动、蠢蠢欲动，跃跃欲试。

4. 高三要善于把握三个黄金时期：一是寒假休整期（2 月），需要查漏补缺，这是弯道超车的最佳时期；二是 3 月至 4 月"学习高原期"，大众都感艰难的时候，个人一定要保持清醒和铆足劲，这是成绩腾飞的关键时期；三是 5 月至 6 月冲刺期，这是高考决胜的重要时期，调整心态、强化毅力和做好计划很重要，因此，一定要做好每一天的计划并坚持锻炼！

（五）防止几种不良思想

1. 不要长他人的志气，灭自己的威风：不要去羡慕别人的好，你就是华附最亮丽的风景线！在最好的班级，你还有什么理由不努力，不自信？

2. 不要受他人影响，更不要被生活裹挟：有人喜欢叫叫嚷嚷，有人喜欢埋头苦干，有人喜欢装腔作势，有人喜欢大倒苦水，还有人喜欢道德绑架……请注意：任何时候，都要保持清醒的头脑，不要随波逐流，更加不要自我放逐！

3. 不要只顾埋头拉车，而不抬头看路：勤奋拼搏是必需的，劳逸结合也是必要的。个人静心是必需的，大众研讨也是必要的。课间要休息，课后勤锻炼。不要一味地读书、刷题而忘记了忙中偷闲、苦中取乐。

4. 不要因平时考试成绩起伏而表现出大喜大悲：平时的考试是训练，而不是最终的结果。

5. 不要在平时的考试后狂欢，应该平和地进入学习状态：考完后可以休息、休整，如看看书、散散步、发发呆等，但是不要狂欢，最后能够平和地进入学习状态！

（六）请你思考并解答几个问题

以下是高中学生经常遇到并一直寻求解决方法的问题，作为华附高二（5）班的优秀学生，你能否帮他们解决？

1. 看到大家越来越勤奋，我学习越来越紧张，怎么办？

2. 面对高强度学习，有些时候，我看不进书，怎么办？

3. 有些科目，我花了不少时间，还是跟不上，怎么办？

4. 看到同学学习效率高，我的学习效率却不高，怎么办？

5. 我觉得老师讲课不理想，我不喜欢听老师的课，怎么办？

6. 面对学习的问题和思想的问题，我想去但是又不敢去找老师，怎么办？

7. 高三了，我还是喜欢看课外书，且越来越喜欢，怎么办？

8. 每次考试后，看到排位，我就恐慌，怎么办？

9. 高三了，一切以学习为重，我不想参与集体活动，怎么办？

10. 周末回到家，我就控制不住玩手机，怎么办？

11. 回到家或在电话里，爸爸妈妈总是唠叨，怎么办？

12. 学习时间如此紧张，我不想锻炼怎么办？

四、注意"听"，兼听则明，偏信则暗：聆听智慧的宣言

我看 2022 年高考
李心玥

每年高考总会以各种各样的方式在看客中掀起波澜。题目创新、难度逆天、出得太水……网民们热议的这些话题，很可能是一位考生借以超常发挥的利器，也很可能是另一位考生捶胸顿足的失利原因。我幸运地提前一年以"旁观者"的身份参与了高考，希望将所见所感尽力分享，让大家也能真切地体会一次高考的感觉，从而以自信、坦然、从容的姿态走进 2023 年的考场，金榜题名。

本文分为两部分，先讲我对试题的看法，再分享一下经历和感悟。

先来简单谈谈今年的高考试题。

一、题型创新

第一天早上语文考试突然出现的成语填空便让我吃了一惊，虽然一空一分看起来无关痛痒，但足以在心态上造成影响。下午考数学前，我记得当我们准备离开阶梯教室时，老师叮嘱了一句："从上午语文的创新题型来看，数学很有可能也会出现创新题型，大家如果发现做不出来，一定要把题目条件再看一遍，我们做了那么多次训练，一定可以的！"果不其然，两小时后全网沸腾。化学考试的滴定图像画图和原理计算题同样让人措手不及。

考完后，我静心思考——为什么我们会害怕题型创新？原因在于，我们平时的训练往往趋向于套路化（我不知道高三会如何，所以不敢妄下定论，但就高一高二的学习来说是这样），在已知和熟悉的题型上打转，仿佛一个舒适圈。就我个人而言，我此前自以为成语用选择题考是送分，无须专门看与成语有关的知识，结果这次就付出了代价；数学前三道大题我也一向认为是送分的，从未仔细训练过难度和技巧，结果这次也栽在了立体几何上。套路化训练的弊端不仅在于会让我们面对创新题型时无所适从，而且可能固化我们的思维。现在看来，在当今高考大纲已取消的情况下，高考反套路化出题是合情合理的，势必就会让那些平时死刷题的学生吃亏。作为华附首届强基班的学生，我们当然不会是这类学生。那么如何才能在明年的高考中顺利应对出乎意料的创新题型呢？以下是我的一些拙见。

其一，我们的学习应从熟练掌握各种解题技巧这个层次，上升到透彻理解这门学科，提高自己的学科素养上。当我们面前摆着一道谁也未曾见过的新题时，大家都是新手，拼的便是学科素养这种软实力。再以今年的语文、数学、化学试题举例。语文小说最后一题探究题，问"改写的效果"，单纯凭借平时熟背的答题格式必然是无从下手的。但倘若我们能较为清晰地理解文章意蕴，从情节、人物、主题等角度打开思维，再加上这道题应当是开放性试题，其实是不难答的。其中，"理解文章"和"打开思维"，就是语文素养的体现。数学的那道立体几何题，如果平时不是机械地按照"建系—计算"的僵化思维解题，而是全面地对立体几何下了功夫研究，想要证出垂直也应该是不难的。至于化学，我觉得第一道大题出得最为巧妙，以实验题的形式考查原理内容，加上阅读量大，理解起来有难度，只有平日对化学学科钻研深入，有良好的化学思维，才能在短时间内拿到分数。

其二，从现在开始的每场考试前，我们都应当充分设想考试中可能遇到的困难。这次数学考试客观上确实很难，但很多人的主观意识可能更加深了他们对难度的感受，那就是没有做好可能出难题的思想准备，一心奔着140＋或130＋的分数。如果我们在考试前能做好最坏的打算，那么我们在考试中就能以平静的心态应对难题或新题，发挥出应有的水平。

二、考查偏僻知识

最典型的例子就是数学选择题考查了棱台体积和质数，后者对于我们来说应该问题不大，但前者却是复习时容易忽视的点。像化学、生物这样知识点零碎的学科，相信我们一定会非常重视课本，但对于数学、物理，我们的重心很可能就放在刷题上，反而忽略了课本上的很多细节。正如前文提到的高考取消了考纲，这就意味着不会画重点，那么课本的每一个角落都可能成为考点。所以一轮复习的时候，我们一定要紧跟老师全覆盖地、地毯式地复习一遍所有知识点，切不可大意。

三、细心严谨

众所周知，今年的物理再次非常简单，但我本人因为粗心与高分无缘。题目出得太水，对于我们强基班的学生来说可能未必是好事，不仅难以与其他学生拉开差距，而且可能因为小失误反而落后于别人。我们平时的考试和练习，为了训练思维，可能会尽量地提高难度，但我们也不能因此忽视准确度的训练。准确度不能靠考试时尽力提高警惕来达成，而应靠平时每一次作业来培养习惯。"马虎"不能成为我们考得不好的理由，我一向觉得保持严谨是一项很重要的能力，对于综合生而言，其地位应不亚于解决难题的能力。当然我也相信，只要我们肯下功夫训练准确度，无论明年题目是难或易，都是对我们有利的。

四、关于语文作文

单独说语文作文，是因为经历了这次高考，我对高考作文有了新的看法。讲个小插曲吧，大概高考前一两天，我翻看去年的高考作文题，才知道

"可为与有为"不是新高考Ⅰ卷的题目而是全国Ⅰ卷的，而且新高考Ⅰ卷的作文方向也并非广为流传的"讲体育的重要性"，而是相当有思辨性的"强弱之变"。今年的新高考Ⅰ卷"本手妙手俗手"，也不乏思辨性。综合两年的新高考Ⅰ卷作文来看，高考作文并非我此前臆想的主旋律喊口号应试文，反而出得很灵活，对考生思维有较高的要求。因此我们平时在训练作文时，应摒弃抵触情绪，注重思辨能力的提高。

以上便是我对今年高考试题的简单看法，英语和生物试题没有太多特色，我就没有提及，但还是建议大家一定要重视这两科的学习，做好周全准备。接下来是我对于参加高考整个流程的一些感悟。

首先，要尽力排除外在因素对自己的影响。比如天气因素，高考那几天恰逢龙舟水，第三天去考试的时候我就有点被淋湿了，坐在空调房里觉得有点冷，所以提早出门、准备好备用衣物都是必需的。

其次，要保持平常心。我将这次考得不错的一部分原因归结为我没有包袱，心态较好。比如第一天考完数学，我抱着无所谓的态度，心态没有受到影响。我知道高三参加高考不可能像高二这样从容，但如果我们尽力地调整心态，尽可能地以一颗平常心应考，就更可能正常发挥甚至超常发挥。"你难别人也难"并非空话，但也有人会说"最后发现觉得难的只有我"。因此，与其考试时因难度而产生无意义的焦虑，不如相信"大家一样难"，保持心态平和，反倒更有益。

最后，写一点我对高考的感受。"高考"这个词，在我们从小到大十多年的世界里，被渲染成我们人生最重要的关卡之一，肃穆、庄重而又神秘。我不否认高考对于我们的重要性，但亲身经历一次高考后，我觉得我揭开了它神秘的面纱。它就像平时的每一场考试一样，教室里三十个人，坐在熟悉的课桌上答题，唯一多出来的只是严格的安保与监考工作以及全国性的关注。但考试中的那几个小时，其实与平时大大小小的考试无异，同样是绞尽脑汁，奋笔疾书。我们重视高考，为之奋斗拼搏，但无须畏惧它。相信经过一年的磨砺，明年夏天大家都能自信地走进考场，交上一份自己满意的答卷。预祝大家2023年高考凯旋，金榜题名！

也许可以"照搬"的学习经验分享

张圣朗

许久不见甚是想念，记不起来我是谁也没关系（笑）。应尹老师邀请，我今天就简单地，以一个"毕业生"的身份，谈几句我的学习经验。不过话说在前，经过十一年的学习，大家肯定早已形成一套"学得舒服"的学习方法，我所介绍的这些经验只是作为补充。如果能帮到大家，我也会无比高兴。

一、少做笔记多积累

这个标题看起来有点自相矛盾，但事实就是如此：做笔记花了很长时间，但平时根本不翻，就是考试前扫两眼。习题专题课时做了满满一页笔记，可以说是图文并茂让人看了自愧不如，但内容实际上没什么营养，绝大多数是在抄答案甚至抄题干。不妨把话说明白些：这完完全全是在浪费时间自我感动，实际效果还不如听老师讲，随手写下一些一闪而过的思路。

私以为做笔记的正确方法是：随手记，随心记。随手，指做笔记的频率要高（暗含花在上面的时间要少的意思）；随心，指笔记要能体现自己在那一瞬间的想法和疑问。打个比方，老师在讲一道过程很长而且方法很特别的导数题，你在听课时不应该把他的板书复制粘贴下来，而最好是用一两句话概括这个方法的特点和内容，课后再由这一两句话反推出思路演绎的过程。

至于多积累，我就不敢给各位提建议了。可以说为了备考中科大，我自己几乎没有积累语文英语的作文方法论和素材——而它们正是确保这两科可以作为你的"优势科目"的关键所在（所以我高考英语才没上 140 分）。至于其他几门科目的好题积累，重要性则有过之而无不及。最好每一科有一本习题集（当然生化可以直接用练习册），把每一道题所激发出的、自己的想法记在旁边，时常翻阅。当然积累也是"精"字当先，这就不展开说了。

二、专门讲一讲数学

提升数学水平，根本在于兴趣。如果你对数学一直抱有兴趣，那很幸运，你只需要尽可能地寻找与数学相关的资料（考虑到高三时间紧，不妨把范围限制在高考和强基内），保持做题感，提升熟练度，拓宽视野（这是最重要的，下面会详细讲讲），哪怕遇到今年这种难度的题上 120 分也毫无压力。

但更多人对数学是无感的——甚至厌恶它。不要紧，按下面的流程走，你照样可以轻松应对高考。

审视自己花在数学上的时间。如果你发现自己一天到晚（特别是假期）都在刷数学题或上课，那么"恭喜你"，你的学习方法很有可能是错的。高中的数学学习不需要花太长时间（有特别兴趣的除外）。导数或圆锥曲线等"难题"不需要每一道都做，两天一道就可以了。当前，也完全没有必要老是刷整卷，因为你做了还是不会。随着时间的推移，可以适当增加一些新题型的练习，重在质而不在量。一句话，多做题无益。

提升做小题的准确率和速度。要保证高考数学不拖后腿，选择填空千万不能错太多。提升准确率最好的办法就是周老师说的——多积累做题工具，多记结论。好比今年的卡时间的第 7 题就可以用简单的放缩法和展开解决；第 12 题更是人尽皆知的结论；第 16 题如果熟悉准线的定义也可以很快算出来。具体做法，只能是主动阅读和探索，各种数学公众号和 up 主，单靠刷高考题和听课是没办法提升的。

当然，也不能沉迷于所谓"二级结论""秒杀公式"，而应重视原始结论和推导过程。

至于速度，也没有太多捷径可走，唯有日积月累方能得心应手。非要说出个方法来，就是做好时间规划。我个人的话，简单情况下单选 10 分钟，多选 10 分钟（全选对），填空 10 分钟；中上难度（譬如今年高考），单选 20～25 分钟，多选 15 分钟（部分选对），填空 15 分钟，这种情况就要考虑放弃一些压轴大题了。总之，不能乱了阵脚，但又要时刻关注时间，逼一逼自己才能有所成长。

拓展对不同题型的了解掌握。现在各地的高考数学模拟题有个毛病——同质化严重。拿导数来说，100 张卷子里有 50 道极值点偏移，20 道累加比大小，20 道分参求最值，剩下 10 道都是各种硬凑的"魑魅魍魉"，极少是高质量适当难度的"原创题"。做这些题目要不然就是浪费时间，要不然就是找罪受。在这种试题普遍缺乏创新的大背景下，去找一些相对简单的强基题目不失为一个好选择。好比今年的三角函数，与基本不等式这个大家忘得差不多的知识点合在一起考，就难倒了不少人。这也是我不建议刷题的原因之一。

总之，搞清楚自己几斤几两，不要盲目冲高也不要失去目标，找到合适自己的题目做，搞定数学还是很轻松的。

三、简单收尾

高三一年很漫长，学习的时间甚至比高一高二的加起来还要长。在这漫长的一年里，最难，也最痛苦的事，就是保持清醒——想清楚自己为了什么而学，要学到什么程度。多问问自己，学习是为了什么，是为了考高分吗？考高分是为了什么，是为了上清北华五吗？上清北华五是为了什么，是为了学个热门专业然后毕业找个好工作吗？如果都能在 10 秒之内想到答案，那很好，你足够清醒；如果不能，说明你还处于比较盲目的状态。每天花 5 分钟或 10 分钟跟自己说说话，这听起来有点傻，但还是挺管用的。另外，不要不自觉地陷入高三学习的"狂热"气氛中，多听听歌、跑跑步，也算是一种反洗脑的方法吧。

最后，祝各位永远幸运！

追风赶月莫停留
——我的高三生活
谢涵源

高三的时候，我曾经许多次幻想高考后在"杂货铺"分享我的学习经验，然后赶紧清空杂念，排尽这些不切实际的想象。当事情朝着超出我预期的方向发展，我真的需要端坐在电脑前写一些所谓经验时，却发觉大脑一片空白。似乎在应试的议论文格式下，我早已丢掉了写记叙文的能力。

战战兢兢打开写着高考成绩的那条短信后的不可思议以及真正喜极而泣的感受仍然十分真切，曾经的幻想变成现实，可短暂的喜悦后无尽的纠结与繁忙的日程又让这几天变得格外疲惫。就在前天，我终于用最简单的方式填完了我的志愿，昨天又把我珍藏了一个月的笔记暂时借给模联的学弟学妹。我终于有时间细细回想这一年，或者是这三年。即使我总觉得高考有极大的运气成分，但回首过往，我仍愿将如此的幸运归功于我的心态与付出，并以此鼓励正在努力的你，希望你在高三辛苦的一年里永远怀有信心和动力。

虽然这么说，但我自己其实经常没有什么信心……所以我想先讲一讲怎样相信自己的实力，然后在前行的路上少一些犹豫和顾虑。对于高三一整年的无数次考试，老师们一定会告诉你要"看轻成绩，重视考试发现的漏洞"。能做到这么云淡风轻自然是好，但是一定有很多人会像我一样，不管是什么考试，考差了都会很难过很焦虑。我本人就总是被考试成绩框住，因为我高三的大考成绩都很一般，最好的一次（广州一模）年级排名才第六，最差的时候考过四十多名，正常水平是十几名。我经常悲伤地认为我高考最多也就是正常发挥，所以拿到高考成绩的时候我会下意识地觉得自己是超常发挥了。但现在回过头来看，其实高考每科成绩我都在历次考试中考到过，有几科的成绩还远远不如以前考试的成绩。从这个角度上看，其实这也不算超常发挥，这就是我的水平。而这样的水平，其实很多人也有。可以回想一下自己每一科考过的最高分，只要考好过，就证明是有这样的实力的，至于其他的考试，就当作查漏补缺即可。在高考前最后阶段，我就是这么想的，再加上当时属于知识归纳记忆的巅峰，我认为没有任何一次考试能与之比拟，高考只需要尽全力发挥，拼一拼上限就好。

然后就是关于心态的松弛。我自认为我的高三生活是非常放松的。周日经常睡到中午才起床，玩手机浪费半个下午，傍晚才开始学习；平时上学回到家吃晚饭、玩一会儿就七点了，而我一般十一点就必须睡觉。可以说和许多同学比，我的学习时间是比较少的。（当然，这并不是提倡大家睡懒觉、玩手机）那如何做到在保证充足的休息时间和适当的娱乐时间的同时保证学习质量？我想首先就是不去管同学们在做什么。很多同学都比我"卷"，有时候由于同伴压力，我也很想疯狂刷题，对于休息会有一种愧疚感。在这种情况下，我的做法是：其一，战略上藐视敌人，在心里论证一些人只知道刷题却不懂得归纳的无用性，从而给自己充分的理由不乱刷题；其二，战术上重视敌人，虽然我没有花那么多时间学习，但是我依然把各科的薄弱点都一一进行了归纳，这个属于长期工作，可能时间并不比刷题短，但是非常有效。除了不管同学在做什么，另外一个很重要的点就是如上文所述，相信自己的实力，进而相信自己学习方法的正确性。总而言之，希望各位都能找到适合自己的更有效率的学习方法，从而让高三生活更放松一点，更快乐一点。

最后浅讲一下学习方法吧。我个人并不提倡照搬别人的方法（无论是刷题的方法还是做题的方法，或者是做笔记的方法，甚至于不做笔记），毕竟自己的情况自己最清楚。但我还是想分享一下我的方法，希望能给看到的学弟学妹一些小小的启发。首先是对待各个学科的学习要有全局意识。高考后我听到许多同学的经验分享，有说重视弱科的，也有说重视强科的。就我个人而言，整个高三，我基本没有特别的倾向，也就是每科都学得比较平均。（当然，不同科目因为其自身特点要求的时间和精力不同，我指的平均是在重视程度上完全一视同仁，我并不觉得我的哪个科目是铁板一块）。然后我分别说一下我的六个科目的学习情况。（我的选科是物化生）

数学的学习时间是最多的，但是投入的精力可以说是最少的。为什么这么说呢，因为我本人觉得做数学题是很轻松的，因为解题方法千变万化，重要的是在刷题的过程中领悟万变不离其宗的东西（虽然这么说好像玄之又玄），所以我一般不会像其他科那样做很多归纳，这就不需要很多思考，只需要做很多题，用好老师发的讲义就可以了。（但我并没有说做数学不用思考!）（在这里感谢我高中三年的数学老师曲政老师辛辛苦苦做的无数张讲义!）

物理和数学差不多，但是物理比数学好一点的地方就在于一些知识点的整理归纳是一劳永逸的（不会像数学一样做了无数道导数题最后也还是不会做导数题一样），比如板块、带电粒子在磁场中的运动、大部分实验和一些可以通过整理记忆掌握的知识点（物理学史、近代物理），除了整理归纳，我认为其他的只需要好好听课、好好做作业就好了。

语文的学习时间可以说是"又长又短"——整理作文素材、修改作文经常会耗掉我一个晚上，归纳各类题型的解题方法也经常让我很烦躁很苦恼，但是除此之外我基本上就不学语文，也不怎么做语文题。我认为盲目刷题是没什么用的，因为刷题最终归结于总结方法。我一般会在归纳一类问题（如小说的情节人物环境、诗歌的手法情感表达方式等）时有针对性地找大量习题来做，然后站在一定的高度总结一些通用的东西。比如，我就曾在一天之内把一轮关于小说的题目全做了一遍，然后整理了所有和情节人物环境有关的解题方法。这之后就可以通过周测、大考来不断完善笔记，再刷其他题就显得没有必要了。然后就是作文，我的作文成绩完全就是加强版的过山车，写的作文当过几次范文，也写过几次三十几分。但后来经过每一次写完作文的思考整理(这个很重要!),我的作文也基本上能稳定在50分左右了。

英语比较像数学＋语文，客观卷的部分很像无脑刷数学题，做做练手感就行了，作文呢就非常依赖整理和背诵。高考英语的客观卷向来是较为简单的，所以对于高三一整年的英语考试都不必过于在意(因为真的都比高考难好多)，留一些高考真题在5月份的时候做一做即可。而作文就是无他，唯背诵尔。多归纳应用文格式和常见主题，多归纳读后续写的描写，最后分数不会低的。

说到化学，那确实就是一门挺需要刷题的学科，即使是我也刷了不少题，然后以此整理出一些常见考点。但是即使到了最后我也还是没能找到学化学的好方法，只能带着零碎的知识走上考场。(不过欢迎大家来找我拿我的零碎的笔记。)

生物也是一门我从未学明白的学科。我能做的唯有多背书，多看错题和高考题来感受如何搭桥(玄之又玄)。但我在这里还是建议大家先从背书开始，这至少是一条所有人都走过的百利而无一害的路。

最后，我想以我最喜欢在高考作文的结尾用的一句古文作结："追风赶月莫停留，平芜尽处是春山。"希望看到这里的你能够在经历了高三的一切后不仅收获成绩，亦能通过这个烦闷的痛苦的过程学会直面痛苦，接受失败，并仍然不放弃等待成功。

第四章　温馨提示＋班级情况播报

（限于篇幅，节选部分内容）

2022 年 1 月 5 日　星期三
华附首届强基班高二(5)班温馨提示

大型"战役"之后：不狂欢，不颓废，不无聊

对于一般人，以下的表现都可以理解：胜利之后的庆祝、紧张之余的放松、失落之后的泄气以及忙乱之后的无聊……

但是对于与众不同或是志向远大或是清醒淡定的智者，以上行为不足取、不屑做。他们会在胜利之后进行总结，会在紧张之余进行调节，会在失落之时进行反思，会在忙乱之后进行规划。

聪明的你，请记住——大型"战役"之后：不狂欢，不颓废，不无聊。

周三：静心"书写"。请你静下心来，拿出日记本、周记本或是草稿本，慢慢回想罗列这个学期或这个学年能够体现自己的"精气神"或让自己"反思提升"的十件事，并分析、思考优劣得失背后的原因。时间会在不经意中度过，思想情感会在回顾中丰富，灵魂会在自我反思中净化。

周四：认真反思。做两件事：一是拿出已改完的试卷及答案来分析思考总结，从审题、答题技巧、老师讲解以及参考优秀试卷中进行反思总结；二是拿出一本自己喜欢的书，慢慢欣赏，细细品味。你看书的姿态将会成为一道最亮丽的风景——别人看到的是你的最美姿态，而你获得的是有营养的精神养分。

周五：清点自我。你做两件事：一是设想、规划、罗列寒假计划或未来一学期或一学年的计划，畅想未来发生的事情，并思考我以什么样的态度和姿态出现。二是清点自我，整理书籍资料，清理课桌，在清点自我的时候注意回顾一下自我表现。

班长：陈泽辉负责纪律，周靖哲、陈悦华、林科宇负责晚修纪律。

卫生委员：黄韬、杨欣烨负责教室清爽、卫生干净、座椅整齐，负责同学离开后关闭门窗和电源。

科代表：主动与老师沟通，主动去拿试卷、答案及寒假作业等资料，及时传递信息。

宿舍长：室长务必提醒同学不要忘乎所以。

体育委员：负责散学礼集合及纪律。

2022 年 2 月 6 日　星期日

华附首届强基班高二(5)班温馨提示

各位优秀家长，虎年吉祥，阖家幸福安康！现就假期师生学习和生活做个小结，并就未来日子做个提醒：

一、坚持做好"三定"交流工作

定时(每周一次总结)、定人(坚持做好有针对性的学习跟踪调查，进行学情与生活了解，或编撰有针对性的资料提供给学生)、定点(坚持在班级群及时推荐具有教育意义和指导意义的文章或视频)。"三定"交流很好地了解了学情与生活动态。

二、坚持与相关家长做好沟通交流工作

放假后，通过电话或微信与 12 位家长进行了通话，就学生在校表现、在家学习和下一阶段的学习进行了沟通交流。在此，也请家长利用假期与孩子做一次深入沟通交流，具体包括假期总结、下学期的学习规划及个人行为规范等。欢迎家长把"我与孩子共成长的故事"发给我，稍后，我将分享优秀家长的育儿故事，欢迎大家把自己的育人经验提供给我。

三、坚持做好寒假"班级时事播报"工作

凡事豫则立，不豫则废。下学期，随着学生心态变化和学习竞争加剧及高三临近，请家长和孩子一起就未来的学习心态和竞争状态做一个预测(设想)并思考如何应对。在此，特别提醒家长和学生：①不要因为手机管理、操行评定、异性交往等问题影响情绪、分散注意力；②请认真关注学校的通知、孩子的学习档案(及时完善省综合平台上的个人资料)；③离开学还有 4 天，请提醒孩子完成寒假作业、调整自我心态、注意仪容仪表和制订学习规划等；④上学期末，我们班因为值日时没有注意细节，导致最后一次文明标兵班没被评上，今天说出"此事"不是为了批评，而是想告诉各位：孩子是需要经常提醒和教育的，稍有放松，孩子就会松懈。很多时候，生活、学习和工作，如果只有良好的开始，而没有坚持和自律，就不会有完美的结局。我们允许孩子犯错或失误，但是，不能放纵孩子忽视对自我的严格要求。

各位优秀家长，过去已去，未来已来。让我们一如既往地保持沟通交流，一起努力开创华附首届强基班高二(5)班的美好未来！感谢！祝好！

2022 年 2 月 8 日　星期二

华附首届强基班高二(5)班温馨提示

各位优秀家长，优秀同学，虎年吉祥，龙腾虎跃，大显神威！开学在即，现就开学相关工作告知如下：

一、新学期，新形象

1. 仪容仪表：美好生活从"头"开始，请"理发"及做好有关"形象"体现素养的工作。

2. 回顾展望：前进是需要反思的，成功是需要谋划的！请就寒假学习和生活做一个总结，就未来学习和生活做一个展望和规划，请以文字的方式记录在周记本上，开学交。

3. 整理好行装：作为华附首届强基班的学生任何时候，都要注意——清点自我、塑造自我、完善自我。

二、常规学习，常态工作

1. 寒假作业：高质量完成！要能够体现强基班学生应有的学习态度和水平，科代表第二天准时收齐作业。

2. 行为规范：高素养呈现！来到学校后，一切按照学校要求有序高效开展各项工作，各就各位！搞好教室和宿舍等公共场所的卫生！

2 月 12 日　9：00—11：30，第一次教室清理，负责人：陈泽辉，全体提前入住的学生；宣传负责人：黄政，把体现同学精气神的照片（个人照和集体照）发到班级群。

2 月 13 日　8：30—9：30，注册负责人：周靖哲、陈悦华、林科宇；书籍领取负责人：吴佰峻、熊瑞林及各科代表。

2 月 13 日　9：00—11：30，第二次教室清理，负责人：黄韬、杨欣烨，宣传负责人：陈泽辉、岳皓元。

2月13日　14：30—15：00，班会主讲人：吴欣源、白一扬。主题：寒假行与思（最好以课件形式呈现，每人10分钟）。

2月13日　16：00—17：00，开学典礼，负责人：何远烽、李睿。全班牢记：快、准、齐、静、净。

晚修负责人：袁于斯、周靖哲。

班干部要谋划构思自己本学期的工作，迅速进入角色，认真做好本职工作。

三、重要事情，特别提醒

本学期年级会强化"学习状态和学习内容"，行为规范要求，纪律加强、考核加大；高考科目时间增多、内容加大，难度加深，考试频率增加，请各位以高标准、严要求开展学习和工作，以良好的姿态展示班级风采、体现个人素养。

1. 关注学生通知：抱着对自己负责及不麻烦他人的原则，按照要求及时完成学校、年级和班级布置的各项工作。

2. 完成档案填写：及时完成省综合平台上的填写工作，特别要注意家庭信息和个人信息（含学生任职特别是学生会任职等），如有疑问特别是关于成绩的问题要及时联系科任老师。

3. 迅速进入学习状态：来到学校后，利用自习课和晚修"清点自我""思考未来""抒写情怀""静心阅读""精心谋划"。不要出现"无所事事""高谈阔论""四处游荡"。

4. 牢记"善始善终"：本学期要真正做到"满堂红"！不要因为个人行为影响班级形象！

5. 做好"三个一"：为家人做一顿饭，与亲人进行一次谈话，对自己的房间进行一次整理。

6. 牢记"个人梦想和理想"：强化个人意志和品质，自觉自律做好自己应该做的事情！

各位优秀家长、优秀同学，未来的日子，让我们携手共进，继续高速、高位发展！用行动创造高品质的生活！

2022 年 3 月 13 日　星期日

华附首届强基班高二(5)班温馨提示及班级情况播报

各位优秀家长，早上好！今天的文字就当作上周情况播报内容并视为下周改进和努力的方向：

1. 请大家及时关注学校、年级和班级的通知并按要求完成，请家委协助学校、年级和班级开展有关工作，在这里感谢各位特别是泽辉爸爸！

2. 强化"纪律"，突出"效益"。一个月努力做到"零扣分"！早读：一个科代表负责领读，另一个科代表负责按要求检查提醒；课间操，何远烽负责提醒，李睿负责引领，章心悦负责女生定位；刘轩宇、白一扬负责后面定位；升旗：朱俊玮定位，王京蕾负责女生后面定位，陈悦华负责检查提醒；卫生：黄韬、杨欣烨负责，值日生要负责自我"警醒"；晚修及自习：向俊巍、陈泽辉负责；课堂：吴佰峻负责(周一至周三)、熊瑞林负责(周四至周六，外加负责登记课堂发言的同学)；跑步引领：许越、王天天负责；宿舍：张圣朗、詹咏庭负责；观察员：胡圣和，一月一次观察发布；班级考勤情况：龚健翔负责，每周一班会时公布；实验课、走班课：科代表负责，一月一次与科任老师沟通并向班主任汇报交流情况。

3. 领导重视，师生参与。开学至今，学校领导、学术委员、专家及科组教师经常深入课堂并随时进行检查或听课观摩，高二年级召开了学生年级大会并分层或分批召开学生会议，高二(1)班、(2)班、(5)班的学生成为大家关注并羡慕的对象。以后，领导、专家和老师听课是常态，我们要积极展示自我！提升自我！

4. 重视规范，确保纪律。学校对学生行为规范非常重视特，别是高二年级处于"过渡期"，年级更加注重规范教育。开学至今：大型集合拖拉有 5 人被登记、早读不按要求有 3 人被记名、晚上宿舍熄灯后违规拿手机电筒看书 1 人被通报，晚修早退 2 人被登记。各位优秀家长、优秀同学，本着"有则改之无则加勉"的态度，请认真做好每一件小事，不要因为"小事""琐事"而误了"大事"！

5. 树形象，提质量。本学期，为了进一步提升战斗力，学校和年级层面都做了调研和布置。课堂纪律、形式、内容等方面都做了具体布置，如年级管理反馈、科任老师课后交流反馈、同学课后反馈等等。在这里，特别表扬黄政、陈悦华、许越、朱俊玮、王天天、张沛垚、王京蕾、袁于斯等同学，在大型集合及行为规范方面，他们用行动诠释了"引领示范"的内涵！值得一提的是，课堂上踊跃发言的同学越来越多，很好！请继续！建议：每名同学每周至少站起来展示自我一次！

各位优秀家长、优秀同学，立足当下，认真做好每一件小事，当下会很快乐；放眼未来，积极拼搏规划做好"每一件大事"，未来会很幸福！

2022 年 4 月 11 日　星期一
华附首届强基班高二(5)班温馨提示

各位优秀家长，晚上好！现就居家学习第一天"情况播报如下"：

1. 有序开展教学工作。今天所有科目的老师都开展了教育教学工作，学生整体表现良好。

2. 高效班会。今天利用腾讯会议开了班会，就学习计划、规划、规则等事项进行了提醒并就相关细节做了具体要求，及时书写"自我赋能每日一语"和"扪心自问"。

3. 品质班级。今天王天天妈妈主动为留宿孩子整理、打印、运送资料。师生倍感温暖！感谢优秀家长王天天妈妈！

4. 问题改进。今天学习有同学没有及时进入会议，还有同学没有及时打卡，请务必按时打卡，学生处每天都要进行查询和登记。提醒学生要有规则意识，我稍后也会将信息反馈给相关家长。

附：扪心八问一提醒

1. 凡事豫则立，不豫则废。我制订好了学习计划了吗？

2. 不以规矩，不能成方圆。我按学校、年级、班级和科任老师的要求进行打卡、学习和写作业了吗？

3. 时间就是效率，行动展示品质。我能够及时进入学习状态，并高效地学习吗？

4. 角色转变，能力展示。作为学生的引领者或领导者，我能够认真地做好每一件小事吗？作为班团干部、科代表及优秀学生，我认真细致地落实每一项工作了吗？作为强基班的优秀学生，我能够起到引领示范作用吗？

5. 生命在于运动，运动贵在坚持。学习之余，我坚持了运动了吗？

6. 反思自我，努力前行。前进是需要反思的，今天我反思了吗？我准备从哪些方面进行反思？（如行为规范、精气神以及学习效果等方面）

7. 你陪我长大，我陪你变老。亲情滋润成长，在家里，我与父母聊天了吗？我帮父母做了力所能及的事情了吗？

8. 眼观六路，耳听八方。人们要关注生活，关注人情世故。今天，我关注社会动态和生活现状了吗？做到与时俱进了吗？生活中发生的事，是否与我的学习有关？我进行理性思考、客观表达了吗？

温馨提示：请今天没有打卡的同学明天务必记住打卡，到时上交学生处作为存档。

感谢各位优秀同学！明天一样更优秀！

2022 年 4 月 24 日　星期日
华附首届强基班高二(5)班温馨提示及班级情况播报
——华附首届强基班高二学习常态化工作梳理呈现

1. 珍惜每一次考试。考试不是一种负担，而是一次展示自我才华和实力的机会。事关心态、心理、实力和能力，因此，我会利用每次考试的机会，强化自己"处变不惊""波澜不兴"的精气神。牢记毛泽东同志的两句话：一是放下包袱，开动机器，轻装上阵；二是战略上要藐视敌人，战术上要重视敌人。

2. 重视每一次自主学习的机会。考完试后，自习课增多，自习意味着自主安排的时间和机会来了。智者会在自主安排中自我成长，智者善于利用自主时间"梳理生活与心态，总结言谈举止，规划未来发展"。因此很多时候，别人在狂欢，他在静心思考，别人在无所事事，他在有条不紊推进学习；别人在唉声叹气或高谈阔论，他在平心静气或养精蓄锐。

3. 重视规则意识，强化自律精神。每一次考试，都是一次关于自我形象的考试、一次关于规则和道德的考试。遵守规则不是为了方便他人，而是为了给自己营造一个良好的氛围。有规则意识和自律精神的人，会注意考试规则、时间、地点和自己所带的资料如准考证、考试工具等。牢记 5 分钟原则，即每一件事都提前 5 分钟做，给自己一个缓冲的时间，最终会收获不一样的精彩。不要小看这 5 分钟，这 5 分钟可以调整心态，准备考试；看生活百态，缓解考试情绪。

4. 长远规划，精心设计。考完试就是"五一"，"五一"过后就是其他年级的高考和学业水平考试(你的放假时间)。你应该利用自主时间做一个长远的规划，如进行生活和学习的梳理：看多少书，做多少题，参与多少活动，写多少东西，花多少时间做自己喜欢的事。

5. 华附首届强基班高二(5)班特色：一书一笔一笔记。书能够静心和净心，笔能够抒怀和书怀，笔记能够塑像和铸魂。请准备好一本愉悦自我的书，打开你的笔记本、拿好你的笔做好输入与输出工作，沉浸式地与自我对话。

6. 职责分明，各司其职。每个人都是生活的主角，每个人都是班级的主人。每个人都要做好体现个人素养的事情，不要给他人惹麻烦，记住：让别人因为我的存在而感到幸福！特别是在大型考试或活动的时候，记住：整理教室，清点桌椅壁柜，保存资料，做好值日。考试期间负责人安排：

班长：袁于斯，负责沟通传递消息，每天记得去办公室看看是否有通知，是否有资料需要分发。

监察委员：周靖哲，负责监督提醒，协助袁于斯和陈泽辉做好工作。

纪律班长：陈泽辉，负责班级纪律，特别是晚修时，其他纪律委员协助陈泽辉同学做好分工，建议陈泽辉安排好纪律委员值班。

考勤员纪律委员：向俊巍，务必做好考勤登记，每天及时向班主任汇报情况。

卫生委员：黄韬、杨欣烨，负责教室布置、卫生和门窗水电等，特别是考试结束后。

科代表：记得每天去科任老师处看看，是否有资料分发等工作，特别是考试结束后要注意拿试卷和答案。

宿舍总负责：张圣朗，室长要注意考试后的宿舍气氛和纪律，积极营造生活气息浓烈、文化味道浓厚的氛围。

祝好！

2023 年 3 月 30 日　星期四

华附首届强基班高三(5)班温馨提示

各位优秀同学，现就家长会暨广二模备考做如下通知：

一、家长会相关事项

主题：

用最美的姿态迎接最伟大的父母！

必做事项及相关提示：

1. 营造美好氛围：创设美好环境，教室整洁干净明亮，书桌整齐划一。

2. 展示自我：做一个关心安慰父母的优秀孩子！不要只是想着父母关心你，要想想你是否关心过父母！你已经是"大人"了！用行动"抚平"父母心情，让父母关注的不只有分数，还有你的精气神；让父母高兴的不仅是分数，还有你的桌面整洁、书籍资料有序以及你成熟的文字和气质。

3. 牢记使命：今天我以华附为荣，明天华附以我为傲！人人都是第一责任人！人人都是优秀者！请关注学校、年级、班级和个人形象、班级品牌和学校荣誉！

4. 分工合作：具体安排，注意时间、地点，请做好每一项工作。

统筹协调：黄政、刘扬；卫生组织者：黄韬、杨欣烨；

接待组织者：(前门)周靖哲、袁于斯，(后门)陈泽辉、张沛垚；(体育馆门口，14：00 接待)莫珂、甄琪；

黑板报负责：陈泽辉、张予欢(前：热烈欢迎优秀家长；后：请爸妈放心！我们会更努力的！)；

机动特遣队：熊瑞林、吴佰峻、王京蕾、陈映而。

二、广州二模备考"重要提醒"

1. 纪律是学习的保证：牢记今天行动"0 扣分"，高考试卷"得满分"！我们的出勤率必须提高！不能再迟到！特别是走读生！

2. 心态是前进的动力：心态决定命运！保持平和淡定的心态很重要！关键时刻、大战前夕，谁的心情不紧张？狭路相逢勇者胜；势均力敌，智者胜；高手对决，静者胜！静能生慧！

3. 勤奋是前进的保障：勤刷题是必需的，勤分析总结是必要的！

4. 身体是革命的本钱：锻炼身体，保持良好心态以及正常的作息和饮食规律是强身健体的有效方式！

5. 广州一模、二模的意义：大方向、大数据、大演习！训练多流汗，战场少流泪！广州二模不是结束，它也是真正冲刺的开始！

6. 珍惜中学时代冲刺阶段的每一个人、每一件事、每一次活动！它会成为你人生成长路上的精神养分和前进动力！

优秀需要引导，不需要督促！强大需要力量来支撑，因此，华附首届强基班需要精气神和优异的成绩来支持！努力吧，高三(5)班的勇士！

2023 年 4 月 23 日　星期日
华附首届强基班高三(5)班温馨提示及班级情况播报

美好生活从与各位优秀家长交流开始！各位优秀家长，早上好！现就近期工作、学习情况汇报如下：

一、关于考试

广州二模考试结束，成绩已出，整体情况：好！本次考试只是九校联合改卷，现在不是讨论分数高低、排位进退的时候，现在应该考虑的是如何稳定情绪、调整心态和状态以及奋力拼搏，请家长务必保持平和心态，给予孩子无穷的鼓励！鼓励！再鼓励！

二、关于心态

学生整体情绪好！心态稳！

1. 考试结束后，我当晚就与 6 名学生及 2 位家长做了沟通，目前为止，已与 16 名学生做了深入交流，与 6 位家长做了电话沟通，下周即 5 月 1 日前保证与每位同学交流一次。另，如无特殊情况，请没有收到微信、短信或电话的家长，暂时不要来电！特别提醒：孩子心态很重要！本次考试，心态稳的孩子成绩可以冲进前十(九校排位)！

2. 学校周一开始，就高三学生开展心理辅导和心态调整指引的德育工作，请家长放心！

三、关于强基计划

现就强基计划的申报建议如下：

1. 务必保证材料真实，如分数、荣誉称号和成果；

2. 关于成绩填写：要填报大型考试如四校联考、广州一模、二模等的成绩，不要因为以上大型考试的成绩不是很满意，就选择性填写，你要知道：对方关注成绩，更关注"华附"及"华附首届强基班"等字眼，因此文字表述要凸显以上字眼；

3. 成绩单、盖章资料都需要本人到教学处去取（我会告诉学生时间地点：上班时间、德政楼三楼）；

4. 申请强基计划，个人建议，仅供参考：基于孩子实力和鼓舞心态，报高不报低。当然，还要根据个人实际情况；

5. 特别提醒：申报工作速战速决！

四、关于后期工作

1. 心态引导及积极按时：关注＋鼓励＋交流＋生活保障。

2. 锻炼：鼓励跑步，不要再去踢球或做其他对抗性强的运动。

3. 学习：反思＋梳理＋归纳＋总结，跟着老师走，成绩自然有。

特别提醒：后期还需要科任老师有单独的资料印发及毕业照，请各位家长配合家委做好相关事项：

1. 关于印发资料的费用，特别提醒，要注意账目清晰；

2. 毕业照，为了让孩子有仪式感，有感恩心，有爆发力，请家委商量，搞一个简洁而不简单的活动，我前后会联系家委；

3. 心态和拼搏很重要！请家长密切关注孩子动态并与我保持联系！

感谢各位优秀家长！有你们就有我们优秀老师和优秀学生的高质量发展和高水平幸福感！行百里者半九十！剩下的 40 多天至关重要！让我们一起努力！共创首届强基班辉煌！

尹军成敬谢

2023 年 5 月 14 日　星期日

华附首届强基班高三(5)班温馨提示

重要提醒相互告知：各位优秀同学，好！接下来还有"四场"大型考验：

第一场：5 月 15 日毕业照，请同学们做到"快、准、齐、静、净"。周末准备好短袖礼服（包括礼服配饰），头发长的同学要修剪好。请长假要回来拍照的同学也是一样的标准。特别提醒：黄政、周靖哲负责统筹，袁于斯、张沛垚负责协调，黄政、莫珂负责整队，科代表负责邀请科任老师和其他老师，特别是曾经教过的老师，周一上午第三节课前完成邀请。

第二场：5 月 28 日毕业典礼，要求同上。不同：为老师献花。袁于斯、张沛垚负责协调，科代表负责献花。

第三场：高考！气势气场！负责人：我、"我"、"我们"！

第四场：高考结束"离校"——给母校留下美好印象，为自己增光添彩！教室卫生：干净整齐！宿舍状况：优秀精彩！同学感情：美好纯洁！师生情义：深厚感人！每一个同学都是主角！每一个同学都是班级、学校、社会第一责任人！

感谢大家两年来让我有机会写了十多万字的"自我赋能"！感谢大家两年、三年来对我的支持、关心！感谢大家用人品、能力、拼搏和成绩维护了华附首届强基班的光辉形象！感谢大家让我保持与时俱进的思想和永葆激情的状态！努力吧，我们！

2023 年 5 月 28 日　星期日
华附首届强基班高三(5)班温馨提示及班级情况播报

各位优秀同学好！

首先告诉大家：三模很好！首届强基班高三(5)班真的很好！祝贺祝福！

明天盛典——中学阶段最后的官方庆典——不是荣誉称号，不是成绩，而是成长、成熟、成才、成人的见证！明天，我们要用"品质和品德"维护个人和集体的形象，特别是我们华附首届强基班高三(5)班的形象！明天有三个见证：一是同龄人的见证；二是学校的见证；三是父母的见证！看上去有点煽情，实际上绝对是真情！明天即大型场合和 6 月 9 日考试结束，所有班干部和我请最后离开！明天请做好如下三个方面的工作。

一是做好自己：请按常规要求穿好礼服，随时听从指挥，做到"快、准、齐、静、净"，把华附首届强基班高三(5)班"识大体，顾大局，弘扬正气，传递正能量"的精气神发扬光大！特别提醒：班干部坐到第一排（袁于斯、周靖哲负责），团干部坐到最后一排（张沛垚、马悦钊负责），中间不要有空隙（莫珂、李睿负责），陈悦华负责通报年级人数。建议提前5分钟到，让他人眼前一亮或为之震撼（黄政、周靖哲负责）。

二是做好班级工作：请黄政协调年级工作，陈泽辉配合并做好班级工作！随机应变做好向老师和学校领导表达敬意的工作！请黄政等班干部明天上午或开会前协商一下，如何在关键时刻体现首届强基班的素养！明天领奖代表依次如下：黄政、袁于斯、张沛垚、陈泽辉、周靖哲、陈悦华、龚健翔。另，易方达领个人奖，黄韬领特别奖。

三是做好"为人子女"的工作，明天，如果家长无法参与，请不要埋怨，更不要怪罪！父母来不了，请向父母说一句或发一条短信——"爸爸妈妈，谢谢你们！请不要担心，相信我，我长大了！"——表达感恩之情。

同学们，与你们相处，我开心！我快乐！我骄傲！我自豪！感谢大先班高一(5)班、首届强基班高二(5)班、首届强基班精英荟萃班高三(5)班让我适应华附、热爱华附！想起2019年高考语文卷漫画作文中的一句话："你们再看看书，我再看看你们！"

再次感谢和说明，有点煽情，情感所致！绝对是真情！真情流露！

祝好！

2023 年 5 月 30 日　星期二

华附首届强基班高三(5)班温馨提示及班级情况播报

华附首届强基班的各位优秀同学，好！

首届强基，省内第一！口号震天，成绩靠拼！

未来7天，至关重要——球场上，30秒，可以扭转一个局面！学习中，7天可以改写一个人的历史！为了让大家走好每一步，现就相关事项及细节强调如下：

一、重视行为规范

1. 同学准时到校：每天每个同学必须在上午和下午准时到陈悦华处签到，如有请假，必须在企业微信上请假！

2. 科代表准时到办公室：科代表每天上午和下午必须到办公室与科任老

及时分发资料和传递信息。记住，在黑板上写好老师要求和资料张数！

3. 正副班长准时到办公室看通知：黄政负责组织班干部做好分工并做好"温馨提示"及信息传递工作！

4. 值日生按要求做好值日工作：教室是学习的地方，不仅要安静还要干净！杨欣烨负责组织和提醒——为了大家健康愉悦，请大家自觉自律做好值日工作——站好最后一班岗！用行动、责任和公德心维护班级和个人形象！

二、重视学习规范

1. 尽快做好7天备考计划，按照"文理结合""重要科目重要事情重点处理"的原则来制订计划并高效开展学习！

2. 自觉自律自强做好休整期间的学习，一定要按时按量进行知识梳理和试题强化训练，尽量按高考要求开展学习！

3. 建议每个同学每两天内与科任老师见一次面，做一次交流或打一个照面——老师的一句话、一个眼神和一次微笑都会给你带来无穷的力量！

华附首届强基班的各位优秀同学，行百里者半九十！关键的7天，我们在一起！让我们共同努力，树立个人形象，铸造班级形象，为学校争光！努力吧，华附首届强基班的勇士们！